창의로 키우는 유아 논리·논술

임성관·곽소현

| 저자소개 |

 임성관

2004년 2월에 휴독서치료연구소를 설립해 2020년 3월까지 소장으로 일했으며, 현재는 경기대학교 교육대학원 사서교육전공 조교수로 근무 중이다. 더불어 휴독서치료연구소 고문, 한국독서교육연구학회 고문, 한국도서관협회 및 송파구청 독서문화위원회 위원, 천안시공공도서관 및 작은도서관 운영위원회 위원, 국립어린이청소년도서관 도서관이야기 편집위원, 국방부 진중문고 분야별 외부 추천 전문가, 경기도교육청 사람 책, 법무부 소년보호위원, 문화체육관광부 및 한국예술인복지재단 인증 문학인으로도 활동하면서, 54권의 책과 80편의 논문을 발표하는 등 우리나라 독서문화진흥을 위해 다방면으로 노력하고 있다. 이와 같은 공로로 2021년 제27회 독서문화상 시상식에서는 국무총리 표창을 받았다.

 곽소현

성균관대학교 가족학 박사로서, 현재 감정톡톡 심리상담소 소장과 경기대학교 유아교육과 초빙교수로 재직 중이다. 대학교에서 심리와 가족 관련 강의를 담당하고 있으며, 상담소에서는 청소년, 부부, 가족 상담을 25년 이상 진행해왔다. 특히 개인적으로 '마음챙김'에 관심을 갖고, 이를 바탕으로 프로그램을 개발하여 상담에 적용하고 있다. '감정코칭 마음챙김 프로그램'을 통해 많은 사람들에게 스트레스 관리 및 감정조절법을 제공하여 정신건강 증진을 이끌어내고 있다. 저서로는 〈까칠한 아이 욱하는 엄마〉, 〈예민해서 힘들다면 심리학을 권합니다〉, 〈마음을 다독이는 감정수업〉, 〈네 우울의 이름을 알려줄게〉 등이 있다.

※ 인스타그램 www.instagram.com/emotion_talktalk

유아 논술교육의 본질은 단순한 글쓰기 교육이 아닌, 미분화된 사고를 통합적으로 발달시키는 것이다

창의로 키우는
유아 논리·논술

● 임성관·곽소현 ●

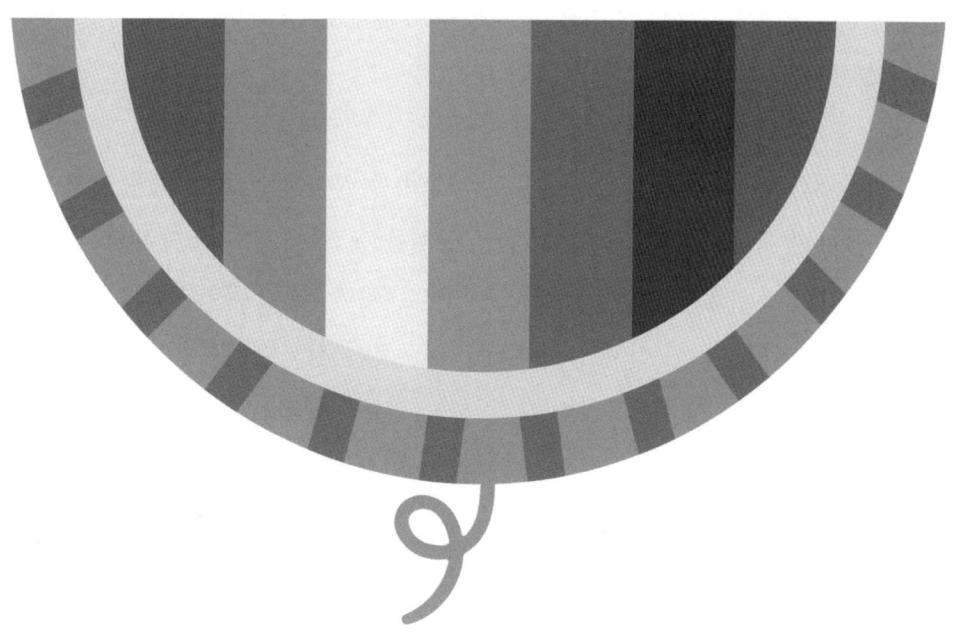

머리말 preface

유아는 호기심 넘치는 탐험가처럼 세상을 경험하며 성장한다. 무한한 상상력과 창의성을 가진 그들은 끊임없는 질문과 탐구를 통해 발달해나간다. 유아 논리 논술 교육은 이러한 자연스러운 성장 과정에 힘을 실어주는 특별한 교육방법이다. 논리적인 사고 능력을 키우는 것을 넘어, 유아가 자신의 생각을 명확하게 표현하고, 세상의 다양한 관점을 이해하며, 상상력을 자유롭게 발휘하여 창의적인 아이디어를 탐구하는 여정을 찾아가게 해준다.

이 책은 2019년 개정 누리과정의 핵심 내용을 반영하여 유아의 성장 발달단계에 맞춘 최적화된 교육을 제공한다. 2019년 개정 누리과정은 유아·놀이 중심을 강조하면서 미래 사회를 이끌어갈 창의적이고 감성이 풍부한 인재 양성을 목표로 한다(교육부, 보건복지부, 2019). 유아기는 인지 능력, 사회성, 정서가 급격하게 발달하는 중요한 시기이다. 따라서 이 시기에 사고력, 창의성, 표현력을 키우는 교육은 유아들이 미래 사회를 성공적으로 살아갈 수 있는 핵심 역량을 키우는 데 중요한 역할을 한다.

이에 따라 본고에서는 유아의 인지발달과 창의성을 고려한 체계적인 교육 프로그램을 소개하였으며, 다양한 놀이, 토론, 글쓰기 등 창의적 활동을 통해 유아가 흥미를 유지하며 자연스럽게 논리적 사고와 표현 능력을 키울 수 있도록 구성하였다. 또한, 유아 교육기관, 교사, 학부모, 그리고 유아 모두에게 유용한 실용적인 지침을 제공하여 유아 논리 논술 교육의 활성화에 기여할 수 있도록 하였다. 세부 구성은 다음과 같다.

1부 유아 논리·논술 교육의 이해
- 논술의 개념, 창의성과의 관계, 유아 논리 논술의 철학적 배경을 심층적으로 논의한다.
- 최근 논의되는 유아 논리 논술의 중요성과 사회적 가치에 대한 다양한 관점을 제시한다.
- 유아 논리 논술 교육의 역사적 배경과 발전 과정을 살펴본다.

2부 유아 인지발달과 창의성
- 피아제와 비고츠키의 학설을 넘어, 최근 유아 인지발달과 창의성 연구의 주요 흐름을 반영한다.
- 유아의 인지발달단계별 특징과 창의성 발달을 촉진하는 요소들을 분석한다.
- 유아의 놀이와 창의성의 관계를 심층적으로 논의하고, 논리적 사고와 창의적 문제해결 능력의 연관성을 살펴본다.

3부 유아 논리·논술의 지도의 시작
- 유아 논리 논술 교육의 기반을 마련하는 '마음 열기', '사고 확장을 위한 고정관념 깨트리기', '창의적 표현 놀이' 활동을 구체적인 예시와 함께 제시한다.
- 각 활동의 목표, 내용, 방법, 평가 기준 등을 명확하게 제시하여 교사의 활용도를 높인다.
- 유아의 연령과 발달 수준에 맞는 다양한 활동 변형 방안을 제시하여 유연한 교육 운영을 지원한다.

4부 유아 논리·논술 지도의 전개
- 말하기, 토론, 글쓰기 등 다양한 활동을 통해 유아 논리 논술 능력을 단계별로 향상시키는 방법을 구체적으로 제시한다.
- 각 활동별 유아의 발달 수준에 맞는 목표, 내용, 방법, 평가 기준 등을 명확하게 제시한다.
- 활동 시 주의해야 할 사항과 유아의 참여를 높일 수 있는 다양한 전략을 제시한다.
- 실제 유아교육 현장에서 활용하도록 프로그램을 구성하였다.

■ **부록:** 유아 논리·논술 교육과정 기록 참고자료를 첨부하였다.

논리 논술 교육의 본질은 단순한 글쓰기 교육이 아닌, 유아들의 미분화된 사고를 통합적으로 발달시키는 교육이다. 따라서 교사의 역할은 유아들에게 끊임없는 질문을 통해 성장을 지원하고, 동기를 촉진하며 놀이를 통해 역량을 강화할 수 있도록 돕는 것이다. 이때 유아들에게 기대되는 효과는 논리적인 사고를 발달시켜 자신의 의견을 간결하면서도 정확하게 표현할 수 있는 것이다. 또한 창의적 문제해결 능력의 증진, 의사소통 능력의 강화, 높은 자존감 함양, 창의적 아이디어 발굴 및 표현능력 향상도 기대할 수 있다.

이에 이 책은 논리 논술 교육의 이론적 토대와 실제 활용 방법을 체계적으로 제시함으로써, 유아교사들의 전문성을 향상시키고 유아들의 논리적 사고력 및 창의성, 표현력도 함양을 시켜 결국 미래 인재 양성을 목표로 한다. 그런 맥락에서 이 책의 강점이라면 체계적인 이론을 먼저 제시하고, 현장에서의 활용 가능성도 극대화 시켰다는 점이다. 따라서 유아교사들의 전문성을 향상시키는 것은 물론이고, 유아들의 논리적 사고 및 창의성, 표현력도 높일 수 있을 것이다.

이 책은 1·2부와 3부의 '만다라 놀이'는 곽소현 교수가, 3·4부는 임성관 교수가 집필하였다. 부디 이 책이 유아의 창의성을 증진시키고, 논리적 사고와 표현 능력을 향상시키는 데 도움이 되기를 바란다. 아울러 유아교육 현장에서 실천적인 경험이 필요한 유아교사와 관련 전문가들에게 실용적인 지침을 제공함으로써, 유아교육 프로그램 실습을 위한 첫걸음이 되기를 소망한다. 그 결과 유아들이 창의적인 미래를 만들어 갈 수 있는 데 일조한다면, 이 책을 집필한 보람을 충분히 느낄 수 있겠다.

2024년 7월
저자 일동

목차 Table of contents

■ 머리말 | 4

1부 유아 논리·논술 교육의 이해

1장 유아 논리·논술의 기초 | 12
1. 유아 논리·논술의 개념 | 12
2. 유아 논리·논술의 필요성 | 18
3. 유아 논리·논술과 창의성 | 20

2장 유아 논리·논술의 철학적 배경 | 36
1. 소크라테스 : 문답법과 메타인지 | 36
2. 데카르트 : 연역추론과 논증 | 41
3. 베이컨 : 귀납추론과 논증 | 49
4. 비트겐슈타인 : 언어와 확장된 세계 | 58

2부 유아 인지발달과 창의성

3장 피아제 인지발달과 창의성 | 67
1. 피아제 인지발달 | 68
2. 피아제 논리적 사고와 창의성 | 75
3. 피아제 놀이와 창의성 | 78

4장 비고츠키 인지발달과 창의성 | 92
1. 비고츠키 인지발달 | 93
2. 비고츠키 논리적 사고와 창의성 | 98
3. 비고츠키 놀이와 창의성 | 105

3부   유아 논리·논술 지도의 시작

5장 마음열기 | 116
    1. 자기소개 | 116
    2. 마음 열기 | 125

6장 사고 확장을 위한 고정관념 깨트리기 | 128
    1. 창의력 발상 훈련 | 128
    2. 창의력 표현 훈련 | 159

7장 창의적 표현 놀이 | 164
    1. 미술 놀이 | 165
    2. 음악(소리) 놀이 | 171
    3. 연극 놀이 | 174
    4. 만다라 놀이 | 177

4부   유아 논리·논술 지도의 전개

8장 말하기의 전개 | 194
    1. 어휘 지도 방법 | 194
    2. 알리기 위한 말 지도 | 214
    3. 설득을 위한 말 지도(토론하기) | 220
    4. 감동을 위한 말 지도(토의하기) | 223

9장 글쓰기의 전개 | 225
    1. 일기 쓰기 | 227
    2. 편지 쓰기 | 236
    3. 감상문 쓰기 | 237
    4. 아동시 쓰기 | 243
    5. 논리적인 글쓰기 | 249

■ **부록** : 유아 논리·논술 교육과정 기록 참고자료 | 255

1부
Part 01

유아 논리·논술 교육의 이해

유아 논리 논술은 유아들이 자신의 생각을 명확하고 논리적으로 표현하는 능력을 키우는 교육이다. 단순히 사실을 암기하는 것이 아니라, 스스로 생각하고 판단하여 논리적으로 전달하는 능력을 키우는 데 중점을 둔다.

1장 유아 논리·논술의 기초

유아 논리 논술은 유아가 자신의 논리를 논술을 통해 효과적으로 표현하는 데 필수적인 도구이다. 유아 논리 논술의 개념은 논리와 논술의 어원과 정의를 통해 살펴보고자 한다.

1 유아 논리·논술의 개념

1) 논리와 논술의 어원

(1) 논리의 어원

고대 그리스어 '로고스(logos)'에서 유래하였으며, '말, 생각, 사유, 사고, 논리'라는 뜻 이외에도 '개념, 판단, 정의, 이유, 이성, 진리, 사상, 법칙, 이론, 학문' 등의 뜻을 지닌다. 영어의 'Logic'은 '논리, 타당성, 논리학'을 의미한다(위키백과).

'논리'라는 단어는 한자 '論理'로 표기된다. 이 용어의 어원은 '論(논)'과 '理(리)' 두 개의 한자로 구성되어 있다. '論(논)'은 '사리의 옳고 그름에 대한 자신의 생각이나 주장을 체계적으로 말함, 또는 그 문체'를 말한다. '論(논)'의 어원을 살펴보면, '책을 읽는다', '책의 내용을 읽고 생각하여 정리한다', '다른 사람의 의견과 자신의 의견을 안다', '자신의 생각을 말한다' 등이 내포되어 있다. '理(리)'는 '이치',

'곧 사물의 정당한 조리'를 의미한다. '理(리)'의 어원을 보면, '오류 피하기'와 '거짓말하지 않기' 등의 내용이 들어있다(박종덕, 2005).

따라서 '論理(논리)'는 '주장이나 사상을 논의하고 그 근본적인 이치나 원리를 이해하는 것을 의미한다. 오늘날에는 '사고의 법칙' 또는 '추론의 과정'까지 포함하는 개념으로 이해한다.

> ■ **교사를 위한 Tip**
>
> 논리를 사용하면 유아들이 더 잘 생각하고, 더 잘 이해할 수 있다.
> 예시 1 : "우산을 준비해 가면, 비가 내려도 문제없을 거야."
> 예시 2 : "매일 아침 일찍 일어나면, 유치원에 늦지 않을 거야."
> 예시 3 : "매일 운동을 한다면, 건강하고 씩씩한 어린이가 될거야."

(2) 논술의 어원

'말, 사유'를 뜻하는 그리스어 '로고스(Logos)'와 '기술, 예술, 숙련, 창조'를 뜻하는 '테크네(Tekhne)'가 합쳐진 말이다. '논리적 사고의 기술' 또는 '논리적 주장의 기술'을 의미한다. '논술'이라는 단어는 한자 '論述'로 표기된다. '論(논)'은 '의견을 펼침'이라는 뜻을 가지며, '述(술)'은 '이야기함' 또는 '열거함'을 의미한다. 따라서 '논술'은 단순히 자신의 생각을 표현하는 것을 넘어, 논리적 근거를 바탕으로 자기의 주장이나 의견을 논리적으로 서술한다는 뜻이다(위키백과).

논술은 '論證(논증)'과 '敍述(서술)'을 합친 말이다. '證(증)'의 어원은 '숨겨진 것을 밝히다', '증거를 보이다'를 내포하고 있다. '敍述(서술)'은 '어떤 사실을 차례를 좇아 풀어 쓰는 것이다'. 한편, '어떤 사실'은 논술의 내용을 의미한다. 논술의 내용에는 주제문이 되는 중심 생각과 이를 뒷받침하는 주변 생각이 있고, 이들은 또 몇 개의 덩어리(단락)로 되어 있다(박종덕, 2005).

(3) 논리와 논술의 차이점

논리는 사고하는 방식을 말한다. 논리는 생각하는 것과 관련이 있다. 예를 들어, "만약 A이면 B이다"라는 것이 논리이다. 논리는 이유와 근거를 생각하는 것이다. 논술은 말이나 글처럼 타인에게 전달하는 것을 말한다. 우리가 어떤 주제에 대해 이야기하거나 설명할 때, 그것이 논술이 된다(Anna-Teresa, 2011).

- **논리**

  사고의 법칙 또는 추론의 과정을 의미한다.
  - 정의: 올바른 생각을 하는 방법 또는 추론의 규칙
  - 핵심: 사고의 정확성과 타당성을 검증하는 기준
  - 예시: 개념 형성, 분류, 비교, 순서, 인과 관계, 논리적 추론
  - 비유: 건축의 기본구조와 도면과 같다. 기본적으로 필요한 것

- **논술**

  자신의 생각을 논리적으로 표현하는 것을 의미한다.
  - 정의: 논리적 사고를 바탕으로 주장을 전개하고 근거를 제시하는 것
  - 핵심: 명확하고 설득력 있는 의사소통
  - 예시: 논설문, 에세이, 토론, 발표
  - 비유: 건축물 자체와 같다. 기본구조(논리)로 완성된 결과물로 다양한 재료와 기술을 활용하여 창의적으로 표현할 수 있다.

2) 논리와 논술의 정의

(1) 학자들의 정의

논리와 논술에 대한 학자들의 정의를 살펴보면 다음과 같다.

- **논리**

  - 어빙 코피(Irving Copi, 1997)

    "논리는 주장이나 생각의 올바름을 평가하고 추론하는 학문이다."

  - 후쿠자와(Fukuzawa, 김규한 역, 2008)

    "논리는 용어와 용어의 관계성으로, 단어와 단어 사이에서 모순 없이 연결되는 것이다."

  - 패트릭 헐리(Patrick J. Hurley, 2017)

    "논리는 사고의 원리와 규칙을 연구하여 올바른 결론을 이끌어내는 학문이다."

  - 칼리시(Kalish 외, 1992)

    "논리는 주장이나 생각의 타당성과 일관성을 분석하고 판단하는 학문이다."

  - 이미숙(2017)

    "논리는 말이나 글에서 자신의 생각을 일관성 있게 표현하는 과정이나 원리다."

- **논술**

  - 채임 페렐만(Chaim Perelman 외, 1969)

    "논술은 이성적인 설득과 주장의 기술이다."

  - 박민규(2006)

    "논술은 논증(argument)이 담겨진 글이며, 논증이란 주장과 논거, 또는 전제와 결론으로 구성된다."

> – 박종덕(2005)
> "논술이란 생활상 전반에 걸쳐 기록된 내용을 모아 읽고, 생각하고 정리하여 여러 사람과 의견을 교환하며 자신의 생각을 말하는 것을 말한다."

(2) 논리 논술의 구성요소

유아 논리 논술은 다음과 같은 요소들로 구성된다.

① 개념 형성

사물과 현상에 대한 기본적인 개념을 이해하는 능력을 말한다. 논리 논술의 첫걸음은 핵심 개념을 정확하게 이해하는 것이다. 논제와 관련된 모든 개념을 명확하게 정의하고, 서로의 차이점과 관련성을 파악해야 한다. 개념 형성 능력을 키우는 방법으로는 핵심 개념을 중심으로 관련 개념들을 나뭇가지처럼 연결하여 시각적으로 정리하는 마인드맵 작성이 유용하다.

② 분류

사물과 현상을 체계적으로 그룹화하는 것이다. 분류 능력을 통해 복잡한 정보를 체계적으로 정리하고, 논리적인 논증을 위한 토대를 마련할 수 있다. 분류 능력을 향상시키는 방법으로는 그림이나 그래프 등을 활용하는 것도 좋다.

③ 비교

두 사물이나 현상의 유사점과 차이점 파악하는 것을 말한다. 비교 능력을 통해 서로 다른 대상의 특징을 명확하게 파악하고, 논증에 활용할 수 있는 근거를 제시할 수 있다. 비교결과를 그림이나 표로 정리하여 시각화하는 것도 좋다.

④ 순서

사건이나 과정의 논리적 흐름 파악하는 것으로, 순서를 통해 사건이나 과정의 전개를 명확하게 파악하고, 논리적인 인과 관계를 도출할 수 있다. 순서를 잘 배치시키는 방법으로는 흐름도를 활용하여 사건이나 과정을 시각적으로 표현한다.

⑤ 인과 관계

인과 관계는 어떤 사건이나 현상이 일어나는 원인과 결과를 분석하고 이해하는 능력이다. 단순히 사건의 표면적인 연관성을 파악하는 것에 그치지 않고, 깊이 있는 분석을 통해 숨겨진 원인을 찾아내고 결과에 미치는 영향을 평가하는 것이 중요하다.

⑥ 논리적 추론

기존의 정보를 바탕으로 새로운 결론을 도출하는 능력이다. 단순히 직관이나 추측에 의존하는 것이 아니라, 논리적 근거와 증거를 통해 타당한 결론을 도출하는 것이 중요하다.

⑦ 언어 표현

자신의 생각을 명확하고 논리적으로 표현하는 능력이다. 단순히 정확한 단어를 사용하는 것에 그치지 않고, 논리적 구조를 통해 체계적으로 전달하는 것이 중요하다.

2 유아 논리·논술의 필요성

1) 사고력 발달

논리적 사고 능력은 학습, 문제해결, 의사 결정 등 다양한 분야에서 필요한 기본적인 능력이다. 유아 논리 논술 교육은 유아들이 사고력을 발달시키고, 주변 세계를 더 잘 이해하도록 돕는다. 예를 들어, 유아들이 놀이터에서 친구들과 공놀이를 할 때, 공이 땅에 떨어져 누구의 차례인지 알 수 없는 상황이 발생했다고 상상해보자. 이때 유아들은 논리적으로 생각하여 문제를 해결해야 한다. 각자의 의견을 제시하고 상황을 이해하며, 공정한 결정을 내리기 위해 논리적으로 생각해야 한다.

이와 같은 유아의 사고력 발달을 위한 논리와 논술의 중요성은 교육과 발달심리학 분야에서 많은 연구가 이루어져왔다. 인지발달심리학자인 피아제와 비고츠키는 유아들의 사고력 발달과 논리적 사고의 중요성 및 유아들이 어떻게 논리적으로 사고하고 문제를 해결하는지를 설명한다(Piaget, 1965; Vygotsky 외, 1980).

2) 표현력 발달

명확하고 논리적으로 표현하는 능력은 사회성과 소통 능력 향상에 도움이 된다. 유아 논리 논술 교육은 유아들이 자신의 생각을 효과적으로 전달하고, 다른 사람들과 협력하는 능력을 키울 수 있게 한다.

유아들은 논리적으로 자신의 의견과 경험을 타인과 공유하면서 표현력을 향상시킨다. 비고츠키(2011)는 〈사고와 언어〉라는 책에서 유아들의 언어발달과 표현력 발달에 대해 다루고 있다. 유아들이 언어를 사용하여 자신의 생각을 표현하고 다른 사람들과 소통하는 방법을 배우는 것이 중요함을 강조하고 있다.

3) 창의성 발달

논리적 사고 능력과 표현력은 창의성 발달에도 중요한 역할을 한다. 유아 논리 논술 교육은 유아들이 다양한 관점에서 생각하고, 새로운 아이디어를 내는 능력을 키울 수 있도록 돕는다. 논리와 논술을 통해 유아들은 자신의 상상력을 발휘하고 새로운 아이디어를 형성하며 문제를 해결하는 방법을 배우게 된다. 예를 들어, 유아들이 놀이를 하면서 새로운 게임을 만들기로 했다고 해보자. 이때 유아들은 상상력을 발휘하여 새로운 규칙이나 아이디어를 제안하고, 이를 다른 친구들과 논의하면서 게임을 발전시킬 수 있다. 이 과정에서 유아들은 논리적으로 생각하고 아이디어를 구조화하여 새로운 것을 창조하는 능력을 키울 수 있다.

4) 문제해결능력 향상

유아들은 논리와 논술을 사용하여 각자의 의견을 제시하고, 문제의 원인과 해결책을 찾는 과정을 거치게 된다. 주어진 문제를 이해하고 분석하여 해결책을 찾는 방법을 배우게 되는 것이다. 예를 들어, 유아들이 놀이터에서 친구들과 함께 공을 가지고 놀던 중 한 아이가 공에 맞아 다치는 상황이 발생했다고 가정해보자. 이때 유아들은 문제 상황을 이해하고, 함께 논의하여 어떻게 해결할지를 결정하는 과정에서 문제해결 능력이 향상된다.

5) 자존감 향상

유아들은 자신의 생각을 표현하고 다른 사람들에게 인정받는 경험을 통해 자존감이 향상된다. 예를 들어, 유아들이 칭찬을 받았을 때 자신의 능력을 인식하고 긍정적으로 생각할 수 있다. 또한, 유아들이 자신의 의견을 제시하고 그것이 다른 사람들에게 받아들여지면, 자신감을 더욱 키우게 될 것이다. 논술적인 방법을 사용하여 감정을 표현하고 다른 사람들과 의사소통을 할 때, 유아들은 자신에 대한 긍정적인 자아 이미지를 형성하고 자존감을 향상시킬 수 있다.

6) 사회성 증진

다른 사람들과 의견을 나누고 원활하게 소통하고 협력할 수 있는 능력을 배우게 된다. 예를 들어, 유아들은 친구들과 놀이를 하는 과정에 의견이 충돌하는 경험을 할 수 있다. 이때 유아들은 상황을 이해하고 자신의 의견을 명확하게 표현하며, 다른 사람들의 의견을 경청하고 존중하는 방법을 배워야 한다. 만약 유아들이 논술적인 방법을 통해 자신의 의견을 설명하고, 다른 아동들과 소통을 원활하게 할 수 있다면, 그들은 원만한 관계를 형성 및 유지할 수 있을 것이다. 또한 다른 사람들과 함께 일하는 능력도 키울 수 있기 때문에, 논리와 논술은 유아들의 사회성 증진을 위한 측면에서도 중요성이 강조되고 있다(Carol Copple 등, 2009).

3 유아 논리·논술과 창의성

1) 창의적 논리 논술을 위한 준비

(1) 다양한 관점

문제나 주제를 다양한 관점에서 바라보는 능력은 창의적인 아이디어를 발굴하는 데 중요하다. 다른 사람의 생각이나 감정을 이해하고 수용하면 우리는 더 많은 것을 배울 수 있고, 문제에 대한 더 많은 해결책을 찾을 수 있다.

피아제(Piaget)와 비고츠키(Vygotsky)는 〈The Psychology of Intelligence〉(Piaget 외, 2001)와 〈Mind in Society: The Development of Higher Psychological Processes〉(Vygotsky 외, 1980)라는 저서에서 '다양한 관점'의 중요성과 그것이 유아들의 학습과 발달에 영향을 준다고 역설했다.

'다양한 관점' 증진법

① 예시 활용

다양한 관점을 가진 두 명의 인물이 등장하는 이야기를 들려주거나, 그림을 보여주면서 각 인물의 관점을 분석하고 토론한다. 유아들이 이해하기 쉬운 예시 활용을 활용한다. 예를 들어, 한 마리의 고양이를 보는 두 유아의 서로 다른 반응을 예시로 제시하여, 주관적인 표현과 객관적인 표현의 차이를 알게 한다.

> **예시** 동물묘사
>
> 유아 1 : "부드럽고 귀여워요."(주관적 표현)
>
> 유아 2 : "사냥을 잘하고, 꼬리를 흔들어서 기분을 표현해요."(객관적 표현)

② 질문 활용

유아들에게 "만약 네가 동물이라면 세상을 어떻게 볼까요?"와 같은 질문을 통해 상상력을 발휘하고 다양한 관점을 생각해 보도록 유도한다. 이때 주관적 표현과 객관적 표현을 구별할 수 있게 해준다.

③ 창의적 사고와의 연관성 강조

다양한 생각을 촉진함으로써 창의적 사고를 증진시킨다. 기존 틀에서 벗어나 독창적인 해결책을 찾도록 해준다. 이때 새로운 가치를 창출하고 변화를 이끌어 낼 수 있다. 유아들에게 "네가 생각하는 가족은 무엇인지 얘기해 볼까요?"와 같은 질문을 통해 관습을 뛰어넘는 창의적인 대답을 촉진해준다.

(2) 비판적 사고

기존의 사고방식이나 주장을 비판적으로 분석하고 평가하는 능력은 독창적인 주장을 전개하는 데 필요하다. 비판적 사고는 사고의 과정 중 하나로, 여러 가지 아이디어나 정보를 평가하고 분석하여 그 진위를 판단하는 능력을 말한다.

유아들에게 필요한 비판적 사고는 다양한 관점에서 문제나 상황을 살펴보고, 그것이 타당한지 판단하는 능력이다. 이는 이미 알고 있는 정보를 바탕으로 판단을 시작하여, 새로운 관점을 탐색하고 발전시키는 과정이다.

비판적 사고 증진법

① 질문과 탐구의 사용

유아들이 궁금증을 가지고 질문하는 것을 장려하고, 스스로 답을 찾도록 돕는다. 질문을 통해 새로운 관점을 발견하고, 기존의 생각을 비판적으로 검토할 수 있도록 격려한다.

유아들이 동화책을 읽거나 이야기를 듣는 상황에서 비판적 사고를 적용할 수 있다. 촉발 질문을 통해 유아들은 이야기의 내용이 일관되고 논리적인지, 혹은 모순되는 부분이 있는지를 판단하고, 자신의 의견을 형성하게 된다.

> **예시**
> 교사: "이 이야기는 사실일까요? 아니면 허구일까요?"

(3) 논리적 사고

자신의 생각을 명확하고 논리적으로 구성하는 능력은 설득력 있는 의사소통을 위해 필수적이다. 논리적 사고는 사고의 과정 중 하나로, 상황이나 문제를 이해하고 그에 따라 추론하고 결론을 도출하는 능력을 의미한다. 논리적 사고의 핵심 요소는 다음과 같다.

① 정보의 분석과 이해

주어진 정보의 핵심 내용을 파악하고, 정보의 출처, 신뢰성, 관련성을 평가하는 능력이다. 정보의 숨겨진 의미나 맥락을 이해하고, 다양한 관점에서 정보를 해석하는 능력도 포함된다.

② 논리적 추론

정보들을 바탕으로 논리적인 추론을 하고, 타당한 결론을 도출하는 능력이다. 명제들의 관계를 파악하고, 전제와 결론의 연결성을 검증하며, 논리적 오류를 피하는 능력이 필요하다.

③ 논리적 표현

자신의 생각을 명확하고 간결하게 논리적으로 표현하는 능력이다. 주장을 뒷받침할 수 있는 근거를 제시하고, 반론에 대한 대비책을 마련하며, 듣는 이의 이해도를 높일 수 있는 표현 방식을 사용해야 한다.

유아들에게 논리적 사고를 설명할 때에는 간단한 상황이나 예시를 통해 유아들이 문제를 이해하고 논리적으로 생각하는 방법을 보여줄 수 있다. 이미 알고 있는 판단적 지식인 전제에서 새로운 판단인 결론을 도출한다. 이때 전제는 '참'이어야 한다.

> **예시** **과일 먹는 이유**
>
> 전제 1: "과일에는 비타민과 미네랄이 많이 들어있다."
> 전제 2: "비타민과 미네랄은 우리 몸에 좋다."
> 결론: "따라서, 과일을 먹으면 우리 몸에 좋다."

한편 유아들이 전제가 틀린 데도 고집을 부리거나 성급하게 판단하려 할 때, '타임아웃(time out)'을 하여 흥분을 가라앉히는 것이 필요하다.

타임아웃

유아교육 현장에서 타임아웃은 교육과정에서 일시적으로 멈추는 것을 의미하며, 교사와 유아 사이에 도움이 될 수 있는 유용한 전략이다. 유아가 과도하게 흥분하거나 감정적으로 압도당하는 경우, 타임아웃을 통해 진정하고 감정을 다스릴 수 있도록 시간을 갖도록 해준다.

- **타임아웃 필요성 확인**: 교사는 관찰을 통해 유아가 감정적으로 압도당하거나 집중력을 유지하지 못할 때, 타임아웃이 필요하다고 판단한다.
- **타임아웃 제안**: 교사는 유아에게 타임아웃을 제안하고, 그 목적과 진행 방식을 설명한다.
- **타임아웃 진행과 종료**: 교사는 유아에게 특정 공간에서 교사와 함께 짧은 휴식을 취하며, 타임아웃 목적에 따라 활동한다. 타임아웃이 종료되면 교사는 그 경험에 대해 유아와 함께 논의한다. 타임아웃 시간은 일반적으로 5~10분 정도로 정도로 제한하는 것이 좋다.

(4) 창의적 표현

독창적이고 효과적으로 표현하는 능력은 청중의 관심을 끌고 설득하는 데 도움이 된다. 창의적인 논리와 논술을 위한 핵심 요소 중에 창의적 표현은 유아들이 자신의 생각, 감정, 아이디어를 다양한 방법으로 표현하는 것을 의미한다. 이는 미술, 음악, 무용, 말하기, 쓰기 등 다양한 예술적인 형태로 이루어질 수 있다.

예를 들어, 유아들에게 색연필과 종이를 주고 "하늘을 그려보세요."라고 주문할 수 있다. 유아들은 다양한 생각과 상상력을 가지고 그림을 그리며 자신의 아이디어를 표현할 수 있다. 이러한 활동을 통해 유아들은 자신의 창의적인 능력을 발휘하고 자신을 표현하는 방법을 배울 수 있다.

> **예시**
>
> **교사**: "하늘에는 어떤 모양들이 있을까요?"

(5) 적극적인 참여

다양한 토론, 협력, 학습 활동에 적극적으로 참여하는 것은 창의적인 사고와 표현 능력을 향상시키는 데 효과적이다. 창의적인 논리와 논술을 위한 핵심 요소 중에 적극적인 참여는 유아들이 활발하게 활동에 참여하고 자기주장을 잘하며 활발하게 대화하고 협력하는 것을 의미한다.

예를 들어, 유아들에게 팀으로 레고 블록을 사용하여 무엇인가를 만들도록 요청할 수 있다. 유아들은 서로 의견을 공유하고 아이디어를 제안하며 함께 협력하여 창의적인 작품을 만들어낼 수 있다. 적극적인 참여는 교육과 학습 환경에서 중요한 요소로 다루어지고 있다.

2) 창의적 논리 논술을 위한 기본법칙

논리 논술의 기본법칙에는 동일률, 모순율, 배중률이 있다. 고대 그리스 철학자 아리스토텔레스의 논리학 저서는 1세기경 〈오르가논〉에서 처음 제시되었다(Bacon, 2018). '오르가논(organon)'이란 그리스어로 아리스토텔레스의 논리학 저서들을 총칭하는 말이다. 창의적인 논리 논술을 위한 기본법칙을 살펴보고자 한다.

(1) 동일률

동일률(law of identity)은 논리에서 가장 기본적인 법칙 중 하나이다. 동일률은 "무엇이 무엇인지는 항상 자기 자신과 동일하다"는 원칙을 말한다(Irving, 1997). 즉, A는 A이고, B는 B이며, C는 C임을 나타낸다. 앞에 썼던 정의를 뒤에서도 동일하게 쓰는 형식이며, 동일한 개념을 유지하는 것이 중요하다. 이는 명제의 진리성을 판단하는 데 중요한 역할을 하며, 논리적 추론의 기본 토대를 형성한다.

예를 들어, "사과는 사과이고, 고양이는 고양이다." 이것은 매우 당연한 사실이지만, 논리적 사고의 기초를 이루는 중요한 원칙이다. 또는 "교실에 있는 의자는 의자이다. 즉, 의자는 항상 의자라고 말할 수 있다." 이렇게 하면 유아들이 논리적인 사고를 시작할 때 기본적인 개념을 쉽게 이해한다.

동일률을 '모든 명제는 그 자체와 동일하거나 모순된다'는 방식으로 정의했다. 동일률은 논리적 사고의 기본 토대를 형성하는 중요한 법칙이다. 동일률을 통해 우리는 명제의 진리성을 판단하고, 논리적 추론을 수행할 수 있다. 또한 동일률은 개념의 명확성을 유지하고, 오류를 방지하는 데에도 도움이 된다.

예를 들어, 동생이 생일선물로 세발 자전거를 선물받았다. 동생은 형에게 '자기 것'이라고 주장한다. 그런데 얼마가 지나 자전거를 타다가 고장이 나자, '우리 것'이라고 한다면 동일률을 위반한 것이 된다.

■ **예외조항**

동일률의 위반 예시
- 처음: "세발 자전거는 **내 거야**. 나 혼자만 탈 거야."
- 나중: "형, **우리 자전거** 고장 났어. 어떡하지?"

(2) 모순율

모순율(law of noncontradiction)은 논리학의 기본법칙 중 하나로 '두 명제가 서로 모순될 수는 없다'는 것을 의미한다(Irving, 1997). 모순율은 논리적으로 상반된 두 가지 주장 또는 개념을 함께 포함하고 있는 상태를 가리킨다. 모순율은 비논리적이거나 부정확한 주장을 가리키는 것이 아니라, 단순히 논리적으로 서로 어긋나는 주장을 포함하는 것이다.

즉, 'A는 A이며, 동시에 ~A일 수 없다는 것'을 나타낸다. 모순이 있으면 유아들은 혼란스러워한다. 예를 들어, 동물원에서 판다(panda)를 보여주고 "이 동물은 판다입니다"라고 말한다면, 이는 맞는 것이다. 하지만, 판다 그림을 보여주면서 "이 동물은 당나귀입니다"라고 말한다면, 이것은 모순이 된다. 모순율을 이해하면 유아들은 논리적으로 생각할 수 있게 된다.

이러한 모순율은 일상적인 상황에서도 흔히 발생할 수 있으며, 논리적인 토론이나 주장에서는 모순율이 없어야 한다. 모순율은 논리적으로 유효한 주장을 구축하는 것을 방해한다.

모순율은 논리적 사고의 기본 법칙이지만, 다음과 같은 경우에는 예외적으로 적용될 수 있다.

> ■ **예외조항**
>
> 모순율의 예외조항은 두 개가 있다. 주장이 변화하거나 명제가 모호할 경우 모순율을 적용하기 어렵다. 명제는 시간이 지남에 따라 변화할 수 있는데, 과거에는 참이었지만 현재는 거짓이 될 수 있다. 그런데 명제가 모호한 경우는 명제와 모순될 수도 있고, 안될 수도 있기 때문이다.
>
> 모순율의 예외조항 예시
> - 변화된 명제: '사과는 맛있다.'
> - 모호한 명제: '행복은 곧 기쁨이다'

(3) 배중률

배중률(law of excluded middle)은 무언가가 둘 중 하나에 속한다는 것을 의미한다. 예를 들어, "이 동물은 개 중 한 마리입니다."라고 말할 때, 이 동물은 개라고 할 수 있거나, 개가 아니라고 할 수 있다. 둘 중 하나에 속해야 하고, 중간이 없어야 한다. "이것은 바나나입니다." 또는 "이것은 딸기입니다."와 같이, 무언가가 둘 중 하나에 속해야 한다.

배중률은 논리학의 기본법칙 중 하나로 '두 명제가 서로 배타적이면 동시에 참일 수 없다'는 것을 의미한다(Kahane 외, 2020). 즉, A와 B가 서로 배타적인 경우, A가 참이면 B는 거짓이며, B가 참이면 A는 거짓이라는 것을 나타낸다.

■ 예외조항

배중률의 예외조항은 중간에 속할 때이다. 보통 무언가가 둘 중 하나에 속하지만 때로는 중간에 속하는 경우가 있다. 예를 들어, 그 동물이 개이거나 고양이일 수 있지만, 때로는 둘 다 아닐 수도 있기 때문이다.

배중률의 예외조항 예시
- 명제 1 : "이 동물은 개나 고양이 중 하나인가요?"
- 명제 2 : "아니요, 이 동물은 다람쥐예요."

(4) 정확성

정확성(accuracy)은 정확한 사실을 말한다. '오류'와 '거짓말'은 정확성을 방해하는 요소이다. 오류는 정보나 판단에 부정확한 부분을 포함하고 있거나, 잘못된 정보를 제공하는 것을 말한다. 거짓말은 의도적으로 정보를 왜곡하거나 잘못 전달하는 것이다. 따라서 오류와 거짓말이 존재할 때, 그 정보나 주장은 문제가 된다. 이는 논리적인 분석을 방해하고, 올바른 결론에 도달하는 것을 어렵게 한다.

정확성을 방해하는 것

① 오류(error)

태도는 올바르나 잘못된 판단을 하는 경우이다. 사실에 기반하지 않거나 논리적으로 잘못된 경우이다. 예를 들어, "한 계단 남았는데, 다 내려왔다"라고 생각하는 것은 오류다. 그로 인해 결국 넘어졌다고 해보자. 이처럼 유아들이 종종 실수를 하지만, 실수를 통해 배우고 성장하게 된다.

② 거짓말(lie)

태도가 올바르지 못하고 의도성이 들어간 경우이다. 사실에 대한 왜곡, 과장, 누락 등이며, 이득이나 갈등 회피 등의 이유로 발생한다. 예를 들어, "부모와 약속한 게임 시간을 초과했는데, 매번 안했다고 주장한다"라고 해보자. 이처럼 거짓말은 타인을 속이려는 행동이기 때문에 갈등이 유발된다.

3) 창의적 사고기법

(1) 스캠퍼(SCAMPER)의 개념

스캠퍼(SCAMPER)는 에이벌(Bob Eberle)이 1971년에 개발한 창의적 사고기법이다. 이는 오스본(Osborn)이 개발한 체크리스트법을 보완하여 발전시킨 형태다. SCAMPER는 다음과 같이 7가지 요소로 구성된다(Eberle, 2008; Osborn, 2011).

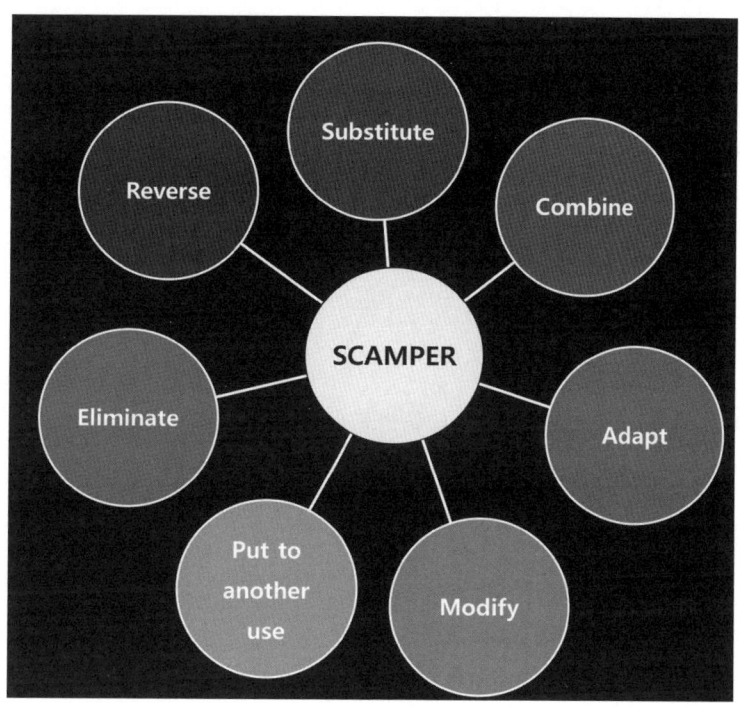

〈그림 1-1〉 SCAMPER 7요소

(2) 스캠퍼(SCAMPER) 질문법

스캠퍼(SCAMPER)는 창의적 사고를 촉진하기 위한 도구로, 아이디어를 발전시키고 변형시키는 방법을 제공한다. 각 알파벳은 다양한 질문을 나타내며, 이를 통해 유아들은 문제를 해결하고 새로운 아이디어를 도출할 수 있다. 예시를 통해 살펴보면 다음과 같다.

① S(Substitute, 대체하기)

기존의 요소를 다른 것으로 대체하여 새로운 아이디어를 얻는 방법이다.

- 기존의 구성요소를 다른 것으로 바꿀 수 있을까요?
- 다른 재료, 부품, 프로세스를 사용해 볼 수 있을까요?
- 다른 사람, 장소, 관점을 고려해 볼 수 있을까요?

> **예시**
>
> 교사: "구슬 팔찌를 만들고 있어요. 구슬 대신에 무엇을 사용할 수 있을까요?
> 유아: 나무 구슬이나 천연 돌 구슬을 사용할 수 있을 것 같아요.

② C(Combine, 결합하기)

두 가지 이상의 요소를 결합하여 새로운 아이디어를 얻는 방법이다.

- 다른 아이디어나 개념들을 결합하여 새로운 것을 만들 수 있을까요?
- 여러 기능을 하나의 작품에 통합할 수 있을까요?
- 다른 분야의 지식이나 기술을 접목해 볼 수 있을까요?

> **예시**
>
> 교사: "여기 장난감 중에 두 개를 결합해서 무엇을 만들 수 있을까요?
> 유아: "버스와 로봇을 결합해서 버스 로봇을 만들 수 있어요"

③ A(Adapt, 적용하기)

다른 분야에서 사용되는 요소를 현재 상황에 적용하여 새로운 아이디어를 얻는 방법이다.

- 기존 아이디어를 다른 상황이나 환경에 적용해 볼 수 있을까요?
- 새로운 기능이나 용도를 추가해 볼 수 있을까요?
- 규모를 확대하거나 축소해 볼 수 있을까요?

> **예시**
>
> **교사**: "더 빠른 자동차 모형을 만들려면 어떻게 해야 할까요?"
> **유아**: "비행기처럼 날렵하게 만들면 바람을 뚫고 지나갈 정도로 빠르게 만들 수 있을 것 같아요."

④ M(Modify, 수정하기)

새로운 아이디어를 통해, 기존 요소의 특징을 수정하여 변형하는 것이다.

- 기존 아이디어의 일부를 변경하거나 추가해 볼 수 있을까요?
- 크기, 무게, 색상, 형태 등을 변경해 볼 수 있을까요?
- 단순화하거나 복잡하게 만들 수 있을까요?

> **예시**
>
> **교사**: "만약 로봇 모형을 더 멋지게 만들고 싶다면, 어떻게 수정할 수 있을까요?"
> **유아**: "로봇의 눈동자에 레이저를 달고, 멋있는 다른 색을 칠하면 될 것 같아요."

⑤ P(Put to another use, 다른 용도로 활용하기)

기존 요소를 다른 용도나 분야에 사용하여 새로운 아이디어를 얻는 방법이다.

- 기존 아이디어를 다른 용도로 활용할 수 있을까요?
- 예상치 못한 사용 방법을 생각해 볼 수 있을까요?
- 다른 문제해결에 활용할 수 있을까요?

> **예시**
> **교사**: "우리가 재활용해서 재미있는 공예품을 만들 수 있을까요?"
> **유아**: "신문지를 뭉쳐 동그랗게 만들고, 테이프로 단단하게 고정시켜 농구공을 만들 수 있어요"

⑥ E(Eliminate, 제거하기)

기존 요소에서 불필요한 요소를 제거하거나 문제의 핵심에 맞추어 새로운 아이디어를 얻는 방법이다.

- 불필요한 요소나 단계를 제거해 볼 수 있을까요?
- 간소화하거나 효율성을 높일 수 있을까요?
- 구성 요소를 단순화하거나 최소화할 수 있을까요?

> **예시**
> **교사**: "레고로 케이크 모형 만들기를 하려고 해요. 더 단순하게 만들기 위해 무엇을 제거할 수 있을까요?"
> **유아**: "원형이나 사각형 모양의 케이크 몸체를 만들고, 꼭 필요한 촛불도 꽂아요. 꽃장식도 1~2개로 줄이고 불필요한 장식을 생략해서 케이크를 만드는 데 집중해요"

⑦ R(Reverse/Rearrange, 재배치하기)

기존 요소의 순서를 바꾸거나 배치를 변경하여 새로운 아이디어를 얻는 방법이다.

- 기존 아이디어의 순서나 구성을 바꿔 볼 수 있을까요?
- 역방향으로 생각해 볼 수 있을까요?
- 다른 관점에서 접근해 볼 수 있을까요?

> **예시**
> **교사**: "장난감 자동차 몇 대가 있어요. 새로운 자동차를 만들고 싶다면 어떻게 하면 될까요?"
> **유아**: "색이 다른 자동차의 차체를 바꿔달아 다양한 색상이 나는 자동차를 만들어요. 자동차 앞과 뒤의 위치를 바꿔 거꾸로 가는 차를 만들어도 좋을 것 같아요.

이와같이 SCAMPER를 활용한 교사의 발문은 유아들이 상상력을 발휘하여 창의적 사고를 촉진하고, 나아가 주어진 문제 또한 창의적으로 해결할 수 있도록 돕는다(정혜윤, 이경화, 2017 ; Bob Eberle, 2008).

다음은 창의적 사고의 효과를 검증한 SCAMPER 발문의 예시이다.

SCAMPER를 활용한 교사의 발문법

※ 출처: (정혜윤, 이경화, 2017). p.55, 재구성

- **제목: 우주 잠자리 만들기**

잠자리가 우주에서 살 수 있다면 어떨까요?

교사의 발문						
S	C	A	M	P	E	R
●	●		●			

M : 잠자리가 우주에서 살려면 무엇을 바꿔야 할까요?
S : 우주까지 날아가려면 잠자리 날개를 무엇으로 대체하면 좋을까요?
C : 우주에서도 숨을 잘 쉬려면 잠자리에게는 무엇을 결합시켜야 할까요?
M : 우주 잠자리에게는 무엇을 작게 또는 크게 만들어 줘야 할까요?

4) 비판적 사고 증진을 위한 교사의 역할

비판적 사고 증진을 위한 교사의 역할은 다양한 교육학자와 발달 심리학자들에 의해 강조되고 있다. 교육학자 듀이(John Dewey)의 저서 〈How We Think〉(1910)는 유아들이 비판적 사고를 향상시키는 방법에 대해 다루고 있다. 즉, 교사가 유아들에게 어떻게 사고하고 문제를 해결할 지를 가르쳐준다.

비고츠키(Vygotsky 외, 1980)는 유아들이 사회적 상호작용을 통해 비판적 사고를 길러야 함을 강조하고 있다.

교사는 유아들이 다양한 경험을 제공하고 호기심을 자극하여 자율적으로 생각하고 판단할 수 있는 환경을 조성해야 한다. 또한, 유아들이 논리적으로 사고하고 문제를 해결하는 과정을 지원하고 도울 수 있다. 이를 통해 유아들은 자신의 생각을 자신 있게 표현하고 다른 사람들의 의견을 비판적으로 평가할 수 있는 능력을 키울 수 있다. 다음의 〈표 1-1〉은 유아의 비판적 사고기능을 평가하는 데 유용하다(김현경, 2002).

〈표 1-1〉 비판적 사고기능에 대한 평가

비판적 사고기능	평가기준	배점
서로 다른 관점을 인식하기	서로 다른 입장에 대해 인식하지 못한다.	1
	타인의 입장에 대해 공감하나 이유를 말하지 못하거나 불합리한 이유를 진술한다.	2
	타인의 입장에 대해 공감하고 이유를 진술한다	3
생각을 검증하기	제시된 상황에서 이유를 주목하지 못한다.	1
	상황에 진술된 표면적인 이유를 주목한다.	2
	진술되지 않았으나 상황으로 미루어 있음직한 이유를 인식한다.	3
판단하여 이유를 말하기	판단에 대한 이유를 제시하지 못하거나 관련없는 이유를 제시한다.	1
	적절한 또는 부적절한 판단과 이를 합리화하는 이유를 제시한다.	2
	적절한 판단과 정당한 이유를 제시한다.	3
결과를 예측하기	끌어낼 수 있는 결과를 예측하지 못한다.	1
	표면적인 면만을 고려하여 결과를 예측한다.	2
	모든 요인과 동기를 고려하여 있음직한 결과를 예측한다.	3
타인에게 적용한 기준을 나에게 적용해 보기	자신의 감정과 욕구에 의한 진술을 한다.	1
	이치에 맞으나 지극히 평범한 반응으로 현실적으로 실현하기 힘든 이상적인 입장을 진술한다.	2
	깊은 사고를 거친 정교한 반응으로 생각과 행동의 불일치를 인식한다.	3

※ 출처: 김현경(2002). p.64

■ 참고문헌

1. 교육부, 보건복지부(2019). 2019 개정누리과정 해설서. 세종.
2. 김현경(2002). 유아를 위한 비판적 사고 교수모형의 구성 및 그 적용효과에 관한 연구. 중앙대학교 대학원 박사학위논문.
3. 레프 비고츠키 저; A. 코줄린 편; 윤초희 역(2011). 사고와 언어. 교육과학사.
4. 박민규(2006). 유아 철학교육과 초등논술교육. 새한철학회, 哲學論叢, 제43집, 제1권, 479-506.
5. 박종덕(2005). 논술 개념의 어원적 연구. 겨레어문학회 겨레어문학, 제35집, 95-107.
6. 이미숙(2017). 논리 기반 스토리텔링이 아동의 수학학습역량에 미치는 영향. 우석대학교 대학원 박사학위논문.
7. 정혜윤, 이경화(2017). SCAMPER를 활용한 교사의 발문이 유아의 창의성 증진에 미치는 효과. 창의력교육연구, Vol.17, No.1, 47-62.
8. Anna-Teresa, T.(2011). *The Logic of the Living Present: Experience, Ordering, Onto-Poiesis of Culture Experience, Ordering, Onto-poiesis of Culture*, Springer.
9. Carol Copple(2009). *Developmentally Appropriate Practice in Early Childhood Programs*. Bertrams.
10. Chaim Perelman, Lucie Olbrechts-Tyteca(1969). *The New Rhetoric: A Treatise on Argumentation*. University of Notre Dame Press.
11. Dewey, John(1910). *How we think. Boston*: D.C. Heath & Co.
12. Eberle, Bob(2008). *Scamper: Creative Games and Activities for Imagination Development*, Routledge.
13. Francis Bacon(2018). *Novum Organum*. Wentworth Press.
14. Fukuzawa, K., 김규한 역(2008). 논리학 실험실. 바다출판사.
15. Irving M. Copi(1997). *Introduction to Logic*. Prentice-Hall.
16. Kahane, H., Cavender, N.(2020). *Logic and Contemporary Rhetoric: The Use of Reason in Everyday Life*. Cavender.
17. Kalish, D., Montague, R., Mar, G.(1992). *Logic: Techniques of Formal Reasoning*. Oxford University Press.
18. Osborn, Alex(2011). *Applied Imagination - Principles and Procedures of Creative Writing*. Iyer Press.
19. Patrick J. Hurley(2017). *A Concise Introduction to Logic*. Wadsorth Pub Co.
20. Piaget, J., Piercy, M.(2001). *The Psychology of Intelligence(2nd Edition)*. Routledge.
21. Piaget, J.(1965). *The Child's Conception of Number*, W. W. Norton & Company.
22. Vygotsky, L.S., Cole, M., John-Steiner, V.(1980). *Mind in Society: The Development of Higher Psychological Processes*. Harvard University Press.
23. https://ko.wikipedia.org/wiki/(위키백과)

2장 유아 논리·논술의 철학적 배경

1 소크라테스 : 문답법과 메타인지

1) 인물소개

소크라테스(Socrates)는 고대 그리스 철학자(470~399 BC)로, '서양 철학의 아버지'로 불린다. 그와 더불어 진정한 인간학적 철학이 시작된다. 그가 알고자 한 것은 인간의 참된 본성이었다. 그는 "너 자신을 알라"고 하는 델포이(Delphoi) 신전에 새겨져 있는 말을 깊이 마음에 간직하고 자기 자신을 찾았다(최명관, 곽신환, 2018). 그는 고대 아테네 출생 석공의 아들로서 평범한 가정에서 자랐다. 어린 시절부터 호기심과 탐구심이 강했으며, 젊은 시절에는 석공의 일을 했다.

주요 업적으로는 윤리, 정치, 인식론 등 다양한 철학적 주제를 탐구하며 서양 철학의 기틀을 마련했다. '소크라테스의 대화법'을 통해 대중들이 스스로 지혜를 찾도록 했다.

〈그림 2-1〉

※ 출처: https://ko.wikipedia.org/wiki/%EC%86%8C%ED%81%AC%E
B%9D%BC%ED%85%8C%EC%8A%A4

하지만 그의 생각과 방식은 그 당시 권력자들에게는 위협이 되기도 했다. 그의 사상은 플라톤, 아리스토텔레스 등 후대 철학자들에게 큰 영향을 미쳤다. 서양 철학의 발전에 지대한 공헌을 했으며, 비판적 사고, 윤리적 실천, 진리 추구의 중요성을 강조하는 그의 철학은 오늘날에도 여전히 많은 가치를 지니고 있다.

2) 주요업적

(1) 소크라테스 산파술

소크라테스는 이미 존재하는 생각이나 지식을 무조건 받아들이지 않고, 끊임없는 질문과 논증을 통해 그 타당성을 검증했다. 일종의 정의(definition)를 찾는 과정이며, 산파였던 어머니처럼 지식을 찾도록 돕는 역할이다. 하지만 그의 목표는 상대방의 의견을 함부로 부정하는 것이 아니라, 더 깊이 숙고하고 명확한 이해를 도출하도록 유도하는 것이었다. 오히려 진솔하고 객관적인 질문을 통해 논리적 오류나 모순점을 드러내도록 도왔다. 이 과정을 통해 상대방 스스로 사고의 한계를 깨닫고 더 나은 이해를 위한 노력을 하도록 유도했다.

> **예시** **정의(definition) 찾아가기**
> 교사: 소나무의 색깔은 왜 변하지 않을까요?

이와 같은 질문과 논증의 방식은 소크라테스의 대화에서 주로 나타나며, 플라톤(Plato)의 〈대화록〉에서 찾을 수 있다.

(2) 소크라테스 무지

소크라테스는 "나는 아무것도 모른다"고 말하며 자신의 무지를 끊임없이 반추했다(한수운 편,

2020). 자신이 아는 것보다 모르는 것이 많다고 여겼고, 그것을 자각하고 인정하는 것이 지혜의 시작이라고 확신했다. 그는 이러한 무지를 바탕으로 더 나은 지식을 추구하고 철학적 탐구를 이어갔다. 이러한 자세는 메타 인지적 태도로 볼 수 있고, 자기객관화에 중요한 역할을 한다. '소크라테스 무지'의 핵심은 자신의 무지를 깨닫고 더 나은 지식을 추구하려는 의지이다. 이는 단순히 지식 부족을 인정하는 것 이상의 의미를 지닌다.

"너 자신을 알라."
이 말은 곧 자신의 무지를 알라는 뜻으로, 자신이나 상대에게 스스로 묻는 질문이었다. 이 질문의 진짜 의도는 이런 것이었다(한수운, 2020).
"네가 정녕 알고 있는 것이 무엇이냐?"
"도대체 네가 정확히 알고 있는 게 무엇이냐?"

유아들의 경우, 아직 세계에 대한 경험과 지식이 부족하기 때문에 자신의 무지를 명확하게 인지하기 어렵다. 또한, 지식을 탐구하고 발전시키려는 의식도 충분히 발달하지 않았기 때문에 교사의 적절한 지도에 따라 효과를 극대화할 수 있다.

> **예시 질문하기**
> 유아들에게 다양한 질문을 던져 생각을 유도한다.
> **교사:** "이 곤충은 어떻게 날아다닐까요?"
>
> **예시 탐구 활동**
> 유아들이 직접 관찰하고 실험을 하도록 한다. 곤충을 관찰하거나, 곤충의 먹이나 서식지를 조사하도록 할 수 있다.

> **예시** **책 읽기**
> 유아들에게 과학이나 철학 관련 책을 읽어준다.
>
> **예시** **토론**
> 유아들이 서로 의견을 나누고 토론하도록 한다.

(3) 덕 윤리

소크라테스가 주장한 도덕 철학으로, '지혜', '용기', '절제', '정의' 등의 근본적이고 보편적인 윤리를 말한다. 이 과정에서 소크라테스는 석공이던 아버지처럼 불필요한 부분들을 없애고 완성품을 만드는 것과 같은 이치를 적용했을 것이다. '참'이 아닌 '거짓'을 가려내면 '참'이 되는 것과 같다. 소크라테스는 덕을 실천하는 것이 진정한 행복을 가져다 준다고 믿었다. 덕은 올바른 삶을 살 수 있도록 도와주고, 내면의 평화와 만족을 주기 때문이다. 교사는 갈등상황을 제시하고 유아들이 적절한 대답을 찾도록 해보자.

> **예시** **지혜**
> 교사: "친구가 어려운 문제를 풀고 있는데 도움을 요청하고 있어요."
> 유아: "친구가 문제를 스스로 해결할 수 있도록 질문을 통해 힌트를 줘요."
>
> **예시** **용기**
> 교사: "운동장에서 체구가 큰 친구가 작은 친구를 놀리고 있어요."
> 유아: "친구를 괴롭히지 말라고 말하고 약한 친구를 놀리지 못하게 말려요."
>
> **예시** **절제**
> 교사: "친구가 과자 세 봉지를 한꺼번에 먹어서 걱정이 돼요."
> 유아: "과자를 한꺼번에 너무 많이 먹으면 배탈이 날 수 있다는 의견을 친구에게 말해요."

> **예시** **정의**
>
> 교사: "친구들이 장난감을 두고 서로 가지려고 다투고 있어요."
>
> 유아: "친구들에게 서로 공평하게 장난감을 나눠 갖고 놀자고 제안해요."

(4) 명언

'반성하지 않는 삶은 살 가치가 없다.'

이 말은 소크라테스의 철학적 사고와 덕 윤리의 핵심을 담고 있다. 단순히 후회하거나 과거를 되돌아보는 것을 의미하는 것이 아니라, 끊임없는 질문과 논증을 통해 스스로를 성찰하고 진리와 덕을 추구하는 삶의 중요성을 강조한다.

유아들이 실수했을 때, 단순히 책임을 지우거나 처벌하는 대신 왜 그런 실수를 했는지, 잘못된 선택을 하려고 할 때 더 나은 결과를 얻기 위해 무엇을 할지 생각해 보도록 한다.

> **예시** **실수를 인정하고 배우는 기회 만들기**
>
> 교사: "한 친구가 다른 친구를 때려서 울고 있어요."
>
> 유아: "왜 때렸는지 반성하고, 친구가 어떤 기분이었을지 생각해 보자고 말해요."
>
> **예시** **선택의 결과 논의하기**
>
> 교사: "유치원에 있는 장난감을 집에 가져가고 싶어해요."
>
> 유아: "그러면 다른 친구들은 장난감을 가지고 놀지 못하게 되니 안된다고 말해요"

2. 데카르트 : 연역추론과 논증

1) 인물소개

르네 데카르트(Rene Descartes)는 프랑스 근대 철학자(1596~1650년)로, '근대 철학의 아버지'로 불린다. 1596년 프랑스 소도시 라에(la Haye)에서 출생했으며, 부유한 귀족 가문 출신이다. 예수회 학교에서 수학했고, 푸아티에 대학교에서 법학 학위를 취득했다. 그는 신의 존재를 이성과 합리적으로 증명하려 했으며, 이후에 이신론적 사상에 영향을 주었다.

그는 자주 여행하며 다양한 사상과 문화를 접했다. 수학자이자 철학자이며 해석 기하학의 창시자로 불린다. 의심의 방법론을 통해 확실한 지식을 추구하며 근대 철학의 토대를 구축했다. 이성과 논리에 기반한 사고, 합리주의 철학 및 기하학과 대수학을 결합한 해석 기하학을 창시하여 수학 분야에 혁신을 가져왔다. 신체와 정신을 별개의 존재로 보는 이원론적 입장을 제시했다. 대표적인 저서로는 〈방법서설〉이 있다. 그의 묘비에는 이런 글이 적혀 있다. "데카르트, 유럽 르네상스 이후 인류를 위해 처음으로 이성의 권리를 쟁취하고 확보한 사람이다(한수운, 2020)."

〈그림 2-2〉 ※ 출처: https://commons.wikimedia.org/wiki/File:Frans_Hals_-_Portret_van_Ren%C3%A9_Descartes.jpg

2) 주요 업적

(1) 연역적 추론

일반적인 명제로부터 특수한 결론을 도출하는 추론이다. 예를 들면 다음과 같다.

- '모든 사람은 죽는다'(대전제).
- '소크라테스는 사람이다'(소전제).
- '소크라테스는 죽는다'(결론).

연역적 추론은 고대 그리스 철학자 아리스토텔레스(384~322 BC)가 논리학에서 처음 시작하였다. 수세기가 지나 현대철학자 데카르트에 의해 연역적 추론의 중요성이 다시 강조되었다. 1637년 네덜란드에서 간행된 그의 대표 저서인 〈방법서설〉에서 그 이념이 잘 드러난다(최명관 외, 2014, 위키백과). 그는 이 세상에서 우리가 살아가는 데 있어서 모든 문제에 대해서 완전한 진리를 발견한 후에 행동할 수는 없고, 우리는 우선 행동하여야 하므로 임시로 도덕률을 정하고 살아가야 한다고 말한다.

데카르트가 연역법을 아리스토텔레스의 개념에서 크게 발전시켰다고 보기는 어렵다. 대신, 그는 자신의 철학에서 현실의 존재를 의심하고 추론을 통해 인간의 존재를 근본적으로 이해하려는 노력을 보였다.

연역적 추론은 특정 전제를 가지고 출발해서 논리적인 결론을 유추하는 것이다. 주어진 상황에서 패턴이나 규칙을 찾아내어 새로운 정보를 이해하거나 문제를 해결할 수 있다.

데카르트 연역적 추리의 특징

① 비교적 간단한 논리적 구조

데카르트의 연역적 추리는 보통 몇 가지 간단한 전제를 기반으로 하며, 그 결과로 나오는 결론은 이러한 전제들을 논리적으로 따라가면서 유도된다. 이로 인해 추론의 논리적 흐름이 명확하고 이해하기 쉽다.

② 철저한 논리성

데카르트의 추론은 논리적으로 철저하며, 항상 자명한 진리나 명백한 결론을 도출하려고 한다. 그의 주장은 대개 잘 구성된 전제와 이에 따라 논리적으로 유도된 결론을 포함하고 있다.

③ 핵심적인 개념 강조

데카르트의 연역적 추리는 일반적으로 핵심적인 개념이나 기본적인 원칙을 강조한다. 자신의 논증을 명확하고 간결하게 표현했다.

> **예시 1 교사 질문**
> "만약 모든 고양이가 새를 좋아하는데, 샤비가 고양이라면 새를 좋아할까요?"
>
> **예시 1 유아 추론**
> 모든 고양이는 새를 좋아한다(대전제).
> 샤비는 고양이다(소전제).
> 샤비도 새를 좋아한다(결론).

이때, 대전제와 소전제가 '참'이어야 '결론'이 참이 된다.

④ 수학적 접근

데카르트는 자신의 추론에 수학적 접근을 사용했다. 예를 들어, 그는 대수학과 기하학의 원리를 사용하여 자신의 철학적 주장을 논리적으로 전개했다.

> **예시 2 교사 질문**
> "2, 4, 6, 8, 다음은 뭘까요?"
>
> **예시 2 유아 추론**
> 2, 4, 6, 8의 연속적인 숫자이다(대전제).
> 각 숫자는 2씩 증가하고 있다(소전제).
> 다음 숫자는 10이 될 것이다(결론).

이때, 유아는 주어진 숫자들의 패턴을 찾아내어 다음 숫자를 예측할 수 있다. "2에서 시작해서 2씩 더하면 다음 숫자가 나와요. 그러니까 다음 숫자는 10이 되겠지요." 이런 식으로 유아는 주어진 패턴을 이해하여 문제를 해결한다. 즉, 연역적 추론은 주어진 정보나 패턴을 바탕으로 새로운 정보를 예측하거나 문제를 해결하는 과정을 말한다. 유아들은 이런 추론능력을 통해 문제를 해결하고 자신의 생각을 발전시킬 수 있다.

(2) 코기토 에르고 숨

'코기토 에르고 숨(cogito ergo sum)'은 라틴어로 '나는 생각한다, 그러므로 나는 존재한다'라는 뜻이다. 데카르트의 대표적 저서 〈방법서설〉에 있는 말이다. 그의 철학적 사상의 핵심이기도 하며, 계몽사상인 자율성과 합리성의 추구에 영향을 주었다.

> ■ 교사질문
>
> "나는 지금 무엇을 생각하고 있나요?"
> "내가 생각하고 있다는 사실을 어떻게 알 수 있을까요?"
> "내가 생각한다는 사실은 내가 존재한다는 것을 의미하나요?"
> "만약 내가 생각하지 않는다면, 나는 존재하지 않는 것일까요?"

(3) 심신 이원론

심신 이원론(mind-body dualism)은 물질과 정신의 두 세계를 구분하는 철학이다. 데카르트는 몸과 마음은 서로 다른 두 가지 물질로 이루어져 있다고 생각했다. 몸은 물질적이고 객관적으로 존재하며, 마음과 정신은 비물질적이고 주관적으로 존재한다는 것이다.

① 물질(res extensa)

라틴어로 '레스 엑스텐사(res extensa)'라고 불리며, 이는 '확장하는 자', '확장하는 것'이라는 뜻이다. 물질은 정신과는 다르게 인식되는 것들로, 외부 세계의 사물들이 이에 해당한다. 물리적인 세계의 대상들로서, 데카르트는 이를 확장성, 위치, 무게, 모양, 운동 등의 물리적 속성을 가진 실체로 이해했다. 그에 의하면 물질은 확장된 본질이다.

- **주요 특징**

공간적 차원: 물질은 길이, 넓이, 높이를 가지고 있으며, 공간 속에 존재한다.

물리적 속성: 무게, 온도, 속도, 에너지와 같은 물리적 속성을 가지고 있으며, 이러한 속성은 측정하고 변화시킬 수 있다.

변화와 운동: 물질은 시간이 지남에 따라 변화하고 운동할 수 있다.

객관적 존재: 인간의 인식과 상관없이 독립적으로 존재하는 객관적인 실체이다.

② 정신(res cogitans)

라틴어로 '레스 코그니탄스(res cogitans)'라고 불리며, 이는 '생각하는 자', '생각하는 것'이라는 뜻이다. 데카르트는 '나는 생각한다. 그러므로 나는 존재한다(I think, therefore I am)'라는 철학적 토대는 꿈을 통해 발견하는 재미있는 에피소드가 있다.

1619년 겨울 어느날 독일의 올름(Ulm) 근처에 있는 작은 마을의 군영에서 세 차례 꿈을 꾸었다. 첫 번째 꿈에서는, 회오리바람이 몰아치는 가운데 데카르트가 길을 걷는다. 그는 비틀거리며 목적지를 향하여 간다. 두 번째 꿈에서는, 날카롭고 폭발하는 듯한 소리를 듣는다. 세 번째 꿈에서는, 책상 위에 한 권의 책이 있다. 전쟁 중에 군입대를 했던 데카르트는 꿈에 그의 시야에 시집(詩集)이 보였다(이동희, 2010; 최명관, 곽신환, 2014).

거기에 적혀 있는 것은 "나는 인생에서 어떤 길을 걸을 것인가?"라는 문장이었다. 그 이후 데카르트는 옛 생활방식을 버리고 진리탐구에 몸을 바치게 된다.

> ■ **주요 특징**
>
> **주관적 경험**: 정신은 개인의 주관적인 경험과 관련된다.
> **의식과 자기 인식**: 정신은 의식과 자기 인식을 가능하게 한다.
> **자유의지**: 인간은 자유의지를 가지고 있으며, 선택과 결정을 내릴 수 있다.
>
> 〔예시〕
> 교사: "오늘 우리의 몸과 생각에 대해 이야기해 볼까요?"
> 유아: "손으로 빵을 만질 수 있지만, 생각으로는 직접 만질 수 없어요."
> 교사: "마음은 눈으로 볼 수 없지만, 몸과 마음은 연결되어 있지요."
> 유아: _____

(4) 방법적 회의

모든 지식은 의심하고 검증해야 한다. 데카르트의 방법적 회의는 의심을 통해 진리를 찾는 철학적인 방법이다. 그는 모든 것을 의심하고, 검토하여 진리를 찾으려고 했다. 절대적 지식을 찾기 위해 감각, 이성, 신의 존재까지도 의심의 대상에 포함시켰다.

〈철학의 원리〉에서 데카르트는 다음과 같이 말하고 있다. "우리는 어렸을 적에, 우리의 이성을 온전히 사용하지 못하여, 우리의 감각에 주어진 사물들에 대하여 가지가지 모양으로 판단하였기 때문에, 이러한 많은 성급한 판단으로 인하여 진리의 인식에 이르지 못하고 있다(최명관 외, 2014)."

데카르트는 우리가 알고 있는 모든 것을 의심하라는 '방법적 회의(methodic doubt)'를 강조한다. 〈그림 2-3〉은 독일의 사회학자인 뮐러-리어가 고안한 '뮐러리어 착시(Muller-Lyer illusion)'로 두 개의 선분 위에 화살표가 그려진 기하학적 도형이다. 두 선분의 길이는 같지만, 화살표의 방향에 따라 한 선분이

다른 선분보다 길게 보이는 착각을 일으킨다. 이는 데카르트가 자신의 감각과 경험을 끊임없이 의심해야 할 필요성을 증명하는 그림 중 하나이다.

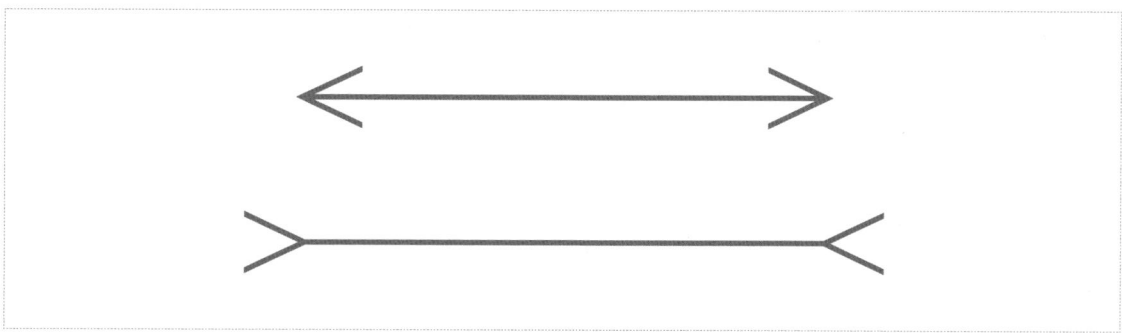

〈그림 2-3〉 Muller-Lyer illusion

방법적 회의란 정말로 그렇게 의심해서가 아니라 스스로 자기의 확실성을 증명하는 '자명한 철학'을 세우기 위한 수단으로서 일부러 하는 의심이다(김용규, 2016).

예시 **상황 1: 꿈에서 나무를 보았어요.**

교사: "꿈에서 본 나무는 실제로 존재하나요?"

유아: _____

예시 **상황 2: 우리는 길을 가다가 자주 나무를 보게 되지요.**

교사: "나무라는 것을 알아보는 방법이 있나요?"

유아: _____

(5) 명언

'나는 생각한다, 그러므로 존재한다.'

데카르트는 모든 것을 의심하며 진정한 지식을 찾기 위한 노력을 통해 이 명언을 도출했다. 인간의 사고와 존재에 대한 근본적인 질문을 던지는 말이다. 이는 당시 신(God)이나 절대적인 존재를 중심으로 전개되던 사고방식에서 벗어나 인간의 이성과 사고력을 강조하는 중요한 전환점이 되었다(Descartes 외, 2017).

아래 〈예시〉에서 '유아 1'은 숲의 아름다움을 보고 초록색 물감으로 물든 것 같은 느낌을 표현하며, 자연과의 일체감을 느낀다. 이는 주변 환경을 인식하고, 그에 대한 감정을 느끼는 '나'의 존재를 보여준다.

'유아 2'는 나뭇잎들이 춤추고 노래한다고 상상하며, 자연과의 유기적인 연결을 느낀다. 이는 주변 세계와 상호작용하고, 상상력을 발휘하는 '나'의 존재를 보여준다. 따라서 데카르트는 "나는 생각한다"는 사실만을 확실한 지식으로 인정했지만, 아래 예시에서는 자연과의 상호작용을 통해 감정, 상상력, 일체감 등 다양한 방식으로 '나'의 존재를 경험하고 있다는 것을 보여준다.

한편 데카르트의 "나는 생각한다, 그러므로 존재한다."는 이 명언은 직접적인 경험까지도 의심하고 숙고하며 '나'의 존재를 확인하라는 뜻이 포함되어 있는 개념이다. 유아들과 함께 빈칸을 채워보자.

예시 **상황: 자연 속에서 자신의 존재 느끼기**

교사: "나뭇잎들을 보세요. 숲속이 온통 초록이지요?"

유아 1: "초록색 물감을 뿌려 놓은 것 같아요. 나도 초록으로 물들 것 같아요."

유아 2: "나뭇잎들이 춤추고 노래해요."

유아 3: _____

3 베이컨 : 귀납추론과 논증

1) 인물소개

프랜시스 베이컨(Francis Bacon)은 영국의 철학자(1561~1626년)이며 과학자로서, '근대 경험주의 철학의 아버지'로 불린다. 영국 런던에서 출생했으며, 귀족 가문 출신으로 안정적인 환경에서 자랐다. 그는 케임브리지 대학교에서 법학을 공부했고, 정치에 참여하여 국무장관, 법무장관 등을 역임했다. 자연을 탐구하고, 사람들의 생각에 관심이 많았다. 관찰과 실험을 통한 경험적 지식 습득을 강조하며 경험주의 철학의 토대를 마련하였다.

베이컨의 대표 저작은 〈신기관〉이며, 라틴어로는 '노붐 오르가눔(Novum Organum)'이다. 그의 귀납추론, 실험, 관찰, 과학적 연구 방법론 등의 확립은 근대과학의 기틀과 함께 물리학, 생물학, 의학 등 다양한 분야의 발전에 영향을 미쳤다.

〈그림 2-4〉 ※ 출처: https://commons.wikimedia.org/wiki/File:Somer_Francis_Bacon.jpg

2) 주요 업적

(1) 귀납법

귀납법(induction)은 경험적 관찰과 실험을 통해 지식을 얻는 방법이다. 특수한 사례인 경험을 통해 일정한 패턴을 발견하여 일반적인 규칙을 만드는 것이다.

귀납법이란 전제로부터 결론이 확률적으로(probably) 또는 가능적으로(possibly) 나오는 논증법이다(김용규, 2016). 귀납법의 3단계와 귀납적 결론이 도출되는 과정을 예시와 함께 논리반박 방법을 살펴보고자 한다.

■ 귀납법의 3단계

- 1단계: 관찰 및 실험을 통해 특수한 사례 수집
- 2단계: 수집된 사례 분석을 통해 공통점 찾기
- 3단계: 공통점을 바탕으로 일반적인 결론 도출

■ 귀납적 결론이 도출되는 과정

예시 1

1단계(관찰): 유아가 두 가지 다른 색깔의 공을 가지고 놀고 있다.

2단계(분석): 유아가 빨간 공을 바닥에 던졌을 때 바닥에 부딪쳐 소리가 났고, 파란 공을 던져도 똑같이 소리가 나는 것을 발견한다.

3단계(결론): 유아는 '공을 던지면 소리가 난다'라는 결론을 도출한다.

〈예시 1〉의 논리반박 방법

- **표본추출 범위 확대**: 빨간 공과 파란 공뿐만 아니라 다양한 종류의 공을 던져 소리가 나는지 관찰하여 표본추출(sampling) 범위를 확대한다.
- **반증 가능성 제시**: '공을 던지면 소리가 난다'라는 결론에 대한 반증 가능성을 추가적으로 제시한다. 예를 들어, 공기가 없는 곳에서 공을 던졌을 때 소리가 나는지 관찰할 수 있다.
- **오류 가능성 고려**: 관찰 결과와 분석 과정에서 발생할 수 있는 오류 가능성을 명확하게 제시하고, 오류를 최소화하기 위한 노력을 한다.

예시 2

1단계(관찰): 백조, 오리, 거위 등 여러 종류의 새를 관찰하고 실험을 통해 그들의 깃털 색깔을 조사한다.

2단계(분석): 조사 결과 관찰된 모든 새들은 흰색 깃털을 가지고 있다는 것을 발견한다.

3단계(결론): '모든 새는 흰색 깃털을 가지고 있다'는 결론을 도출한다.

〈예시 2〉의 논리반박 방법

- **표본추출 범위 확대**: 백조, 오리, 거위 등 일부 종류의 새뿐만 아니라 다양한 종류의 새를 관찰하고 실험하여 표본추출 범위를 확대한다.
- **반증 가능성 제시**: 관찰 결과를 바탕으로 제시된 일반적인 결론에 대한 반증 가능성을 추가적으로 제시한다. 예를 들어, "새 중에는 흰색 깃털을 가지고 있지 않은 종류도 존재할 수 있어요."와 같은 설명을 추가할 수 있다.
- **오류 가능성 고려**: 관찰 결과와 분석 과정에서 발생할 수 있는 오류 가능성을 명확하게 제시하고, 오류를 최소화하기 위한 노력을 한다.

위의 예시를 통해 살펴본 것과 같이 귀납법은 완벽한 진리가 아니라 가능성이 높은 추론이다. 따라서 반증 가능성, 확률적 진리, 오류 가능성이 존재한다.

① 반증 가능성

베이컨의 귀납추론은 도출된 결론이 언제든지 다르게 증명되거나 반박될 수 있다. 이를 반증 가능성이라고 한다.

반증 가능성의 중요성과 한계

- **과학적 진보의 촉진**: 반증 가능성은 과학적 지식이 지속적으로 검증되고 발전하는 데 중요한 역할을 한다. 새로운 증거가 발견될 때 기존의 이론이 반박되고 새로운 이론이 제시될 수 있기 때문이다.
- **오류 방지**: 반증 가능성은 오류를 방지하는 데에도 도움이 된다. 특정 관찰 결과를 뒷받침하는 증거가 부족하거나 다른 가능한 설명이 존재할 경우, 결론을 섣불리 내리는 것을 방지할 수 있다.
- **비판적 사고 촉진**: 반증 가능성은 비판적 사고능력 증진에 기여한다. 따라서 평소에 새로운 정보에 대해 열린 마음을 가지고, 기존의 생각을 비판적으로 검증하는 태도를 길러야 한다.

- **반증 가능성의 한계**: 모든 가설을 완벽하게 반증하는 것은 불가능할 수 있다. 특히, 증거 자체의 신뢰성이나 해석에 대한 논쟁이 발생할 수도 있다.

> **예시** **강아지를 증명**
>
> 유아 1: "모든 강아지는 털이 길고 많아요."
> 교사: "정말 그렇게 생각해요? 털이 없는 강아지들도 있지 않나요?"
> 유아 2: "푸들처럼 털이 짧은 강아지도 있고, 멕시칸 헤어리스 도그처럼 털이 없는 강아지도 있어요."
> 유아 3: _____

② 확률적 진리

귀납추론은 일반적인 결론을 도출하지만, 그 결론은 절대적 진리가 아닌 확률적 진리이다.

> **확률적 진리의 의미**
>
> 무작위로 나타나는 불확실성을 예상할 수 있고, 어떤 특정한 조건이나 상황에 발생할 확률이 높다는 것을 의미한다. 일기예보, 스포츠 경기결과, 로또 당첨 확률 등의 결과를 예측하는 데 사용된다.

> **예시 1** **동전의 앞면이 나올 확률은?**
>
> 100번의 동전 던지기에서 과거에 57번 앞면이 나왔을 때, 그 다음 동전 던지기에서도 앞면이 나올 확률이 57%라는 결론은 귀납추론을 통해 얻어진 확률적 진리이다. 도출된 귀납적 결론이지만, 확률적 진리이며 절대적인 진리가 아니다.
>
> **예시 2** **승자(winner)는 누구인가?**
>
> 유아가 자주 보는 에니메이션에서 주인공이 항상 이긴다. 그래서 유아는 "주인공은 항상 이기는구나"라고 결론을 내린다. 그러나 계속 보다 보면 주인공이 패배하는 경우도 있다는 것을 알게 된다. 이때 '주인공이 항상 이긴다'는 것은 확률적으로 '참'이라는 뜻이다.

확률적 진리의 중요성

- **과학적 지식의 토대**: 귀납추론은 과학적 지식을 얻는 데 중요한 역할을 한다. 연구들은 관찰과 실험을 통해 데이터를 수집하고, 이를 바탕으로 일반적인 결론을 도출한다. 이러한 결론들은 확률적 진리지만, 과학적 지식 발전의 토대가 된다.
- **일상생활에 활용**: 일상생활에서 귀납추론을 통해 판단을 할 수 있다. 예를 들어, 특정한 상황에서 과거 경험에 기반하여 긍정적 혹은 부정적 결과에 대한 예측과 판단을 내릴 수 있다.
- **위험 평가 및 의사 결정**: 귀납추론은 위험 평가 및 의사 결정에도 활용된다. 예를 들어, 과거의 경험을 바탕으로 특정 활동의 위험성을 평가하거나, 다양한 정보를 종합하여 최적의 의사 결정을 내리는 데 도움을 줄 수 있다.

③ 오류 가능성

오류의 가능성에는 표본 오류, 관찰 오류, 논리적 오류가 있다. 각종 오류에 대해 좀 더 구체적으로 살펴보자.

■ **표본 오류**

- **비대표적 표본추출**(non-representative sampling): 연구 대상에 비해 표본 크기가 너무 작거나, 표본 구성이 연구 대상을 적절하게 반영하지 못하는 경우, 오류가 발생할 가능성이 높아진다.
- **선택적 표본추출**(selective sampling): 특정 그룹만을 선별하여 관찰하거나 실험하는 경우, 연구 결과가 전체를 대표하지 못할 수 있다.
- **편향적 표본추출**(biased sampling): 연구자가 의도적으로 특정 그룹을 선호하거나 제외하는 경우, 연구 결과가 편향될 수 있다.

■ **관찰 오류**

- **오인**: 관찰 대상을 잘못 해석하거나, 관찰 결과를 잘못 인지하는 경우 오류가 발생할 수 있다.

- 기억 오류: 과거의 관찰 결과를 정확하게 기억하지 못하거나, 주관적인 해석을 첨가하는 경우 오류가 발생할 수 있다.
- 측정 오류: 측정 도구의 오류나 측정 방법의 부적절성으로 인해 오류가 발생할 수 있다.

■ **논리적 오류**
- 일반화의 오류: 특정한 관찰 결과를 바탕으로 너무 섣불리 일반적인 결론을 도출하는 경우를 말한다.
- 인과관계의 오류: 두 사건 사이에 단순히 시간적 연관성이 존재한다고 해서 인과관계가 존재한다고 판단하는 것은 오류다.
- 확증 편향: 자신의 주장을 뒷받침하는 증거만을 찾고, 반증 가능성을 무시하는 경우 오류가 발생할 수 있다.

(2) 오류의 근원

베이컨은 인간이 올바르게 인식하지 못해서 생기는 오류를 '네 가지 우상'이라고 명명했다(야마구치 슈, 김윤경 역, 2019).

① **종족의 우상**(자연 성질에 의한 우상)

종족의 우상은 한마디로 '착각'을 말한다. 지평선 위로 떠오르는 태양이 실제보다 크게 보인다거나 단것을 먹은 뒤 귤을 먹으면 더 시게 느껴지는 것이 전형적인 종족의 우상이다.

② **동굴의 우상**(개인 경험에 의한 우상)

각 개인의 고유하고 특수한 본성이나 자신이 받은 교육과 타인과의 교류에 의해서 생기는 우상을 말한다. 동굴의 우상은 한마디로 '독선'으로 자신이 받은 교육과 경험이라는 편협한 범위의 자료를 바탕으로 단정해 버리는 오류다.

③ 시장의 우상(전문-轉聞에 의한 우상)

인류 상호의 접촉과 교제에서 비롯된 우상으로 언어의 부적절한 사용으로 인해 생기는 우상이다. 커뮤니케이션의 오류라고 할 수 있으며, 쉽게 말하면 '거짓말'이나 '전해 들은 말'을 진실이라고 믿고 현혹되는 것을 말한다.

④ 극장의 우상(권위에 의한 우상)

철학의 다양한 학설이나 잘못 증명된 법칙에서 사람들의 마음에 들어온 우상을 말한다. 저명한 철학자의 주장 등, 권위와 전통을 아무런 비판 없이 믿는 데서 생겨난 '편견'을 뜻한다.

(3) 유토피아 사상

베이컨의 귀납추론은 유토피아 사상에 영향을 미쳤다. 유토피아는 이상적인 상상 속의 세계를 나타내는 개념이다. '유토피아(Utopia)'라는 단어는 그리스어 'ou(아닌)'와 'topos(장소)'에서 파생되었는데, 이는 '아닌 장소'를 의미한다. 이 용어는 토마스 모어의 1516년 소설 〈Utopia〉에서 처음 사용되었다. 유토피아는 일반적으로 완벽하거나 이상적인 사회나 세계를 묘사하는 데 사용된다.

베이컨은 〈새로운 아틀란티스〉(The New Atlantis)라는 소설에서 기계, 의학 등의 과학기술로 이상향을 실현하고 있는 표류지를 유토피아로 묘사하고 있다(베이컨, 김종갑 역, 2002). 유토피아는 모든 사람이 행복하고 공평하게 살며, 사회적 문제나 갈등이 없는 이상적인 상상 속의 장소를 의미한다. '유토피아'라는 이상적인 사회를 상상하고 이를 실현하기 위해 과학적 기술과 방법의 사용이 중요함을 역설하고 있다.

(4) 명언

지식은 힘이다.

베이컨의 명언은 단순히 지식을 쌓는 것을 넘어, 지식을 활용하여 세상을 이해하고 변화시키는 능력이 힘의 근원이라는 의미를 담고 있다. 오늘날 지식은 개인의 경쟁력을 높이고 사회 발전을 이끄는 핵심 요소이다. 지식이 중요한 이유를 다음 세 가지로 요약할 수 있다.

지식이 중요한 이유

- **혁신의 원동력**: 과학기술의 발전과 새로운 아이디어의 창출은 지식을 바탕으로 이루어진다. 지식을 통해 우리는 세상을 이해하고 문제를 해결하며 새로운 가능성을 발견할 수 있다.
- **사회 발전의 기초**: 사회 구성원들의 지식수준은 사회 경제 발전, 문화적 발전, 민주주의 발전과 밀접하게 연관되어 있다. 지식을 통해 사회 구성원들은 자신의 권리를 주장하고 사회 문제에 참여하며 더 나은 사회를 만들 수 있다.
- **개인의 삶을 풍요롭게 함**: 지식은 개인의 사고방식을 넓히고, 새로운 경험을 가능하게 하며, 삶의 질을 더욱 향상시킨다. 또한, 지식은 자존감 증진과 삶의 목적을 수립하는데 도움을 준다.

> **예시**
>
> 유아: "책을 읽으면 좋은 점이 뭐예요?"
>
> 교사: "책은 마치 마법처럼 우리를 다양한 세상 속으로 여행할 수 있게 해줘요."
>
> 유아: _____

연역추론과 귀납추론 정리

데카르트의 연역추론과 베이컨의 귀납추론은 모두 인간의 사고 과정을 설명하는 중요한 논리적 추론 방법이다. 하지만 두 방법은 추론 방식, 지식의 근거, 장단점 면에서 차이점이 있다.

① 정의

연역추론: 일반적인 명제로부터 특수한 결론을 도출하는 추론 방법으로, 이미 알려진 사실이나

가정을 기반으로 새로운 지식을 추론한다.

귀납추론: 있는 사실인 특수한 관찰 결과로부터 일반적인 명제를 도출하는 추론 방법으로, 경험을 통해 얻은 데이터를 기반으로 일반적인 법칙이나 원리를 추론한다.

② 공통점

논리적 추론: 두 방법 모두 논리적 규칙을 기반으로 추론을 진행한다.

지식 확장: 두 방법 모두 새로운 지식을 얻는 데 사용된다.

③ 차이점

연역추론과 귀납추론의 차이점을 정리하면 〈표 2-1〉와 같다.

〈표 2-1〉 연역추론과 귀납추론의 차이점

구분	연역추론	귀납추론
추론 방향	일반(대전제) --> 특수(결론도출)	특수(있는 사실) --> 일반(결론도출)
지식 근거	확실한 명제, 가정	경험적 관찰, 데이터
결론의 확실성	확실함 (명제가 참이라면)	확실하지 않음 (확률적)
장점	논리적 오류를 피할 수 있음	새로운 지식을 발견할 수 있음
단점	현실에 적용하기 어려울 수 있음	경험적 오류에 취약할 수 있음

> 예시
>
> **연역추론**: 모든 사람은 죽는다./ A는 사람이다./ 따라서 A는 죽는다.
>
> **귀납추론**: 지금까지 관찰한 모든 병아리는 노란색이다./ 따라서 모든 병아리는 노란색이다.

4 비트겐슈타인 : 언어와 확장된 세계

1) 인물소개

루드비히 비트겐슈타인(Ludwig Wittgenstein)은 오스트리아와 영국의 현대 철학자(1889~1951년)이다. 그는 20세기 위대한 철학자이며, '언어 분석 철학의 대표적 인물'로 불린다. 언어, 사고, 의미에 대한 철학적인 개념을 탐구했다. 오스트리아 빈에서 출생했으며, 부유한 가정에서 태어나 논리학, 수학, 심리학에 관심을 키워나갔다. 또한 음악적 분위기의 가정에서 자라난 형제들은 예술적 재능이 탁월했다. 영국 케임브리지 대학교에서 버트런드 러셀(Bertrand Russell)을 만나 논리 철학 연구를 했다.

제1차 세계 대전에 참전하며 철학적 사고에 변곡점을 맞는다. 그는 전쟁의 참혹함에 대한 반성적 태도와 현실세계에 대한 관심이 증가했다. 초등학교 교사로도 활동하며, 일상언어에 대한 관심과 언어사용의 다양성을 경험했다. 〈논리철학 논고〉(1921)와 〈철학적 탐구〉(1953) 두 권의 저서와 사후 정리된 노트와 강연록 등을 통해 그의 철학적 사상이 완성되었다(나이절 워버튼, 오희천 역, 2017; 윤용아, 2007).

〈그림 2-5〉 ※ 출처: https://commons.wikimedia.org/wiki/File:Ludwig_Wittgenstein.jpg

2) 주요 업적

(1) 논리철학 논고

비트겐슈타인의 〈논리철학 논고〉는 20세기 철학에 큰 영향을 미쳤다. 특히 언어철학과 분석철학의 발전에 중요한 역할을 했다.

비트겐슈타인은 언어의 본질에 대한 새로운 통찰력을 제시했는데, 언어의 의미가 사실을 나타내는 그림이라는 새로운 관점이다. 이 관점은 이후 언어철학 연구에 큰 영향을 미쳤다. 또한 철학적 문제를 분석적으로 해결하려는 노력을 보여주었으며, 현상학, 해석학 등 다른 철학 분야에도 영향을 미쳤다.

(2) 언어와 논리

① 초기: 논리적 그림 이론

비트겐슈타인의 초기 작품인 〈논리철학 논고〉(Tractatus Logico-Philosophicus, 1921)에서의 핵심은 언어를 그림으로 비유한 것이다. 그의 논리적 그림 이론에 따르면, 언어는 사물과 그 속성을 상징하는 그림과 같다. 우리가 진술하는 사실들은 그것과 유사한 대응관계를 성립시키는 언어로 표현되는데, 이는 언어가 사실과 대응관계를 갖는 모형의 역할을 하기 때문이다(비트겐슈타인, 이영철 역, 2020; 윤용아, 2007). 단어는 사물을 나타내고, 문장은 사물과 그 속성 간의 관계를 나타낸다. 논리는 이러한 그림의 정확성을 보장하는 역할을 한다.

비트겐슈타인의 '중요한 사실들 중의 하나'는 뜻 있는 문장(비-논리학적 명제)의 참 또는 거짓이, 그 문장 자체가 아니라 현실 상황과 비교 속에서 주어진다는 점이다. 반면 논리적 문장은 항상 참일 수밖에 없는 항진 명제이다. 예를 들어, '오늘은 비가 오거나, 오지 않는다'의 경우 기호들의 이해만으로 문장이 절대적으로 참임을 알 수 있다. 반면 그림 또는 모형으로서의 뜻 있는 문장, 예를 들어 '오늘은 비가 온다'는 그렇지 않다. 그것의 참 또는 거짓은 오로지 현실과의 '일치' 혹은 '불일치'를 통해 결정된다. 뜻 있는 문장은 현실과의 비교 속에서 '참이거나 거짓'일 수 있다(변영진, 2013).

결론적으로 비트겐슈타인의 논리적 그림이론에서의 언어는 사실이라기보다는 논리적 그림이며, 사실 여부에 따라 참 또는 거짓으로 평가된다.

② 후기: 언어게임

후기 저서인 〈철학적 탐구〉(Philosophical Investigations, 1953) 역시 영미 철학계에 큰 반향을 일으켰다 (나이절 위버튼, 오희천 역, 2017). 비트겐슈타인은 이 시기에 초기의 주장을 대부분 바꾸었다. 그는 언어가 단순히 사물을 나타내는 것이 아니라, 다양한 방식으로 사용된다고 주장했다.

즉, 그는 초기 철학에서 언어의 의미를 사실과의 관계로 설명했지만, 후기 철학에서는 언어의 의미가 다양한 삶의 양식 속에서 다양한 방식으로 형성된다고 주장했다. 이러한 다양한 맥락을 '언어게임'이라는 개념으로 설명한 것이다(비트겐슈타인, 2013). 그는 단어를 도구에 비유했다. 예를 들어 '망치'라는 도구가 하나의 의미로만 쓰이는 것이 아니라 다양한 장면과 의미로 해석될 수 있다. 이처럼 도구는 그 자체로 한 가지 의미를 가지는 것이 아니라, 사용되는 방식에 따라 의미가 달라진다. 마찬가지로, 단어 역시 사용되는 맥락에 따라 다양한 의미를 가질 수 있다.

언어게임을 잘하려면 다양한 의미, 규칙 준수, 사회적 상호작용의 의미를 알아야 한다.

■ **다양한 의미**
- **도구사용**: 망치는 못을 박는 것뿐 아니라 다른 곳에도 다양하게 쓰일 수 있다.
- **목재공작**: 망치는 목재를 고정하거나 연결하는 데 사용된다.
- **건설현장**: 망치는 건축 현장에서 벽돌, 시멘트, 돌 등을 처리하고 공사 재료를 연마하거나 설치하는 데 사용된다.
- **금속가공**: 망치는 금속을 성형하고 형태를 변경하는 데 사용된다.

■ **규칙 준수**
- 게임을 할 때 규칙을 배워야 하며, 플레이어(player)들은 게임의 규칙을 따라야 한다. 마찬가지로, 언어 사용에도 암묵적인 규칙이 존재하며, 우리는 이러한 규칙에 맞게 언어를 사용한다. 규칙을 어기면 다른 사람들이 이해하지 못하거나 오해할 수 있다.

■ 사회적 상호작용
- 다른 사람들과 소통하기 위해 언어를 사용하며, 이러한 소통 과정에서 언어의 의미가 형성된다. 비트겐슈타인은 대화란 단순히 단어를 주고받는 것이 아니라, 사회적 상호작용 속에서 사용됨을 강조했다. 이는 타인과 상호작용을 통해 새로운 단어를 배우고, 기존 단어의 의미를 확장해나가는 것을 의미한다.

    한편, 비트겐슈타인의 언어와 논리의 관계에 대한 관점은 비판을 받았는데, 일부 비판자들은 그의 관점이 언어의 의미를 너무 단순화하는 경향과 논리의 중요성을 과소평가한다고 주장했다.

(3) 명언

<u>'언어의 한계는 세계의 한계, 말할 수 없는 것에 대해서는 침묵하라.'</u>

〈논리-철학 논고〉(1921)(비트겐슈타인, 이영철 역, 2020).

'언어의 한계는 세계의 한계'라는 문장은 언어가 세상을 인식하고 사고하는 데 필수적인 도구라는 점이다. 따라서, 우리가 사용할 수 있는 언어의 한계는 우리가 이해할 수 있는 세계의 한계를 규정한다고 볼 수 있다. 즉, 예술, 종교적 체험, 명상 등 언어로 표현하기 어려운 경험들이 분명 존재한다. 비트겐슈타인은 언어가 모든 것을 명확하게 표현할 수 있는 것은 아니며, 특히 형이상학, 윤리, 종교와 같은 영역에 있어서는 언어의 한계가 더욱 분명하게 드러난다고 주장한 것이다.

따라서 이러한 주제들에 대해 함부로 말을 하거나 논쟁을 벌이는 것은 오히려 오해와 혼란을 야기할 뿐이라는 의미에서 '말할 수 없는 것에 대해서는 침묵하라'고 말한 것이다. 결론적으로, 비트겐슈타인의 말은 '진실만을 말해야 한다'는 단순한 사회적 규범을 제시하는 것이 아니라, 언어의 한계를 인지하고 침묵의 중요성을 강조하는 철학적 메시지를 담고 있다.

'말할 수 없는 것에 대한 침묵'을 유아들에게 적용한 다음의 예시를 살펴보자.
교사가 유아들과 미술관에서 뭉크(Edvard Munch, 1895)의 그림 '절규(The Scream)'를 감상하는 중이다.

〈그림 2-6〉 절규   ※ 출처: 뭉크, 한가람미술관 전시(2024) 엽서. photo by 하리

교사가 그림에 대해 느끼는 점을 질문하자, 유아들은 그림에 담긴 메시지를 직접적인 언어로 잘 표현하지 못한다. 이때 교사는 예술 작품의 아름다움이나 감동을 한마디로 표현하는 것은 어려운 것이며, 개인마다 다르게 보일 수 있다는 것을 설명한다. 이처럼 '예술품 감상'의 상황 하나를 보더라도 언어로 표현하는 것의 한계에 직면한다. 뭉크의 '절규'는 보는 사람마다 공포, 슬픔, 외로움 등 다양한 감정을 느낄 수 있다. 이러한 개인적인 경험과 해석은 언어로 완벽하게 표현하기 어렵다. 〈예시〉에서의 '침묵'은 비트겐슈타인이 말한 것처럼 언어로 표현할 수 없는 것을 인정하고 존중하는 태도를 의미한다. 또한, 압도적인 감동이나 경험 앞에서 겸손함을 보여주는 것으로 해석될 수 있다.

유아 뿐 아니라 성인들도 예술작품, 자연경관, 심오한 철학적 질문 등에 직면했을 때 말로 표현하기 어려운 경우가 많다. 이러한 상황에서도 침묵은 중요한 의미를 지닌다고 할 수 있다. 또한 침묵은 다양한 의미에 대해 생각해 볼 수 있는 좋은 기회를 제공한다.

- ■ '말할 수 없는 것'에 대한 침묵

  예시

  미술관에서 뭉크의 '절규' 그림을 감상하고 있는 상황이다.

  교사: "뭉크의 이 그림(절규)은 무엇을 의미할까요?"

  유아1: "무슨 의미인 지 잘 모르겠어요."……(침묵)

  유아2: "길을 잃고 도와달라고 소리치는 것 같기도 해요."……(침묵)

  교사: "그렇죠. 예술 작품의 아름다움이나 감동을 한마디의 언어로 정확하게 표현하는 것은 불가능해요. 사람에 따라 다르게 보일 수도 있구요"

■ 참고문헌

1. 김용규(2016). 지식을 위한 철학 통조림: 담백한 맛. 주니어김영사.
2. 나이절 워버튼 저; 오희천 역(2017). 철학고전 32선. 종문화사.
3. 루트비히 비트겐슈타인 저; 이영철 역(2020). 논리-철학 논고. 책세상.
4. 루트비히 비트겐슈타인(2013). *Tractatus Logico-Philosophicus*. Routledge.
5. 베이컨 저; 김종갑 역(2002). 새로운 아틀란티스. 에코리브르.
6. 변영진(2013). 비트겐슈타인의 언어 논리와 형이상학. 논리연구, 16-3, 309-346.
7. 야마구치 슈 저; 김윤경 역(2019). 철학은 어떻게 삶의 무기가 되는가. 다산초당.
8. 윤용아(2007). 존재의 철학자 하이데거 VS 의미의 철학자 비트겐슈타인. 숨비소리.
9. 이동희(2010). 세상에서 가장 흥미로운 철학 이야기 근현대 편. 휴머니스트.
10. 최명관, 곽신환(2014). 철학개론. 창.
11. 한수운 편(2020). 결정적 한마디가 삶의 철학이 된다. 아이템하우스.
12. Descartes, R., Veitch, J.(2017). *Selections from the Principles of Philosophy*. Createspace Independent Publishing Platform.
13. Francis Bacon(2018). *Novum Organum*. Wentworth Press.
14. https://ko.wikipedia.org/wiki/(위키백과)

2부
Part 02

유아 인지발달과 창의성

2부 유아 인지발달과 창의성

유아의 상상력과 창의성은 무한하다고 할 수 있다. 피아제(Jean Piaget)와 비고츠키(Lev Vygotsky)는 유아 인지발달과 창의성의 관계에 대해 심도 있는 연구를 진행했다. 두 학자의 이론을 중심으로 유아의 놀이가 어떻게 창의성 발달에 영향을 미치는지 살펴보겠다.

먼저, 피아제는 인지 발달단계와 놀이의 관계에 초점을 맞추었다. 그는 유아가 놀이를 통해 자신의 인지 구조를 발전시키고, 추상적 사고 능력을 키운다고 주장했다. 또한, 상상력과 창의성은 인지발달의 필수적인 요소이며, 놀이는 이러한 능력을 발휘할 수 있는 중요한 기회를 제공한다고 했다.

반면, 비고츠키는 사회적 상호작용과 문화적 맥락을 강조하며 유아의 인지발달과 창의성을 설명했다. 그는 놀이가 단순히 개인적인 활동이 아니라, 사회적 상호작용을 통해 이루어지는 과정이라고 주장했다. 또한, 상징 놀이가 유아의 언어 능력과 추상적 사고 능력발달에 중요한 역할을 한다고 설명했다.

이처럼 피아제와 비고츠키는 서로 다른 관점에서 유아의 놀이와 창의성의 관계를 밝혀냈다. 먼저, 피아제의 인지 발달단계와 놀이의 관계를 탐구하고, 놀이가 어떻게 유아의 인지구조 발달에 기여하는지 설명할 것이다. 다음으로, 비고츠키의 사회문화적 이론을 중심으로 놀이가 어떻게 유아의 언어능력, 추상적 사고능력, 그리고 문제해결 능력 발달에 영향을 미치는지 살펴보겠다. 마지막으로, 피아제와 비고츠키의 이론을 종합하여 교사가 유아의 창의성을 촉진하는 효과적인 놀이 환경 조성 방안을 제시하고자 한다.

3장 피아제 인지발달과 창의성

20세기 초반 스위스 심리학자이자 교육학자인 피아제(Jean Piaget)는 유아가 지식을 단순히 수동적으로 흡수하는 것이 아니라, 주변 환경과의 적극적인 상호작용을 통해 스스로 지식을 구성한다고 주장했다. 그는 학습자를 발달의 주체로 보고, 발달의 원동력이 유아 내부에 있다고 보았다. 피아제의 이론은 유아의 학습과 인지발달 과정을 이해하는 데 중요한 토대를 제공한다.

피아제는 유아들이 세상을 이해하고 지식을 습득하는 과정을 탐구하였으며, 이를 통해 인지발달의 다양한 단계와 특징을 밝혀냈다(Ginsburg 외, 김정민 역, 2006; Piaget, 2011, 2021). 그는 각 단계마다 특징적인 사고방식과 인지 능력을 설명했으며, 논리적 사고와 창의성이 인지발달의 중요한 요소라고 강조했다. 피아제의 이론은 이 두 가지 개념의 관계를 이해하는 데 중요한 기반을 제공한다.

창의성은 혁신과 새로운 아이디어를 생성하는 능력으로, 인간의 지적 능력과 높은 수준의 사고과정과 관련이 있다. 피아제의 연구는 인지발달단계를 탐구함으로써 창의성의 기반이 되는 사고과정과 발달과정을 이해하는 데 기여했다. 그는 창의성이 개념 형성, 추론, 문제해결 등의 인지 과정을 통해 발전한다고 주장했으며, 이러한 관점은 창의성 연구에서 중요한 역할을 한다.

피아제의 인지발달과 창의성에 대한 연구 결과를 바탕으로, 유아들의 창의성 발달에 영향을 미치는 요인과 이를 촉진하기 위한 교육적 전략을 살펴보자. 유아의 창의성 발달을 촉진하려면 다양한 경험과 문제해결 기회를 제공하고, 자율성을 존중하며, 실패를 두려워하지 않는 학습 환경을 조성하는 것이 중요하다. 이러한 접근은 유아가 능동적으로 지식을 구성하고 창의적인 사고를 발전시키는 데 도움을 줄 수 있다.

1 피아제 인지발달

1) 감각운동기(0-2세): 감각운동 놀이

대상을 보고 만지고 맛보고 듣고 냄새를 맡는 등 다양한 감각 경험을 통해 세상에 대한 기본적인 지식을 쌓는다. 즉, 감각과 운동을 통해 세상을 탐색한다. 또한 대상 영속성 개념이 형성되기 시작하여, 보이지 않는 대상도 존재한다는 것을 이해하기 시작한다.

(1) 대상 영속성

대상 영속성(object permanence)은 유아의 인지발달의 초기 단계인 감각운동기에 발생하며, 출생 후 약 8~12개월 정도부터 형성되기 시작한다. 출생 직후에는 물체나 사람이 시야에서 사라지면 그 존재를 인지하지 못하지만 차츰 대상의 존재를 알게 된다.

대상 영속성이란 유아들이 물체나 사람이 사라져도 그 존재를 인지하고 이해하는 능력을 의미한다. 피아제는 이 능력을 인지발달의 중요한 단계로 간주하며, 대상영속성의 이해는 유아의 인지발달에 있어서 중요한 기능을 한다(Flavell, Piaget, 2011).

대상 영속성은 유아의 행동과 사고에 중요한 영향을 미친다. 이 능력을 보유한 유아는 물체나 사람의 지속적인 존재를 이해하기 때문에, 더 나은 문제해결 능력과 상호작용 능력을 보여줄 수 있다. 또한 이 능력은 자아 개념과 자기 식별에도 영향을 미친다. 대상 영속성이 강화될수록 유아는 자신의 존재와 다른 사람 또는 물체의 존재를 분리하여 이해하고, 이는 자아의 개념 형성에 도움이 된다.

2) 전조작기(2-7세): 표상 놀이

표상 능력이 발달하여 상징을 사용하고, 비유적인 사고가 가능해진다. 자연의 모든 사물과 현상에 영혼이나 생명력이 존재한다는 물활론(animism)을 믿는다. 개념적 사고가 발달하기 시작하지만, 아직 논리적 사고는 제한적이다.

또한 '자아 중심적 사고'를 하며, 자신의 관점에서 세상을 바라보고 다른 사람의 생각이나 감정을 이해하는 데 어려움을 겪는다. 인지적인 측면에서 전 인과성의 특징을 갖는다.

(1) 전 인과성

전 조작기의 특징이다. 전 인과성은 원인과 결과를 연결 짓지 못하는 사고를 말한다. 전 인과성을 목적론, 인공론, 전환적 추론으로 설명할 수 있다.

① **목적론**(finalism)

유아들이 모든 사물이 목적을 가지고 있다고 생각하는 경향을 말한다. 즉, 모든 사물이 일종의 의도나 목적이 있다고 생각한다.

> **예시**
> 유아들은 비가 내리는 것은 식물들이 물을 마시기 위해 내린다고 생각할 수 있다. 이것은 비가 내리는 목적이 있어서라고 이해하는 것이다.

② **인공론**(artificialism)

유아들이 자연현상이 인간이 만든 것이거나 인간의 영향 아래에서 발생한다고 생각하는 경향을 의미한다.

> **예시**
>
> 유아들은 해가 떠오르고 지는 것은 사람이 조명을 켜고 끄는 것과 같은 인위적인 과정으로 발생한다고 생각할 수 있다.

③ 전환적 추론(transductive reasoning)

유아들이 사건 간의 연속성에 대해 부정확한 논리를 적용하는 경향을 의미한다. 즉, 사건 사이의 인과관계를 이해하지 못하고 부정확하게 일반화하는 경향을 말한다.

> **예시**
>
> 유아들은 부모가 싸울 때마다 비가 내린다고 생각할 수 있다. 이것은 사건 간의 실제 인과관계는 아니지만, 아이가 전환적 추론을 사용하여 서로 관련이 없는 사건을 연결하는 방식을 보여준다.

3) 구체적 조작기(7-11세): 구체적 사고 놀이

논리적 사고가 발달하여 추론하고 문제를 해결할 수 있게 된다. '보존 개념'을 이해하게 되어, 물체의 양이나 형태가 변해도 그 양이나 물질이 변하지 않는다는 것을 알게된다. 분류, 유목화, 서열화가 가능해지며, 자기중심성이 사라짐으로 인해 타인의 관점을 이해하기 시작하고, 사회적 규칙을 준수하려고 노력한다.

(1) 가역성

피아제는 가역성이 구체적 조작 단계에서 발달한다고 주장했다. 가역성에는 보존개념, 서열조작이 대표적인 예이다.

① 보존개념

보존개념은 물질의 양, 수, 면적 등이 변형되어도 변하지 않는다는 것을 이해하는 능력이다. 이는 유아가 물체의 양이나 형태가 변해도 그 물체의 속성이 변하지 않는다는 개념을 이해하는 능력을 의미한다. 여러 가지 유형의 보존개념이 있지만, 가장 일반적인 것 중 하나인 '물체의 양 보존'에 대한 예시를 들어보자.

구체적 조작기 이전 단계인 전조작기 단계의 유아에게 넓이가 다른 비이커에 동일한 분량의 물을 옮기면 물의 양이 다르다고 생각한다. 보존개념을 습득하기 이전이기 때문이다. 그러나 구체적 조작기에서는 보존개념이 생기면서 비이커 모양이 달라져도 같은 양의 물이라는 것을 인지한다.

■ 물의 보존개념

예시

같은 양의 물을 담은 비이커(A)를 보여준 다음, 넓이가 다른 잔(B)으로 물을 옮겨 높이가 다르게 채워지도록 한다.

교사: 물의 양이 같은가요? 달라졌나요?

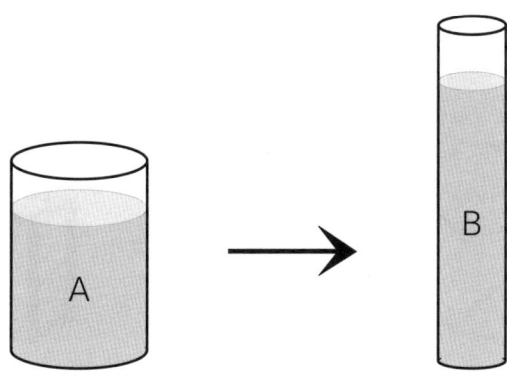

〈그림 3-1〉 Piaget의 보존개념 실험

② 서열조작

일정한 순서나 질서에 따라 사물이나 사건을 배열하고 그들 사이의 관계를 이해하려는 경향을 의미한다. 높이, 크기, 무게, 순서 등의 속성을 기준으로 배열하는 것은 인지능력과 추상적인 개념을 키우는 데 도움이 된다. 서열조작은 세계를 구조화하고 조직화하는 데 중요한 역할을 한다.

■ **도형 배열하기**

예시

다양한 모양과 크기의 도형을 제시한다.

교사: 같은 모양끼리, 혹은 가장 작은 것부터 가장 큰 것(크기/무게)까지 배열해 볼까요?

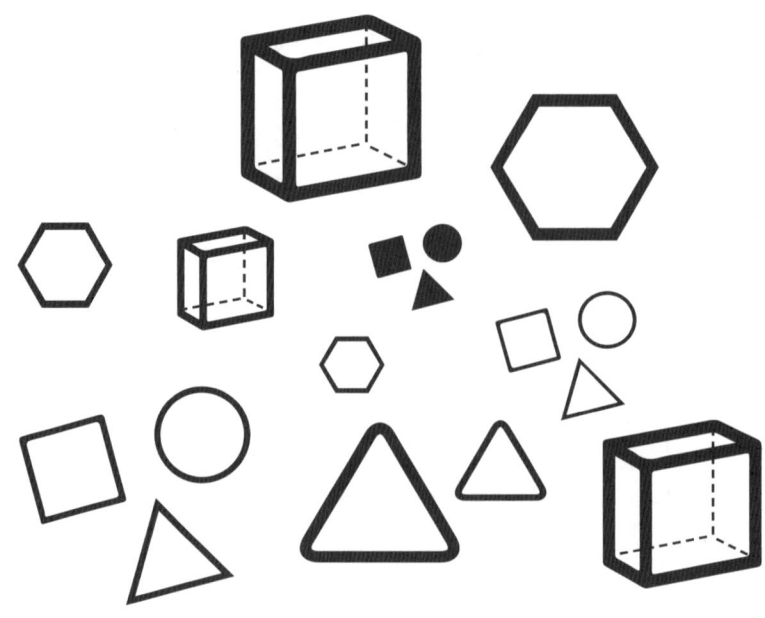

〈그림 3-2〉 **도형 배열**

4) 형식적 조작기(11세 이후): 추상적 사고 놀이

추상적인 사고가 가능해지는 시기로 청소년기에 해당된다. 가설 설정과 검증을 통한 논리적 사고가 발달한다. 또한 다양한 관점을 고려하여 문제를 해결하고 의사 결정을 내릴 수 있다.

(1) 추상적 사고

구체적이고 합리적인 사고를 넘어서, 추상적인 개념이나 개념적 사고를 수행하는 능력을 의미한다. 추상적 사고는 구체적인 경험 이상의 것들을 이해하고 다룰 수 있게 되는 과정을 나타낸다. 추상적 사고는 인지발달의 끝단에 위치하며, 여러 경험을 통해 구체적이고 직관적인 사고를 넘어서면서 형성된다. 추상적 사고는 개념, 규칙, 패턴, 원리 등의 추상적인 개념을 이해하고 적용할 수 있는 능력을 말한다.

추상적 사고는 복잡한 문제를 해결하고 추론하는 데 필요한 중요한 능력을 제공한다. 또한 다양한 정보를 종합하고 추론하여 새로운 아이디어를 형성하고, 이를 통해 새로운 상황에서 문제를 해결할 수 있다.

그러나 추상적 사고는 저절로 발달하는 것이 아니라, 경험과 학습을 통해 발전한다. 따라서 추상적 사고를 장려하고 발전시키기 위해서는 다양한 경험과 문제해결 기회를 제공하는 것이 중요하다. 〈예시〉에서 처럼 '사랑', '정의', '자유'와 같은 개념은 개인에 따라 다양한 형태로 이해하게 된다. 모호한 용어에 대해 자신이 이해한 것을 표현하는 것이 추상적 사고의 결과이다. 이러한 개념은 구체적이거나 감각적인 형태로 측정하기 어려우며, 추상적 사고를 통해 이러한 개념을 이해하고 사용할 수 있게 된다.

■ **추상적 질문**

예시

교사: 사랑/정의/자유는 무엇인가요? 설명해볼까요?

유아: _____

〈그림 3-3〉 추상적 도형

(2) 연역적 추론

가설을 설정하고 이를 검증하며 새로운 아이디어나 개념을 형성하는 과정을 의미한다. 문제에 대한 정보를 수집하고 분석한 후에 가설을 세우고, 이를 검증하기 위해 실험하거나 논리적으로 추론할 수 있다.

유아들에게 생활 가까이에서 볼 수 있는 것들에 대한 질문을 통해, 다양한 가설을 세우고 그것들을 검증할 수 있다. 예를 들어, "구름이 모양이나 색이 다양한 이유는 공기 중 수증기나 물방울 크기, 얼음 결정, 햇빛의 투과량, 빛의 파장 등 때문입니다"라는 가설을 세울 수 있다. 그런 다음, 이 가설을 실험하거나 논리적으로 추론하여 검증할 수 있다.

- ■ **연역적 질문**

  예시 **구름에 대해 생각**

  교사: "구름의 모양과 색(하양/파랑/초록/분홍)이 왜 다른지 설명해볼까요?"

  유아: _____

  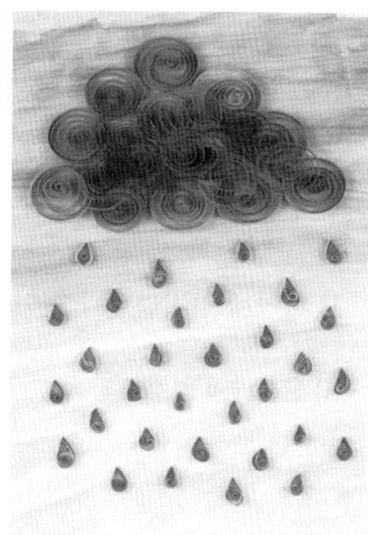

〈그림 3-4〉 다양한 구름

2 피아제 논리적 사고와 창의성

유아는 주변의 모든 것에 호기심을 가지고 끊임없이 질문하고, 배우고, 성장한다. 이 놀라운 성장 과정에서 언어는 필수적인 역할을 한다. 피아제는 인지발달 이론을 통해 언어가 어떻게 유아의 논리적 사고와 창의성 발달에 영향을 미치는지 깊이 있게 조명했다. 단순히 의사소통 도구를 넘어 사고의 토대가 되는 언어는 유아가 세상을 이해하고, 개념을 형성하며, 문제를 해결하는 능력을 키우는 데 핵심적인 역할을 한다.

피아제는 논리적 사고가 인지발달의 중요한 결과물이며, 창의성은 이와 밀접하게 관련되어 있다고 주장했다. 그의 이론에 따르면, 유아는 혼잣말이라는 자기중심적 언어를 통해 사고를 구성하고 정리하며, 점진적으로 개념을 형성하고 추상적 사고를 발달시킨다.

이 과정에서 언어는 유아가 사물과 사건을 명명하고 분류하는 데 도움을 주고, 추상적인 개념을 표현하고 이해하도록 한다. 또한, 끊임없는 질문과 대화를 통해 유아는 다양한 관점을 고려하고 새로운 아이디어를 탐구하며, 문제해결 능력과 창의적 사고 능력을 키워나간다. 피아제의 인지발달 이론을 중심으로 유아의 언어발달이 논리적 사고와 창의성 발달에 어떤 영향을 미치는지 살펴보겠다.

1) 피아제 인지발달과 언어

(1) 혼잣말의 역할

피아제는 유아의 혼잣말을 자기중심적 언어라고 불렀다. 유아는 자신의 생각과 경험에만 집중하고 있어서 타인의 생각이나 관점을 이해하지 못하기 때문이다. 언어발달 초기단계에서 "아바바", "어부바"와 같이 옹알이 수준으로 나타나거나 "이렇게 하면 맞출 수 있어."처럼 블록 놀이를 하면서 내적 언어로 혼잣말을 하기도 한다.

피아제의 인지발달에서 혼잣말의 역할은 다음과 같이 3가지로 요약할 수 있다.

① 혼잣말의 기능

피아제는 혼잣말을 인지발달의 부산물로 보았다. 그의 인지발달 이론에 따르면, 아동은 먼저 스스로 세상을 경험하고 이해해야만 언어를 습득할 수 있다. 따라서 혼잣말은 아동이 자신의 생각을 정리하고 조직하는 데 도움이 되는 단순한 도구일 뿐이다.

② 언어와 사고의 관계

피아제는 먼저 인지발달이 있어야 언어 습득이 가능하다고 생각했다.

③ 사회적 상호작용

피아제는 인지발달에서 사회적 상호작용의 중요성을 크게 강조하지 않았다.

따라서 혼잣말이 유아의 사고 발달에 필수적인 요소라고는 생각하지 않았다. 오히려, 유아가 사회적 상호작용을 통해 타인의 관점을 이해하게 되면, 혼잣말은 점차 사라진다고 주장했다. 혼잣말은 인지적 미성숙한 것으로 해석한다.

> **■ 피아제와 비고츠키의 혼잣말의 차이**
>
> 피아제는 혼잣말을 인지발달의 단순한 결과물로 보는 반면, 비고츠키는 혼잣말을 사회적 상호작용을 통한 사고 발달의 중요한 도구로 보았다.

(2) 언어와 개념 형성

언어는 피아제의 인지발달 이론에서 중요한 역할을 하며, 유아가 사물이나 사건에 대한 개념을 형성하고 분류하는 데 도움을 준다. 유아는 '개'라는 단어를 배우면 그것이 '개'라는 개념에 해당하는 것임을 이해하고 다른 동물과 구별할 수 있게 된다. 하지만 개념 형성은 단순히 단어를 배우는 과정이 아니라, 다양한 경험과 상호작용을 통해 개념의 특징을 파악하고 추상화하는 과정이다. 또한 언어는 개념 형성을 위한 필수적인 도구이지만, 유일한 도구는 아니다. 유아는 시각적 이미지, 촉각적 경험, 운동 경험 등 다양한 방식으로 개념을 학습하고 이해한다.

(3) 언어와 추상적 사고

언어는 추상적 사고를 발전시키는 데 중요한 역할을 한다. 피아제는 언어를 통해 개념을 이해하고 표현할 수 있게 되며, 이는 정보 저장, 기억, 문제 해결, 계획 수립, 의사 소통 등 다양한 인지 능력을 향상시키는 데 도움이 된다고 주장했다. 특히 형식적 조작기에는 가설을 세우고 검증하고, 논리적 추론을 하는 등 추상적 사고와 추론 능력이 크게 발달한다고 하였다. 하지만 언어와 추상적 사고의 관계는 문화적 배경과 개인의 경험, 교육 수준, 창의성 수준 등에 따라 다양하게 나타날 수 있다는 점을 고려해야 한다.

3 피아제 놀이와 창의성

유아들은 놀이를 통해 주변 세계를 탐구하고 이해하며, 자신의 사고와 행동을 실험할 수 있다고 주장했다(piaget, 2021).

1) 놀이의 개념

(1) 인지발달의 산물

피아제는 놀이가 단순히 여가 활동이 아닌, 인지발달의 필수적인 과정이라고 강조했다. 그는 유아들이 성장하면서 발달하는 사고능력에 따라 상징 놀이가 자연스럽게 나타난다고 보았다.

① 운동 지능 발달

몸을 조절하고, 주변 환경과 상호작용하며, 다양한 운동 기술을 습득하는 과정에서 신체적 인식 능력, 공간 인식 능력, 운동 계획 능력 등이 발달하게 된다. 이러한 운동 지능 발달은 단순히 운동 능력 향상뿐만 아니라, 학습 능력, 문제해결 능력, 창의성 발달에도 중요한 역할을 한다.

② 논리적 사고 발달

놀이는 논리적 사고 발달의 각 단계에서 중요한 역할을 한다. 논리적 사고는 단순히 수학적 계산 능력을 넘어, 정보를 분석하고 추론하며, 문제를 해결하는 데 필요한 필수적인 능력이다. 피아제에 의하면, 인지발달단계에 따라 주로 나타나는 놀이범주가 있으며, 유아는 놀이를 통해 세상을 배우고, 성장하며, 논리적 사고 능력을 키워나간다(Piaget 2011, 2021).

- **감각 운동기 놀이**(0~2세): 기능 놀이(functional play), 연습 놀이(practive play)가 주로 일어나는 단계이다. 감각 운동 기술을 습득한 후 목표를 위해 의도적으로 수단을 반복하는 놀이가 나타난다. 매달아 놓은 장난감을 우연히 건드렸는데 흔들리는 것이 재미있었다면 다시 건드려서 흔들리게 하는 것이다 (김윤화, 2005).
- **전조작기 놀이**(2~7세): 상징 놀이(표상 놀이)가 주로 일어나는 단계이다. 유아는 사물을 다른 사물로 대체하여 상징적으로 표현하고 활용한다. 예를 들어, 막대기를 칼로 상상하거나, 블록을 자동차로 상상하는 것을 말한다.
- **구체적 조작기 놀이**(7~11세): 규칙 기반 놀이가 주를 이루는 단계이다. 주사위 게임, 카드 게임, 보드 게임 등과 같이 규칙을 따르는 놀이는 규칙을 이해하고 순서를 지키며, 예측 가능한 결과를 경험할 수 있다.

(2) 표상능력 발달

피아제는 대상이 없는 상징을 사용하는 능력을 인지발달의 중요한 지표로 여겼다. 유아들이 상징 놀이를 통해 대상이 부재하더라도 상상 속에서 그 대상을 재현하고 조작하는 것은 표상 능력발달의 중요한 증거이다.

① 언어발달과의 연관성

상징 놀이는 언어발달과 밀접하게 연관되어 있다. 유아들이 상징을 사용하여 언어를 배우고 표현하는 능력을 키워나가는 과정이다.

② 창의성 발달의 토대

표상능력은 새로운 아이디어를 생각해 내고 독창적인 해결책을 찾는 데 필요한 창의적 사고의 기반이 된다.

(3) 놀이 속 상호작용

피아제는 놀이 초기단계에서 유아들이 자아 중심적 사고의 특징을 보인다고 주장했다. 즉, 자신의 관점에서 세상을 바라보고 다른 사람의 생각이나 감정을 이해하지 못하는 경향을 말한다. 하지만 구체적 조작기 이후에는 타인관점 경향이 나타나면서 놀이에서도 상호작용이 증가한다.

① 상호작용을 통한 관점 수용능력 발달

장난감을 서로 나눠주고, 역할 놀이를 하면서 서로의 의견을 존중하고 조율하는 과정을 통해 다른 사람의 관점을 이해하는 능력을 키워나간다. 예를 들어, 의사 놀이를 하면서 환자 역할을 하는 유아는 의사 역할을 하는 유아의 지시를 따라야 하고, 의사 역할을 하는 아이는 환자 역할을 하는 아이의 감정을 이해하고 배려해야 한다. 이러한 상호작용을 통해 서로의 관점을 고려하고 조율하는 능력을 발달시키게 된다.

② 공감 능력 발달

다른 아이들이 슬플 때 위로해 주거나, 화가 났을 때 진정시켜 주는 등의 행동을 통해 타인의 감정을 이해하고 공감하는 능력을 키워나간다.

예를 들어, 친구가 넘어져서 울 때 같이 슬퍼하고 위로해 주거나, 친구가 화를 내서 소리를 지를 때 진정시키고 이야기를 들어주는 등의 행동을 통해 타인의 감정을 이해하고 공감하는 능력을 발달시키게 된다.

③ 사회적 규범 및 역할연습

집단 놀이를 통해 규칙을 따르고, 서로 협력하며, 자신의 역할을 수행하는 방법을 배우게 된다. 예를 들어, 바깥 놀이 시간에 줄 서서 기다리는 것, 친구들과 함께 게임을 하는 것, 놀이 도구를 나눠 사용하는 것 등의 활동을 통해 사회적 규범을 배우고, 협력과 역할 수행 능력을 키워나간다.

2) 놀이의 범주

(1) 가상 놀이 발달과정에 따른 분류

피아제는 인지발달의 중요한 부분인 가상 놀이 발달과정을 4단계로 분류하였다(Piaget, 2011, 2021)

① 탈 맥락화(decontextualization)

유아가 일상적인 상황에서 벗어나 새로운 상황을 상상하는 능력을 의미한다. 이것은 유아들이 자신의 경험과 환경을 넘어서서 창의적으로 생각하고 상상하는 능력을 발전시키는 과정이다. 예를 들어, 아이가 숲 속에서 모험을 하는 상상을 하면서 현실의 제약을 벗어나 새로운 경험을 창출하는 것이다.

② 자기-타인 변형화(egocentric to socialized transformation)

유아들이 처음에는 자기 중심적인 관점에서만 가상 놀이를 하다가, 시간이 지남에 따라 다른 사람의 관점을 이해하고 받아들일 수 있는 능력으로 발전하는 과정을 의미한다.

③ 사물 대체(object substitution)

유아들이 실제 사물 대신에 다른 물체를 상징적으로 사용하여 상상 속에서의 상황을 표현하고 놀이하는 능력을 의미한다. 이것은 유아들이 상상력을 발휘하고 창의적으로 생각하며, 주변의 자원을 최대한 활용하여 놀이하는 과정을 말한다.

④ 사회적 상징화(social symbolism)

유아들이 사회적인 상호작용을 모방하고 사회적 역할을 배우며, 집단적으로 가상의 상황을 만들어내는 능력을 의미한다. 이것은 유아들이 상호작용하고 협력하면서 사회적인 능력과 이해를 키우는 데 중요한 역할을 한다.

(2) 대상에 따른 분류

스밀란스키(Saul Smilansky)는 피아제의 놀이에 대한 연구를 확장하여 놀이를 네 가지 유형으로 분류했다(Smilansky, 1968).

① 기능 놀이(functional play)

주로 유아가 몸을 움직이거나 간단한 동작을 수행하면서 즐기는 놀이를 말한다. 이것은 주로 유아의 신체적 발달과 관련이 있으며, 그들의 운동 능력을 향상시키고 자신의 몸과 환경 사이의 상호작용을 이해하는 과정을 지원한다. 대부분 12개월 이전의 영아에게 나타난다. 예를 들어, 유아가 공을 차거나 뛰어놀면서 신체적 기술을 향상시키고 재미있는 경험을 즐긴다.

② 구성 놀이(constructive play)

유아가 재료를 조합하거나 구조물을 만들어내면서 창의성과 문제해결 능력을 발휘하는 놀이를 의미한다. 이것은 주로 유아의 시각적 및 공간적 지각능력을 향상시키고, 상호작용과 협력을 통해 사회적 기술을 강화하는 데 도움이 된다. 예를 들어, 유아가 블록을 쌓아 탑이나 다리를 만들면서 공간적 상상력을 발휘하고 문제해결 능력을 향상시킨다. 대략 18~36개월 사이의 유아에게 나타난다.

③ 상징 놀이(symbolic play)

유아가 상상력을 발휘하여 사물이나 인물을 대신하여 상황을 만들거나 모방하는 놀이를 의미한다. 이것은 주로 유아의 언어발달과 추상적 사고를 촉진시키고, 감정을 표현하고 사회적 상호작용을 이해하는 것을 돕는다. 예를 들어, 인형에게 먹을 것을 주거나 옷을 입히는 놀이, 장난감 자동차로 운전하는 놀이 등을 말한다. 이 과정에서 가족 구성원이나 집안 상황을 모방하고 상상 속에서 이야기를 만들어낸다. 대략 24~48개월 사이의 유아에게 나타난다.

④ 규칙이 있는 게임 놀이(game play with rules)

유아가 정해진 규칙에 따라 팀 또는 개인으로 경쟁하면서 협력하고 승부를 겨루는 놀이를 말한다. 명확한 규칙과 목표가 있는 놀이로 주로 유아의 사회적 기술과 협력 능력을 향상시키고, 승패를 경험하고 스트레스를 관리하는 데 도움이 된다. 예를 들어, 보드게임이나 카드 게임, 역할극 놀이 등을 말한다. 대략 36개월 이상의 유아에게 나타난다.

(3) 사회적 상호작용에 따른 분류

파튼(Mildred Parten)에 의해 제안되었으며, 이 분류는 유아의 사회적 상호작용을 중심으로 한다(Parten, 1932).

① 단독 놀이(unoccupied play)

유아가 다른 유아와의 상호작용 없이 혼자서 개별적으로 놀이하는 것을 의미한다. 예를 들어, 홀로 책을 읽거나 장난감으로 놀이하는 것이 이에 해당된다. 주변에 있는 다른 유아들을 무시하거나 인지하지 못하는 경우도 있다. 말이나 행동을 통해 다른 유아들과 소통하려고 하지 않는다. 상상력과 독창성을 발휘하며, 문제해결 능력을 키울 수 있다.

② 병행 놀이(parallel play)

유아가 같은 장소에 있지만 서로의 활동에 직접적으로 영향을 미치지 않고 병행하여 놀이하는 것을 의미한다. 서로의 놀이를 관찰하거나 주의 깊게 지켜보기도 하지만, 말이나 행동을 통해 소통하려고 하지는 않는다. 장난감이나 물건을 공유하지 않고, 서로의 놀이에 간섭하지 않는다. 예를 들어, 여러 명의 유아가 같은 놀이터에서 각자의 놀이를 즐기는 것이 이에 해당된다. 다른 유아들의 존재에 익숙해지고, 사회적 규범을 배우며, 관찰 능력을 키울 수 있다.

③ **연합 놀이**(associated play)

유아들이 비슷한 관심사나 목표를 가지고 상호작용하면서 놀이하는 것을 의미한다. 서로의 존재를 인지하고 간접적인 상호작용을 한다. 비슷한 놀이를 하면서 서로의 놀이에 대한 관심을 표현하거나 언급한다. 장난감이나 물건을 공유하기도 하지만, 서로의 놀이에 직접적으로 참여하지는 않는다. 간단한 말이나 행동을 통해 소통하려고 하지만, 지속적인 상호작용은 이루어지지 않는다. 예를 들어, 함께 공원에서 공을 던지거나 같은 게임을 즐기는 것이 이에 해당한다. 의사소통 능력, 갈등 해결 능력, 사회적 관계 형성 능력을 키울 수 있다.

④ **협력 놀이**(cooperative play)

공동의 목표를 달성하기 위해 서로 협력하여 놀이를 한다. 서로의 역할을 분담하고, 서로의 행동을 조율한다. 장난감이나 물건을 공유하며, 서로의 놀이에 적극적으로 참여한다. 지속적인 상호작용을 통해 의사소통하고, 갈등을 해결하며, 협력 관계를 유지한다. 예를 들어, 함께 퍼즐을 맞추거나 팀으로 스포츠를 하는 것이 이에 해당한다. 팀워크, 책임감, 타인과의 협력 능력을 키울 수 있으며, 사회적 규범을 배우고 도덕성을 발달시킬 수 있다.

(4) 놀이 내용에 따른 분류

아베든과 서튼 스미드(Avedon, Sutton-Smith)에 의해 제안되었으며, 모두 '역할 놀이'에 속한다. 이러한 놀이는 유아들이 다양한 역할을 가지고 상상력을 발휘하며 현실 세계를 모방하는 활동이다(Avedon, Sutton-Smith, 1971).

① **가정 놀이**(home play)

유아가 가정적 상황이나 가족 구성원을 모방하여 놀이하는 것을 의미한다. 가정 놀이는 일상적인 가족 활동이나 상호작용을 모방하며 유아들의 사회적 상호작용과 상상력을 촉진한다.

① 의사 놀이(doctor play)

유아가 의사, 간호사, 환자 등 의료 관련 역할을 모방하여 놀이하는 것을 의미한다. 의사 놀이는 의료 환경을 모방하고 친구들과의 협력과 의사소통을 통해 유아들의 사회적 기술과 도덕적 발달을 돕는다.

② 슈퍼히어로 놀이(superhero play)

유아가 슈퍼히어로나 영웅적 캐릭터로 변신하여 모험을 즐기는 것을 의미한다. 이는 유아들의 용감함과 상상력을 자극하고, 자기 통제와 도전 정신을 강화시킨다.

③ 동물 놀이(animal play)

유아가 동물의 역할을 취하거나 동물의 특성을 모방하여 놀이하는 것을 의미한다. 동물 놀이는 유아들의 호기심을 자극하고, 자연과 동물에 대한 이해를 증진시키며, 상호작용과 상상력을 촉진한다.

(5) 의사결정에 따른 분류

만4세 유아 17명의 자유 놀이를 관찰하며, 그 속에서 이루어지는 의사결정 과정을 탐색하였다(이지은, 최연철, 2023). 연구자는 참여 관찰, 연구자 저널, 유아 면담 등의 방법을 활용해 자료를 수집하였고, 현장 관찰기록 및 녹음 내용에 대한 당일 기록, 추가적인 자료 수집을 통한 2차 분석, 범주화 등의 단계를 걸쳐 3가지 의미 있는 결과를 도출하였다.

① 합의 강요하기
- 부정적 감정 표출하기
- 자기만의 논리 세우기
- 그럴듯한 말과 행동으로 회유하기

② 합의 유도하기
- 관망 및 경청하기
- 지지자 탐색하기
- 의견에 의견 더하기

③ 합의 포기하기
- 합의 과정에 참여하지 않기
- 다른 의견 무시하기
- 의견 번복하기

3) 피아제 인지발달과 교사역할

교사는 유아들과 놀이를 통해 인지발달을 증진시킬 수 있다. 그 과정에서 좀 더 체계적이고 구체적인 논리적 사고교육이 유용하다. 논리적 사고교육의 영역, 목표, 교사의 발문을 중심으로 살펴보고자 한다.

(1) 논리적 사고교육 영역

박기홍, 임상도(2018)는 1988년부터 2021년 12월까지 국내 학술지에 게재된 유아교육의 논리적 사고교육 관련 연구논문 52편을 10년 단위로 일반적 연구동향을 조사하였다. 유아교육의 논리적 사고교육의 영역은 6개 범주이며, 논리적 사고, 추론적 사고, 비판적 사고, 분석적 사고, 문제해결력, 기타 등으로 나타났다.

<표3-1> 유아교육의 논리적 사고교육영역별 현황 N(%)

분류	유아교육 영역	편수(%)	비고
유아 논리적 사고교육 영역	논리적 사고	6(10.1)	
	추론적 사고	13(22.0)	
	비판적 사고	22(37.2)	
	분석적 사고	5(8.4)	
	문제해결력	6(10.1)	
	기타(사고력, 관련 교과목)	7(11.8)	
전체		59(100)	7편 중복

※ 출처: 박기홍, 임상도(2018). p.14

(2) 논리적 사고교육의 목표

유아들의 인지발달을 위한 교사들의 논리적 사고교육의 목표를 크게 3가지로 정리하면 다음과 같다.

① 논리적 사고
- 논리적 사고인 문제를 합리적으로 분석, 종합, 추리하여 문제해결을 모색한다.
- 연역적 추론과 귀납적 추론을 통해 주어진 정보와 근거를 바탕으로 결론을 도출한다.

② 비판적 사고와 분석적 사고증진
- 비판적 사고인 진위판단의 능력을 증진시킨다.
- 분석적 사고인 문제인식력, 정보의 수집 및 조직능력을 증진시킨다.
- 비판적 사고와 분석적 사고는 보완적 관계이다. 비판적 사고가 정보의 신뢰성과 타당성을 평가한다면, 분석적 사고는 그 정보를 체계적인 조직에 중점을 둔다.

③ 문제해결력 증진
- 다양한 상황에서 효과적으로 문제를 인식해서 해결하는 능력을 향상시킨다.
- 문제를 명확하게 정의한다.
- 자료 탐색 및 다양한 아이디어로 해결방안을 탐색한다.
- 구체적인 실행계획, 실행 및 평가를 한다.

(3) 논리적 사고를 촉진하는 교사의 발문

교사의 발문은 유아의 사고에 많은 영향을 미칠 수 있다. 적절한 발문은 유아의 사고가 통합적, 논리적으로 변화되고 결과를 예측하는 사고력이 향상될 수 있다.

반성적 사고가 교사들의 발문 개선에 긍정적인 영향을 미치며, 교사의 질이 개선되기 위해서는 교사의 사고가 함께 변해야 함을 강조하고 있다. 맥락에 맞는 다양한 발문 유형과 논리적 사고를 촉진하는 교사의 발문은 유아의 개인적 내러티브 발달에 긍정적인 영향을 미친다(성은영, 2006; 정미라, 이영미, 권희경, 2010).

교사 발문법

논리적 사고와 언어적 표현을 격려하는 교사 발문 유형을 소개한다(정미라 외, 2010).

① 문제 핵심 파악하기
- 주어진 문제를 바르고 정확하게 알고 있는가를 묻는 질문

> **예시**
>
> **교사:** "가족을 무엇이라고 말할 수 있을까요?"

② 이유나 근거 설명하기
- 근거를 요구하는 질문

> **예시**
>
> **교사:** "왜 그렇게 생각했을까요?"

③ 상호관계를 파악하기
- 비교를 요구하는 질문

> **예시**
>
> **교사:** "나리꽃과 개나리꽃을 잘 살펴보고 닮은 점과 다른 점을 찾아볼까요?"

④ 근거토대로 결론 도출하기
- 결과 예측하기

> **예시**
>
> **교사:** "사랑하는 사람을 가족이라고 한다면 여러분들도 선생님의 가족이 될 수 있을까요?"

유아들은 놀이를 통해 경험을 쌓고, 상황에 적응해 나가는 법을 배우며, 성장한다. 피아제의 이론에서 놀이는 유아의 논리적 사고, 문제해결, 적응, 자기표현, 창의적 표현 등 유아의 발달에 큰 영향을 미친다.

■ 참고문헌

1. 김윤화(2005). 피아제의 인지발달 이론에 의한 조작 놀이의 교육적 효과에 관한 연구. 한서대학교 예술대학원 석사학위논문.
2. 박기홍, 임상도(2022). 유아교육의 논리적 사고교육 관련 연구논문의 동향분석. **상담심리교육복지**, 제9권 3호, 7-25.
3. 성은영(2006). 반성적 사고 중심의 발문 개선교육 과정에 나타난 교사의 발문 변화와 교육적 의미 탐색. **한국유아교육학회**, 제26권 6호, 59-81.
4. 이지은, 최연철(2023). 자유 놀이 시간에 이루어지는 유아들의 '의사 결정 과정' 탐색. **유아교육연구**, 제43권, 제3호, 59-83.
5. 정미라, 이영미, 권희경(2010). 5세 유아의 개인적 내러티브 발달에 미치는 영향. 유아교육연구, 제30권 제2호, 431-448.
6. Avedon, Elliott M., Sutton-Smith, B(1971). *The study of games*. NewYork, J. Wiley.
7. Flavell, John H., Piaget, J.(2011). *The Developmental Psychology of Jean Piaget*. Literary Licensing, LLC.
8. Herbert P. Ginsburg 외, 김정민 역(2006). 피아제의 인지발달 이론. 학지사.
9. Parten, M. B. (1932). Social participation among pre-school children. *Journal of Abnormal and Social Psychology*, 27, 347-361.
10. Piaget, J.(2021). *Play, dreams, and imitation in childhood*. Hassell Street Press.
11. Smilansky, S.(1968). *The effect of socio-dramatic play on disadvantaged preschool children*. New York, NY: Wiley.

4장 비고츠키 인지발달과 창의성

비고츠키는 기존의 발달 이론과 달리, 개인의 인지 과정에만 초점을 맞추지 않고 사회와 문화라는 요소를 강조하며 인지발달을 설명했다. 그는 유아가 성장하는 과정에서 타인과의 상호작용을 통해 문화적 도구와 지식을 습득하고, 이를 통해 자신의 인지 능력을 발달시킨다고 주장했다.

특히, 비고츠키는 근접 발달 영역(Zone of Proximal Development) 개념을 통해 유아의 발달 가능성을 강조했다. ZPD는 유아가 스스로 해낼 수는 없지만, 보호자나 더 능숙한 또래의 도움으로 수행할 수 있는 능력 수준을 의미한다. 즉, 유아는 타인과의 상호작용을 통해 ZPD에 있는 능력을 발휘하고 발달시킬 수 있다는 것이다.

비고츠키의 이론은 유아교육 현장에서 중요한 시사점을 제공한다. 유아의 창의성을 촉진하기 위해서는 단순히 지식을 전달하는 것이 아니라, 유아가 타인과의 상호작용을 통해 문화적 도구와 지식을 습득할 수 있도록 적절한 환경을 조성하는 것이 중요하다. 또한, 교사는 유아의 ZPD를 이해하고, 비계 설정(scaffolding)을 통해 유아의 발달을 촉진하는 역할을 해야 한다.

비고츠키의 핵심 개념인 사회적 상호작용, 문화적 맥락, ZPD, 놀이, 언어, 상징을 중심으로 유아의 인지발달과 창의성이 어떻게 발달하는지 살펴보겠다. 또한, 상징 놀이, 교사의 역할, 교육 및 학습 환경 개선 등을 통해 유아의 창의성을 촉진하는 방법을 논의하고자 한다.

결론적으로, 비고츠키의 이론을 바탕으로 유아의 창의성을 촉진하는 구체적인 방법을 제시하고, 효과적인 교육 및 학습 환경 구축을 위한 방향을 모색하고자 한다.

1 비고츠키 인지발달

비고츠키(Lev Vygotsky)는 20세기 초기의 러시아 심리학자이자 교육학자로, 유아들의 인지발달에 대한 지대한 공헌을 했다. 그의 연구는 유아들의 사회적 상호작용과 문화적 환경이 인지발달에 미치는 영향을 탐구하였으며, 이를 통해 유아들의 학습과 발달에 대한 새로운 이론을 제시하였다. 비고츠키의 이론은 문화적 중재와 도구적 중재의 역할을 강조하며, 유아들의 지식과 능력을 발전시키는 것에 관심을 둔다.

비고츠키는 인지발달 영역을 유아가 혼자서 해낼 수 있는 수준의 자연발달 영역과 유아가 보다 능숙한 사람의 도움으로 가능한 수준의 근접 발달 영역으로 나누었다. 뉴 비고츠키학자들은 인지발달 이론을 사회문화적 활동 이론으로 더욱 정교화했다.

뉴 비고츠키학파의 대표적인 인물인 유리 카르포프(Yuriy Karpov)는 비고츠키 인지발달을 4단계로 설명했다. 1단계인 영아기(생후 1세)에는 양육자와의 정서적인 상호작용, 2단계인 걸음마기(2-3세)에는 성인과의 사물중심 협응활동으로, 3단계인 유아초기(3-6세)에는 사회극 놀이로 구분했다(유리 카르포프, 실천교육교사번역팀, 2017).

비고츠키 인지발달의 주요개념을 설명하면 다음과 같다.

1) 비계설정(scaffolding)

비고츠키는 건축학 용어인 '비계설정'을 사용하여 학습발달연구를 했는데, 혼자 풀 수 있는 영역과 타인의 도움을 받아 성장할 수 있는 영역의 차이를 '근접발달영역'이라고 했다. 이 개념을 사용하여 교사들은 유아들로 하여금 익숙한 것에서 새로운 지식을 습득하여 더 높은 수준의 사고단계로 발전하도록 돕는다.

(1) 비계설정 과정

① 동기부여(motivation)

유아가 학습 활동에 참여하고 관심을 가지도록 격려하고 유도하는 과정을 의미한다. 이것은 유아가 자발적으로 학습에 참여하고 활발하게 참여할 수 있도록 돕는다. 교사는 유아의 관심과 필요를 고려하여 학습 활동을 설계하고, 긍정적인 인센티브와 도전을 제공하여 동기부여를 촉진한다.

② 시연(demonstration)

교사가 원하는 행동이나 기술을 직접 보여주는 것을 의미한다. 시연은 유아들이 교사의 모범을 보고 그것을 모방하며 학습하는 과정을 지원한다. 교사는 원하는 행동이나 기술을 보여주며, 유아들에게 그것을 이해하고 따라 할 수 있도록 격려한다.

③ 피드백(feedback)

유아의 학습 활동에 대한 정보를 제공하고 평가하는 과정을 의미한다. 유아들에게 자신의 성과를 인식하고 개선할 수 있는 방향을 제시한다. 교사는 유아들의 노력과 성과를 인정하고, 잘못된 점을 지적하며 개선할 수 있는 방법을 제안한다.

④ 촉진적 질문(facilitation question)

유아들의 사고와 학습을 촉진하기 위해 사용되는 질문을 의미한다. 촉진적 질문은 유아들이 학습 활동에 적극적으로 참여하고 생각하며 의견을 나눌 수 있도록 한다. 교사는 개방형이나 도전적인 질문을 통해 유아들의 사고를 활성화시키고 자신들의 생각을 표현하도록 유도한다.

⑤ 역할극(role play)

유아들이 다양한 역할을 맡아 상황을 연기하고 모방하는 학습 활동을 의미한다. 역할극은 유아들이 현실적인 상황을 모방하고 다양한 역할을 경험함으로써 사회적 기술을 배우고 발전시킨다. 교사는 역할극을 통해 유아들이 상황을 이해하고 상호작용할 수 있는 기회를 제공한다.

2) 근접발달영역(Zone of Proximal Development, ZPD)

유아는 혼자 할 수 있는 영역인 발달영역보다 조금 높은 단계인 근접발달영역을 통해 발달영역이 상승하여 미발달영역은 감소하게 된다. 근접발달영역은 실제적 발달 수준과 잠재적 발달 수준 사이의 거리다. 실제적 발달 수준은 독립적 문제해결에 의해 결정되고, 잠재적 발달 수준은 성인의 안내 혹은 능력이 더 높은 동료들과의 협동을 통한 문제해결에 의해 결정된다(비고츠키, 정희욱 역, 2010).

근접발달영역에서 인지발달과 학습능력을 촉진할 수 있는 사람은 교사, 부모, 유아보다 약간 우수한 또래가 될 수 있다. 자립적으로 수행할 수 없는 과제를 다른 사람의 도움으로 수행이 가능해진다.

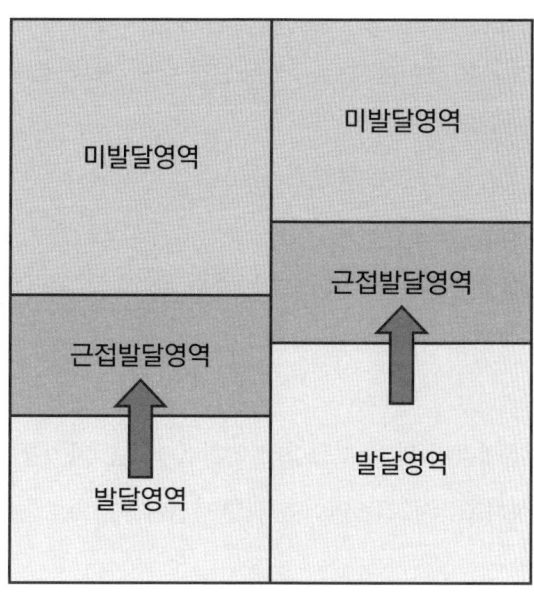

〈그림 4-1〉 근접발달영역

비고츠키(Vygotsky)는 교사와 유아가 의견을 나누는 것이 유아들을 문화적 공동사회의 언어 표현 방식으로서의 활동적이고 자신감있는 학습자로 발전시키는 가장 적합한 방법으로 간주했다. 상호 교수법, 반응적인 질문에 참여, 교사-유아 의견 교환을 통해 학습에 대한 태도와 감정을 협의하고, 읽고 쓰기 학급 공동체를 구축하고, 협동 학습을 통한 효과적인 또래 상호작용과 근접 발달에 대한 토론을 통해 유아 발달을 촉진한다고 보았다(Berk & Winsler, 1995).

3) 언어

(1) 유아 언어발달의 단계

유아 언어발달을 위해 입력되는 풍부하고 질 높은 언어적 입력과 또래와의 상호작용, 성인과의 상호작용을 통해 언어의 빈도와 질을 높여주는 것이 중요하다(Ewing, Robyn, 2016)

- 전 언어기(0~1세): 울음소리, 옹알이, 제스처를 통한 의사소통, 주변 언어에 대한 민감성 증가
- 초기 언어기(1~2세): 단어 사용 시작(평균 50개), 짧은 문장 형성, 명사, 동사 사용 증가, 일인칭, 지시 대명사 사용. 질문 형성 능력발달
- 발달된 언어기(2~3세): 문장 길이 증가, 복합문 사용, 품사 사용 증가, 과거, 현재, 미래 시제 사용, 질문 형성 능력 향상
- 학교 진입기(3~5세): 복잡한 문장 구조 사용, 추론 능력 향상, 이야기 구성 능력 향상, 상호작용 능력 향상

(2) 혼잣말의 역할

혼잣말인 사적 언어는 문제해결의 과정에 긍정적 역할을 하며, 자기통제와 조절력 향상에도 도움이 된다. 언어는 사고를 형성하고, 사고는 언어를 발달시킨다.

① 혼잣말의 기능

비고츠키는 혼잣말을 사회적 상호작용의 도구로 보았다.

② 언어와 사고의 관계

비고츠키는 언어와 사고가 상호작용하며 발달한다고 생각했다.

③ 사회적 상호작용의 역할

비고츠키는 사회적 상호작용을 인지발달의 필수 요소로 생각했다.

따라서 혼잣말은 아동이 스스로 생각을 정리하고, 다른 사람과 자신의 생각을 공유하고, 더 발전된 사고를 배우는 데 중요한 역할을 한다.

> ■ 피아제와 비고츠키의 혼잣말의 차이
>
> 피아제는 혼잣말을 인지 발달의 단순한 결과물로 보는 반면, 비고츠키는 혼잣말을 사회적 상호작용을 통한 사고 발달의 중요한 도구로 보았다.

4) 비고츠키 주의 이론의 중요성

비고츠키 주의 이론은 사회적 상호작용 및 언어와 상징인 문화적 중재가 인지발달에 중요한 역할을 한다는 점을 강조했다. 비판점으로는 사회문화적 활동 이론은 개인의 내적 요인을 충분히 고려하지 않는다는 점과 사회문화적 활동의 영향력을 과장한다는 점이다.

하지만 비고츠키의 아이디어를 현대적인 관점에서 재해석하고 확장한 네오 비고츠키 주의 이론은, 인지발달에 대한 사회문화적 해석의 중요성과 인지발달을 지속적인 과정으로 설명하며 교육 분야에 지대한 영향을 미쳤다.

2 비고츠키 논리적 사고와 창의성

유아기는 뇌 발달이 가장 활발하게 일어나는 시기이며, 이는 논리적 사고와 창의성 발달에도 큰 영향을 미친다. 특히, 비고츠키의 인지심리학 이론은 유아의 언어와 창의성의 관계를 이해하는 데 중요한 틀을 제공한다.

비고츠키의 주요 개념 중에 언어와 관련된 내면화된 말, 그럴듯한 이유 범주를 중심으로 유아의 논리적 사고와 창의성이 어떻게 발달하는지 살펴보겠다. 또한, 교사가 유아의 놀이와 창의성 발달을 촉진하기 위해 어떤 역할을 해야 하는지 논의하고자 한다.

1) 내면화된 말

유아는 어른의 말을 통해 사고를 조절하고, 문제를 해결하는 방법을 배우지만 결국 스스로 생각하고 추론하는 단계에 이르게 된다. 비고츠키의 내면화된 말은 사회적 상호작용을 통해 발달하는 사고과정을 설명하는 개념이다. 그는 말이 처음에는 다른 사람과의 소통을 위한 도구로 사용되지만, 점차 내면화되어 생각을 조직하고 스스로를 통제하는 데 사용된다고 주장했다(Ewing 외, 2016; Otto, 2017).

(1) '내면화된 말'의 정의

비고츠키는 '내면화된 말'을 '사회적 규범이 개인의 심리적 과정으로 변환되는 과정'이라고 정의했다. 그는 말이 단순히 단어와 문장의 결합이 아니라, 사회적 의미와 문화적 맥락을 담고 있다고 주장했다. 내면화란 사회적 학습 상황에서 지식을 흡수하거나 받아들여 그것을 스스로 사용할 수 있는 상태를 말한다.

비고츠키에 따르면, 인지나 기억 등의 고차적인 정신기능은 사회적으로 공유된 것이므로, 개인-개인 간의 관계에 의한 개인 간 차원에서 출발하여 개인의 내면적인 개인 내 과정으로 이행된다. 즉, 내면화는 사회적으로 또는 문화적으로 의미 있는 활동에 참여하여 그 사회 구성원과의 상호작용을 통해 습득한 사회적 인지기능이 개인적 인지기능으로 변환되는 것을 뜻한다(김진만, 2017).

(2) '내면화된 말'의 발달과정

'내면화된 말'의 발달과정은 언어학과 발달심리학 분야에서 중요하게 다루는 주제 중 하나이다. 내면화된 말의 발달은 유아들이 외부에서 들은 말을 내면으로 받아들이고 이해하는 과정을 의미한다.

유아는 처음부터 말의 사회적 의미를 아는 것이 아니다. 오랜 실패와 오류, 반복을 거치면서 객관적 의미를 깨닫고, 그리고 나서야 비로소 유아는 가리키는 수단으로서 제스처를 스스로 사용할 수 있다. 사회적 상황에서 1, 2, 3, 4, 5…… 등의 수가 있다는 걸 보고 들었다고 해서 바로 수를 셀 수는 없는 것과 마찬가지다.

오랜 숙달과 체화를 거쳐야 한다. 내면화가 된다는 것은 충분한 숙달을 통해 체화된다는 것이며, 이제 자기 것이 되어 자신의 뜻에 따라 어떤 개념이나 기능을 사용할 수 있다는 것을 의미한다. 어떤 것이 제대로 내면화 되지 않는다면 우리는 결코 실제적 상황에서 어떤 개념이나 기능을 주체적으로 사용할 수 없을 것이다(진보교육연구소 비고츠키교육학실천연구모임, 2015).

'내면화된 말'의 발달과정

① 사회적 과정

말은 처음에는 다른 사람과의 소통을 위한 도구로 사용된다. 유아들은 부모나 교사와의 상호작용을 통해 말을 배우고 사용한다.

② 개인적 과정

말은 점차 내면화되어 스스로 생각하고 행동을 조절하는 데 사용된다. 유아들은 자신에게 말을 하며 문제를 해결하고, 계획을 세우고, 감정을 조절한다.

'내면화된 말'의 발달 4단계

① 사물에 대한 감각적 이해

유아들은 먼저 주변 환경에서 사물들을 관찰하고 그들에 대한 감각적 경험을 쌓는다. 이 경험들은 유아들이 언어를 통해 표현할 수 있는 개념들의 기초가 된다.

② 외부 언어 습득

유아들은 주변에서 듣는 언어를 습득하며, 이를 통해 사물과 상황에 대한 이름과 개념을 배운다. 부모나 주변 어른들의 언어 사용이 이 과정을 촉진시킨다.

③ 내면화

유아들은 외부에서 들은 언어를 내면으로 받아들이고, 이해하며 개념과 연결짓게 된다. 예를 들어, '물'이라는 단어를 듣고 물에 대한 감각적 경험과 연결하여 이해하게 된다.

④ 내면화된 말의 사용

유아들은 '내면화된 말'을 사용하여 자신의 생각과 감정을 표현하고 다른 사람들과 소통한다. 이 과정은 유아들의 언어능력과 사고력 발달에 중요한 역할을 한다.

(3) '내면화된 말'의 기능

- **사고조직**: 내면화된 말은 생각을 체계적으로 구성하고, 개념을 형성하며, 추론을 하는 데 도움을 준다.
- **자기조절**: 내면화된 말은 자신의 행동을 계획하고, 감정을 조절하며, 목표를 달성하는 데 도움을 준다.
- **문제해결**: 내면화된 말은 문제를 분석하고, 해결책을 찾으며, 새로운 아이디어를 창출하는 데 도움을 준다.

(4) '내면화된 말'의 발달을 돕는 교사 역할

비고츠키에게 내적 말(내면화된 말)은 생각과 동일시되며 그 생각은 억제되고 보류되는 침묵의 말이다. 외적 말이 어떤 과정을 거쳐 내적 말로 변형되는지 그것이 어느 시기에 어디서 어떻게 왜 그리고 그 전반적 특징이 무엇인지, 각 발달에 영향을 미치는 내적 말 과정의 결정적이며 예외적인 가치를 인정하고 한 인간에 대한 존재적 연구로 유아의 '생각과 말'에 대해 진지한 자세로 연구에 임하는 유아 교육자의 역할은 충분히 필요한 요소가 된다(김혜연, 2021).

따라서 교사는 언어적 촉진과 상호작용을 통한 유아의 '내면화된 말'의 극대화를 위해, 유아의 발달단계와 이해력을 고려하여 프로그램을 개발하고 진행해야 한다.

① 유아 인지발달을 위한 언어 프로그램 개발

유아의 개별적인 발달단계와 특성을 고려한 교육 프로그램을 개발한다.

② 풍부한 언어적 입력 제공

유아에게 다양한 책 읽기, 이야기 들려주기, 노래, 대화 활동 등을 통한 언어적 경험을 제공한다.

③ 또래와의 상호작용 기회 제공

유아에게 놀이, 그룹 활동 등을 통한 상호작용 기회를 제공한다.

④ 질문과 답변을 통한 사고력 증진

유아의 질문에 답변하고, 질문을 유도한다.

⑤ 명확하고 간결한 언어 사용

유아가 이해하기 쉬운 언어를 사용한다.

⑥ 긍정적이고 지지적인 환경 조성

유아의 언어 사용을 칭찬하고 격려한다.

2) '그럴듯한 이유' 범주

'그럴듯한 이유' 범주는 비고츠키의 인지심리학 이론에서 중요한 개념 중 하나다. 이 개념은 유아가 자신의 행동이나 경험을 이해하고 다른 사람에게 설명하기 위해 창의적으로 논리를 만들어내는 능력을 의미한다. 유아가 '그럴듯한 이유'를 찾는 과정은 그들의 상상력과 추론 능력을 발전시키며, 사회적 상호작용을 이해하고 조절하는 데 도움이 된다(Goodman 외, 2018).

유아의 '그럴듯한 이유'는 단순히 거짓말로 치부할 수 없다. 유아는 자신의 발달단계에서 세상을 이해하고 대처하려는 노력의 일환으로 '그럴듯한 이유'를 대하는 것이다. 유아의 사고방식 중 특히 '그럴듯한 범주'에 속하는 주관적 이유, 인과적 오류, 마법적 사고에 대해 살펴보자.

(1) 주관적 이유

유아는 타인의 입장을 고려하지 않고 자신의 경험과 감정을 주장하는 경우를 말한다. 유아는 종종 자신의 행동이나 경험을 설명할 때 개인적인 주장을 한다.

> **예시**
>
> **교사**: 왜 장난감을 혼자만 독차지하고 있지요?
> **유아**: 이 장난감을 내가 가장 좋아하기 때문이예요. 그리고 다른 친구가 장난감을 망가뜨릴까 봐 내가 갖고 있는 거예요.

장난감을 독차지하고 이유를 말하는 유아의 논리는 외부의 시각에서는 명백한 이유가 아닐 수 있지만, 유아에게는 자신의 행동을 합리할 수 있는 근거가 된다. 예시에서의 유아는 장난감에 대한 강한 애착을 가지고 있음을 알 수 있다. 또한 유아가 장난감이 망가지는 것을 매우 두려워한다는 것을 보여준다. 이때 유아에게 자신의 행동이 타인에게 미치는 영향을 알도록 도와주고, 타인의 입장을 고려하는 훈련을 제공하는 것이 필요하다.

(2) 인과적 오류

사건의 연관성을 잘못 이해하여 생기는 오류를 말한다. 유아가 어떤 행동의 원인과 결과를 잘못 해석하는 경우가 있다. 예시에서 동생이 태어나 관심을 빼앗긴 유아가 관심과 애정을 되찾기 위하여 한 행동은 인과적 오류에서 기인한 것이다.

> **예시**
>
> **유아**: 나도 젖병에 우유 먹을 거예요. (울며 떼를 쓴다)

이것은 시간적 우선순위 오류의 한 유형인 '후행요인(後行要因) 오류'라고 볼 수 있다. 과거에 일어난 사건이 현재 일어나는 사건의 원인이라고 생각하는 오류이다. 유아는 다음과 같은 사고과정을 거칠 수 있다.

① 동생이 태어나 부모의 관심이 줄어들었다.
② 나는 과거에 아기였을 때 부모의 관심을 많이 받았다.
③ 따라서 내가 다시 아기가 되면 부모의 관심을 돌려받을 수 있다.

이러한 사고과정은 논리적으로는 오류이지만, 유아의 입장에서는 납득이 가는 부분이 있다. 유아는 아직 시간 개념을 완전히 이해하지 못하고, 과거와 현재를 명확하게 구분하지 못하기 때문이다. 유아가 자신의 인과적 오류 부분을 알게 하여 자신의 행동이 관심과 애정을 얻는데 도움이 되지 않는다는 것을 이해시키는 것이 필요하다.

(3) 마법적 사고

자신의 생각이나 욕망이 현실에 직접적인 영향을 미친다고 믿는 사고방식이다. 이는 유아기에 흔히 나타나는 사고방식이지만, 어른이라도 스트레스나 불안감을 느낄 때 나타날 수 있다.

> **예시**
>
> 유아: 내가 소원을 빌었더니 정말 이루어졌어! 오늘 소풍 가는데 날씨가 정말 좋잖아!

소풍가는 날을 간절히 기다린 아이는 그때 비가 내리지 않기를 바란다. 따라서 실제로 비가 내리지 않으면 자신이 간절히 원한 결과라고 생각할 수 있다. 하지만 실제로는 아이의 생각과 비가 오는 것은 별 관련이 없다. 비는 기상 조건에 의해 결정되는 복잡한 자연현상이며, 아이의 생각은 이러한 조건에 영향을 미칠 수 없기 때문이다. 유아의 마법적 사고는 발달과정에서 자연스럽게 나타나는 현상이며, 적절한 지도를 통해 점차적으로 교정될 수 있다.

■ 유아의 '그럴듯한 이유' 이해를 위한 교사 TIP

유아의 '그럴듯한 이유'를 무시하거나 비판하기보다는 유아의 사고과정을 이해하기 위한 열린 마음이 중요하다.

- 유아의 말에 귀 기울이고 그들의 관점을 이해하려고 노력한다.
- 논리적 사고 능력을 키울 수 있도록 도와준다.
- 사물 간의 인과관계를 명확하게 설명한다.
- 사회적 규범 및 규칙의 중요성을 가르쳐준다.
- 책임감을 느낄 수 있도록 격려한다.
- 감정을 표현하는 방법을 가르쳐준다.
- 문제해결 능력을 키울 수 있도록 도와준다.

3 비고츠키 놀이와 창의성

1) 상징 놀이와 창의성 발달

(1) 개념

비고츠키의 상징 놀이와 창의성은 유아의 발달에 중요한 역할을 한다. 비고츠키(1933, 1976)에 의하면, 놀이는 상상력이 상호작용적인 사회적 형태로 구체화된 것을 나타내는 역동적이며 복잡한 활동이다. 놀이는 복잡하고 상징적인 구성과 방식의 터득, 공동 규약, 감정의 자극과 통제, 집단문화 지식의 산출을 요구하는 동시에 그러한 것들을 습득하도록 이끈다(캐스린 코너리 외, 조현희, 정영철 역, 2015).

상징 놀이의 의미는 다음과 같이 3가지로 요약할 수 있다.

① 사회적 상호작용의 산물
사회적 상호작용을 통해 상징 놀이를 배우며 발달시킨다.

② 사회적 의미 부여
상징에 사회적 의미를 부여하고 공유하는 과정을 강조했다.

③ 상상력과 창의성 발달
상징 놀이를 통해 상상력과 창의성을 발달시킬 수 있다.

(2) 상징 놀이의 창의성 발달영역

비고츠키 학자들에 따르면, 유아들의 창의성 발달을 위해서 다양한 형태의 활동인 대근육 활동, 수 조작 활동, 사회적 상호작용, 극화 놀이(역할극), 대집단 활동이 필요하며, 교사는 어떤 상황이 유아들을 위해 가장 최선인지 신중해야 한다(엘레나 보드로바, 데보라 리옹, 신은수, 박은혜 공역, 2010).

특히, 이러한 활동 중에서도 유아의 창의성 발달에 상징 놀이는 매우 유용한데, 교사는 이 과정에서 유아들이 자발적이고 책임감 있게 놀이에 참여할 수 있도록 적절한 환경을 제공하고 지지해야 한다.

상징 놀이는 단순한 놀이를 넘어, 사회성, 창의성, 언어능력, 사고력, 감정조절 능력 등을 발달시키는 중요한 역할을 한다. 상징 놀이가 유아들의 성장에 어떻게 기여하는지 살펴보자.

① 사회성
상징 놀이는 유아의 사회적 규칙 이해와 사회적 역할 습득에 도움이 된다. 뿐만 아니라 유아가 다른 사람들과 협력하고, 의사소통하는 방법을 배우는 중요한 기회이다. 교사나 부모가 함께 놀이에 참여함으로써 유아와의 유대감증진과 상호작용에 도움이 된다. 유아들 간에도 사회적 스킬을 향상시킨다. 특히 사회적 상호작용 능력발달에 놀이규칙은 중요하다.

비고츠키는 놀이에서의 규칙을 중요시한다. 유아들은 놀이 속에서 사회적 기술과 관계의 규칙을 탐색하고 따르는 행동을 통해, 충동적인 감정이나 행동을 조절하는 방법을 배우게 된다. 놀이 속에서 만들어지는 가상의 상황과 상상적인 사건들은 유아들에게 세상에 대한 이해와 새로운 의미를 알게 한다. 놀이 속에서 엄마, 아빠 놀이를 하며 사회적 역할을 맡고, 상황을 만들어낸다. 이러한 경험을 통해 유아들은 사회 구성원으로서 필요한 규범과 도덕성을 내면화하고, 사회적 관계를 형성하는 능력을 키울 수 있다.

② 창의성

비고츠키(1987)는 "실제에 대한 어떠한 정확한 인식도 어떤 상상적 요소 없이는, 즉, 이 실제가 제시되는 즉각적이고 구체적이고 단독적인 인상들로부터 어느 정도 벗어나지 않고는 불가능하다"라고 강조하면서, 여러 세대에 걸쳐서 지속적인 영향을 미치는 창의적 유물이나 산물을 만드는 것뿐만 아니라 매일매일의 또는 일상의 창의적인 활동에도 초점을 맞추었다(캐스린 코너리 외, 조현희, 정영철 역, 2015). 상상력은 창의성의 중요한 요소 중 하나이며, 상징 놀이는 이를 촉진시키는 활동이다. 상징 놀이를 통해 유아는 상상력을 발휘하고, 새로운 아이디어를 만들어낼 수 있다. 비고츠키는 인지발달뿐 아니라 창의성의 발달에도 사회적 상호작용과 문화적 도구의 중요성을 강조했다(Vygotsky, 1971). 놀이 과정에서 상상력은 중요한 역할을 하는데, 창의성은 단순히 새로운 것을 만들어내는 능력이 아닌, 기존의 지식과 경험을 변형하고 새로운 의미를 창조하는 과정으로 이해된다.

③ 언어능력

옹알이를 시작으로 유아는 언어가 폭발적으로 일어난다. 이미지와 상상으로 발전해가는 언어는 태어날 때부터 타고난 재능처럼 자연스럽게 터져 나오는 것은 아니다. 비고츠키의 이론에 의하면 적극적으로 아이와 소통하고, 아이의 말에 귀 기울이며, 아이를 존중하는 주변 사람들 덕분에 근접발달영역이 확장되면서 가능해진다. 교사나 부모, 또래 등 다양한 사람들의 상호작용 속에서 관찰과 모방을 통해 언어발달이 촉진된다. 따뜻한 격려와 지지를 통해 세상과 소통하는 방법을 익혀 나가게 된다. 상징 놀이를 통해 유아는 새로운 단어와 문장을 배우고, 언어 사용 능력을 향상시킬 수 있다. 또한, 상징 놀이는 유아의 표현력과 상상력을 발달시키는 데 도움이 되며, 구조화된 놀이상황뿐 아니라 가족 안에서 자연스럽게 역할을 통해 배우며 그 과정에서 언어발달이 일어난다.

④ 사고력

상징 놀이를 통해 유아는 문제해결 능력, 계획 능력, 추론 능력 등 다양한 사고 능력을 발달시킬 수 있다. 원인과 결과의 관계를 파악하고, 단계별로 문제를 해결해 나가는 과정을 통해 논리적 사고력의 기반을 마련한다. 상징 놀이는 단순히 즉흥적으로 행동하는 것이 아니라, 미리 계획을 세우고 실행하는 능력을 기를 수 있는 기회를 제공한다. 유아는 놀이를 시작하기 전에 어떤 역할을 맡을지, 어떤 이야기를 전개할지 계획하고, 이를 실행하면서 계획된 행동을 조정하고 수정하는 경험을 한다.

예를 들어, 유아들이 식당 역할 놀이에서 손님들에게 만족스러운 음식과 차를 제공하기 위해 메뉴를 계획하고, 재료를 준비하고, 요리를 하고, 손님에게 서비스하는 과정을 통해 목표 설정 및 달성 능력을 향상시킬 수 있다. 이러한 과정은 유아들이 목표를 설정하고 이를 달성하기 위해 계획을 세우며, 실행하는 동안 계획을 조정하고 수정하는 능력을 배양하는 데 큰 도움이 된다. 결국, 상징 놀이는 유아가 논리적 사고력과 문제해결 능력을 키울 수 있는 중요한 교육적 도구임을 보여준다.

⑤ 감정조절능력

상징 놀이를 통해 유아는 자신의 감정을 표현하고 조절하는 방법을 배우게 된다. 또한, 상징 놀이는 유아의 정서적 발달과 사회적 적응에 도움이 된다. 상상력과 창의적 활동을 수반하는 상징 놀이는 폭넓은 정서 경험을 제공한다.

비고츠키(1971)는 예술 작품이나 경험을 통해 강렬한 감정을 겪고 극복하는 카타르시스 현상을 정서적 경험의 한 유형으로 정의했다. 카타르시스는 슬픔, 분노, 두려움, 기쁨과 같은 다양한 감정을 포함하는 광범위한 정서적 경험의 한 유형으로 간주된다. 비고츠키는 카타르시스가 개인의 정서적 성장과 발달에 중요한 역할을 할 수 있다고 믿었다.

따라서, 유아들은 예술 작품이나 경험을 통해 강렬한 감정을 겪고 극복하는 과정을 통해 자신의 감정을 더 잘 이해하고 조절하는 법을 배우며, 어려운 상황에 대처하는 능력을 키울 수 있다. 이러한 과정은 유아의 정서적 성장과 발달에 중요한 영향을 미치며, 상징 놀이는 이와 같은 정서적 경험을 제공하는 중요한 도구가 된다.

■ **카타르시스의 발생단계**

- **동일시**: 예술 작품이나 경험에 등장하는 인물이나 상황과 동일시하게 된다.
- **감정적 참여**: 작품 속 인물의 감정을 직접 경험하게 된다.
- **긴장 고조**: 작품의 갈등이나 위기가 고조되면서 관객의 감정적 긴장도 높아진다.
- **해결 및 해방**: 작품 속 갈등이 해결되면서 관객은 감정적 해방과 갱신을 경험하게 된다.

2) 상징 놀이와 교사의 역할

(1) 발달단계에 따른 놀이

유아에게 놀이는 단순한 오락이 아닌 중요한 학습 과정이다. 놀이와 학습이 균형을 이루어야 유아가 전인적으로 성장할 수 있다. 놀이를 통해 자연스럽게 세상을 배우고, 감정을 표현하며, 사회성을 증진시키고, 문제해결 능력을 발달시키면서 성장한다. 이는 공부만큼이나 놀이가 중요하다는 것을 의미한다. 따라서 유아가 성장함에 따라 놀이 시간을 충분히 보장하고, 발달단계에 맞는 놀이를 찾아주는 것이 필수적이다.

〈그림 4-2〉 놀이와 학습의 균형

    교사는 유아의 발달단계에 맞는 놀이를 지도하고 촉진하는 역할이 중요하다. 다음은 발달단계별 주요 놀이를 제시한 것으로, 비고츠키(Lev Vygotsky)의 제자인 레온티에프(Alexei Leontiev)가 정리한 것이다(진보교육연구소 비고츠키교육학실천연구모임, 2015).

교육 단계별 선도 활동

① **어린이집**: 정서적 반응/대상 중심적 활동
② **유치원**: 사회 역할극/놀이 활동
③ **초등학교**: 학교에서의 학습 활동
④ **중·고등학교**: 동료와의 협력 활동
⑤ **대학과 직장**: 직장에서의 노동 활동

이는 유아기부터 성인기까지 발달단계별 놀이의 특징과 적절한 놀이 활동을 제시한 것으로, 놀이가 인간 발달에 미치는 중요한 영향을 강조한 것이다. 전 생애적 관점에서 교육 단계별 놀이의 의미를 풀어쓰면 같다.

- **어린이집**: 감정 발달이 활발하게 이루어지는 시기이다. 유아들은 놀이를 통해 다양한 감정을 경험하고 표현하며, 자신의 감정을 조절하는 방법을 배우게 된다.
- **유치원**: 사회성 발달이 중요해진다. 유아들은 놀이를 통해 다른 사람들과의 관계를 형성하고, 협력하는 방법을 배우며, 사회 규범을 이해하게 된다.
- **초등학교**: 학습 활동이 중요해진다. 하지만 놀이는 여전히 아이들의 학습과 발달에 중요한 역할을 한다. 놀이를 통해 아이들은 새로운 개념을 배우고, 문제해결 능력을 키우며, 학습에 대한 흥미를 유지할 수 있다.
- **중 · 고등학교**: 또래와의 관계 형성과 협력 능력이 중요해진다. 놀이는 청소년들이 서로를 이해하고, 공통의 목표를 달성하기 위해 협력하는 방법을 배우는 데 도움을 준다.
- **대학과 직장**: 전문성, 문제해결 능력, 창의성, 의사소통 능력, 팀워크 능력 등 직장에서의 성공에 필요한 역량을 키우는 것이 중요하다. 놀이는 성인들이 이러한 역량을 개발하고 유지하는 데 도움이 될 수 있다.

(2) 놀이행동과 상징 놀이 수준 관찰

유아의 상징 놀이를 발전시키는데 교사의 역할은 중요하다. 어린이집에서의 '교사-영아 상호작용의 질에 관한 연구(오수정, 2015)'에서, 교사와 영아의 상호작용에 기반한 수업의 질이 높을수록 '기능적 놀이'를 하고, '상징 놀이' 및 '그룹 놀이'를 더 많이 보였으며, '~척 놀이'의 수준도 더 높은 것으로 나타났다.

- **놀이행동**: 혼자/병행/집단 놀이

- **상징 놀이 수준**

  - 1수준: 자기상징
  - 2수준: 타인상징
  - 3수준: 연속된 상징과 역할 놀이의 시작
  - 4수준: 연속된 비일상 사건 상징과 구조성이 낮은 사물대체
  - 5수준: 계획이 있는 극놀이로 상징 놀이

〈표 4-1〉 놀이행동 관찰표

관찰일: . .								관찰 어린이집: (반 이름:)		관찰자:				
교실 내 성인: 명 아동: 명								자유놀이 시간: ~		특이사항 메모:				

이름	놀이행동									상징 놀이 수준					메모
	혼자 놀이			병행 놀이			집단 놀이								
	기능	구성	상징	기능	구성	상징	기능	구성	상징	비놀이	탐색	1	2	3	4	5	
A																
B																
C																
D																
E																
F																

※ 출처: 오수정(2015). p67.

피아제와 비고츠키 인지발달의 차이점을 정리하면 〈표4-2〉와 같다.

〈표 4-2〉 피아제와 비고츠키 인지발달의 차이점

구분	피아제 인지발달	비고츠키 인지발달
발달의 원동력	유아가 환경과 상호작용하면서 내적으로 구축된 체계를 조정하는 과정을 강조한다. 그는 유아의 지각과 경험이 유아의 발달을 촉진시키는 주된 원동력으로 작용한다.	유아의 발달은 사회적 상호작용에서 파생된다고 본다. 그는 유아가 자신보다 더 능력이 뛰어난 개인들과의 상호작용을 통해 새로운 개념을 학습하고 발전시킨다.
사회적 문맥의 중요성	유아의 발달이 주로 개별적인 내적 과정에 의해 이뤄진다고 본다. 유아가 주변 환경과 상호작용하면서 자신의 지식을 구축하고 조정한다.	유아의 발달은 주변 환경과의 사회적 상호작용에 의해 이루어진다고 본다. 사회적 문맥 안에서 언어와 문화적 요인이 유아의 지식 형성과 발달에 큰 영향을 미친다.
지식구조의 변화	유아의 지식이 개별적이고 내적인 과정에 의해 형성된다고 본다. 유아는 환경과 상호작용하면서 지식을 구축하고 조정하는 과정을 통해 발달한다.	유아의 지식이 주변 사회적 문맥에서 파생된다고 본다. 유아는 선생님, 부모, 동료 등과의 상호작용을 통해 지식을 습득하고 발전시킨다고 주장한다.

■ 참고문헌

1. 김진만(2017). 비고츠키 이론을 적용한 효과적인 교육방법 연구. 한양대학교 교육대학원 석사학위논문.
2. 김혜연(2021). 비고츠키 이론에서 '생각과 말'에 대한 유아교육적 고찰. 총신대학교 교육대학원 석사학위논문.
3. 엘레나 보드로바, 데보라 리옹 저; 신은수, 박은혜 공역(2010). 정신의 도구: 비고츠키 유아교육. 이화여자대학교출판문화원.
4. 오수정(2015). 어린이집 만 2세반 교사-영아 상호작용의 질과 영아의 놀이행동 및 상징 놀이 수준 간의 관계. 연세대학교 대학원 석사학위논문.
5. 유리 카르포프 저; 실천교육교사번역팀 역(2017). 교사와 부모를 위한 비고츠키 교육학. 살림터.
6. 진보교육연구소 비고츠키교육학실천연구모임(2015). 관계의 교육학. 살림터.
7. 캐스린 코너리, 베라 존 스타이너, 애나 마랴노비치 셰인 저; 조현희, 정영철 역(2015). 비고츠키와 창의성. 한국문화사.
8. L. S. 비고츠키 저; M. 콜 외 엮음; 정회욱 역(2010), 마인드 인 소사이어티: 비고츠키의 인간 고등심리 과정의 형성과 교육. 서울: 학이시습.
9. Berk, L.K. & Winsler, A.(1995). *Scaffolding Children's Learning: Vogotsky and Early Childhood Education*. Washington D.C: NAEYC.
10. Ewing, Robyn; Callow, Jon; Rushton, Kathleen(2016). *Language and Literacy Development in Early Childhood*. Cambridge University Press.
11. Goodman, Greg S. / Connery, M. Cathrene / John-Steiner, Vera P. Peter Lang Inc.(2018), *Vygotsky and Creativity: A Cultural-historical Approach to Play, Meaning Making, and the Arts, Second Edition*, International Academic Publi.
12. Otto, Beverly W.(2017). *Language Development in Early Childhood Education -- Enhanced Pearson Etext*. Pearson College Div.
13. Vygotsky, L.S.(1971). *The psychology of art*. Cambridge, Mass: MIT Press.

3부
Part 03

유아 논리·논술 지도의 시작

자, 그럼 이제부터 본격적으로 유아 논리·논술 지도를 시작해보자. 유아들마다 기질, 성격, 흥미, 역량 등이 다를 것이므로 제시한 방안 중 적절한 것을 선택하고, 교육 환경에 따라 응용해볼 것을 권한다.

5장 마음 열기

'마음 열기'는 유아들의 긴장되고 불안한 감정을 진정시켜 선생님 및 친구들과 가까워질 수 있는 계기를 만들어 줄 것이며, 더불어 교육에 흥미를 갖고 적극적으로 참여해 결국 특정 역량을 향상시킬 수 있도록 도울 것이다. 따라서 개인차를 고려하면서 활동에 모두 참여할 수 있도록 하자.

1 자기소개

'자기소개'는 이름부터 시작해서 나이, 사는 곳, 좋아하는 것, 잘하는 것 등을 다른 사람에게 알려, 자신은 이런 사람이라는 인상을 남기는 활동이다. 피아제의 인지발달 이론에 따르면 아직 '전조작기'에 해당하는 유아들은, 자신의 입장에서만 보는 경향성인 자기중심성이 크기 때문에 자기소개를 통해 서로를 이해하고 인정하며 관심 대상으로 삼기에 어려움이 있겠으나, 즐거움을 느끼며 친밀감을 형성할 수 있는 기회를 제공할 것이다. 또한 교사에게는 각 유아의 성향이나 능력을 파악할 수 있는 기회가 될 것이다. 다음은 자기소개를 위한 다양한 측면에서의 방법들이다.

1) 도구 사용을 통한 자기소개 1 – 융판과 여러 주제의 부착물 활용

이 방법은 어린이집이나 유치원에서 구연동화 등을 할 때 많이 사용하는 '융판'에, 탈부착이 가능한 한글 자모음, 음식, 동물이나 식물, 직업 등 여러 주제의 부착물을 활용해 소개하는 것이다. 여러 부착물들 가운데 한글 자모음으로는 자신의 이름을 만들어 보게 하고, 음식은 좋아해서 자주 먹는 것이나 먹고 싶은 것, 동물이나 식물은 키우고 있거나 키우고 싶은 것, 직업은 추후 하고 싶은 일을 골라서 설명하는 것이다. 교사의 설명을 한 번에 이해하지 못한 유아들을 위해 다음과 같이 직접 시연을 해주면 좋겠다.

> 자, 오늘은 자기소개를 해볼 거예요. 여기 여러 주제의 인형과 그림이 있는데, 어떻게 활용하는지 선생님의 모습을 잘 보세요.
>
> 안녕하세요, 제 이름은 (한글 자모음으로 한 글자씩 이름을 만들며) '김유아'입니다.
> 저는 '치킨'과 '피자', '딸기'를 좋아하고, 집에서는 강아지를 키우고 있습니다.
> 강아지의 이름은 '구름'이에요.
> 나중에 어른이 되면 '경찰관'이 되어 나쁜 짓을 하는 사람들을 잡고 싶어요.

이 활동을 위한 준비 시 가장 중요한 점은 유아들이 다양한 측면에서 자기를 소개할 수 있도록 여러 주제의 부착물을 준비하는 것이다. 따라서 인형 형태로 판매하는 것을 구입하거나, 그림을 오려 코팅을 한 다음 벨크로 테이프를 붙이는 노력이 필요하다. 다만 마음에 상처를 받을 수 있기 때문에 '가족'에 대한 소개는 권장하고 싶지 않은데, 그 이유는 부모의 이혼으로 인한 한부모 가정, 재혼 가정, 입양 가정, 조손 가정, 다문화 가정 등 워낙 다양한 형태가 있기 때문이다.

〈그림 5-1〉 한글 자음과 모음

〈그림 5-2〉 여러 과일들

2) 도구 사용을 통한 자기소개 2 - 얼굴 가면

'가면'은 연극이나 춤 또는 놀이에서 얼굴을 감추거나 달리 꾸미려고 종이, 나무, 흙 따위로 만들어 얼굴에 쓰는 물건으로, 넓은 의미에서는 전통 탈도 포함된다. 고대 켈트 민족의 풍습에서 유래한 '핼러윈 데이(Halloween day)'는 전 세계적인 축제로 자리 잡았기 때문에, 우리나라에서도 많은 사람들이 귀신처럼 변장하기 위해 가면을 쓰는 경우가 많다. 다만 이때 쓰는 가면은 자신이 더 무서운 존재임을 각인시켜 두려운 존재로부터 해를 입지 않도록 하기 위함이 목적이라면, 본 활동에서 쓰는 '얼굴 가면'은 자신의 성격이나 능력을 표현할 수 있는 일종의 캐릭터(Character)로서의 역할을 한다는 점이 다르다.

이 활동을 하기 위해서는 가장 먼저 여러 형태의 가면을 준비할 필요가 있는데, '동물 가면'을 추천하고 싶다. 왜냐하면 동물이야말로 유아들에게 가장 친숙한 대상이면서, 동시에 다음의 그림책을 읽은 뒤 활동과 연계하면 쉽게 참여할 수 있을 것이기 때문이다.

(1) 『치킨 마스크 : 그래도 난 내가 좋아! | 우쓰기 미호 지음, 장지현 옮김 | 책읽는곰』

'자아존중감'에 관한 책으로, 다른 친구들은 저마다의 능력이 있는데 본인만 잘하는 것이 없다고 생각하는 '치킨 마스크'의 이야기이다. 이 그림책에는 공부를 잘하는 '올빼미 마스크', 만들기를 잘하는 '햄스터 마스크', 달리기를 잘하는 '말 마스크', 힘이 세서 씨름을 잘하는 '장수풍뎅이 마스크', 노래를 잘 부르는 '개구리 마스크', 멋쟁이 '해달 마스크', 성실하게 노력하는 '토끼 마스크'도 소개가 되기 때문에, 이와 같은 특성을 본인과 연결 지어 해당 마스크를 고르게 할 수 있다.

(2) 『상어 마스크 : 내 마음을 알아줘! | 우쓰기 미호 지음, 우지영 옮김 | 책읽는곰』

'또래 관계(사회성)'에 관한 책으로, 상어 얼굴로 태어나는 바람에 모두가 무서워하여 친구를 만들기 어려운 것이 고민인 '상어 마스크'의 이야기이다. 자신도 그렇게 태어나고 싶었던 것은 아닌데 친구들이 무서워하자 관심을 끌고 싶어 심술을 부리기도 했지만, 장수풍뎅이와 오해를 풀면서 친해진 다는 내용이다.

(3) 『햄스터 마스크 : 노력하는 네가 좋아!』 | 우쓰기 미호 지음, 우지영 옮김 | 책읽는곰

발명가가 꿈인 햄스터 마스크는 우연히 철봉 연습을 하고 있는 치킨 마스크를 보게 된다. 치킨 마스크는 반에서 유일하게 철봉 거꾸로 오르기를 못하는 친구인데, 그 순간 공부도 100점, 운동도 만능, 요리도 최고가 될 수 있는 뭐든지 척척 마스크를 발명할 생각을 한다. 그 후 설계도를 그리고, 재료를 모으며, 인체에 해가 없는지 시험도 해보는 등 밤낮으로 연구에 매진한 끝에 드디어 '뭐든지 척척 마스크'를 개발한다. 그런데 노력도 하지 않고 뭐든지 척척 마스크만 쓰면 원하는 것을 무엇이든 할 수 있게 되자, 오히려 개성도 사라지는 등 사람들의 행복이 사라졌다는 내용의 이야기이다.

(4) 『내 말 좀 들어주세요』 | 윤영선 글, 전금하 그림 | 문학동네

이 그림책에는 펭귄, 사슴, 표범, 사자, 닭, 물고기, 거북이, 고릴라 등 18마리의 동물이 등장한다. 그런데 그들은 '외돌토리', '심술꾸러기', '응석받이', '우두머리', '어리보기', '울보', '싸움꾼', '악바리', '겁쟁이', '괴짜', '공상가', '극성쟁이', '엉망진창', '편식쟁이', '자아도취', '몸치', '외골수', '느림보'라는 별칭으로 소개되어, 앞서 속한 그림책과 마찬가지로 유아들이 자신의 성격적 특성을 동물에 대입해 볼 수 있을 것이다.

이 외에도 '가면'이 소재로 활용된 그림책은 더 있다. 따라서 매끄러운 도입을 위해 적정 그림책을 먼저 읽어주고 활동으로 연계할 것을 추천한다. 더불어 얼굴 가면은 판매 중인 제품이 많다. 또한 프린트만 해서 바로 사용할 수 있는 파일을 제공하는 블로그도 많으니, 교사들이 약간의 수고만 한다면 좋은 자료를 많이 찾을 수 있을 것이다.

3) 활동을 통한 자기소개 1 – 이런 사람은 움직이세요!

이 활동은 교사가 제시하는 사항에 해당하는 유아들이 움직이는 것으로, 신체 조절과 통제력을 기르는 데에도 도움이 된다. 활동의 구체적인 방법은 다음과 같다.

① 유아들은 한 쪽 벽에 등을 댄 채로 일렬로 서게 하고, 교사는 반대 쪽 끝에 선다.
② 교사는 조건을 차례대로 한 가지 씩 제시하면서, 해당되는 유아들은 한 발짝 씩 앞으로 나오라고 한다. 다음은 조건의 예이다.

- 나는 잘 생겼다고/예쁘다고 생각한다.
- 나는 공부하는 것을 좋아한다.
- 나는 형제(형, 동생, 누나, 오빠)가 있다.
- 나는 춤을 잘 춘다.
- 나는 선생님의 말을 잘 듣는다.

③ 조건을 듣고 한 발짝 씩 앞으로 나선 유아들이 교사가 있는 곳까지 오면, 간식이나 작은 선물을 준다.

4) 활동을 통한 자기소개 2 – ○ X

이 활동은 앞서 소개한 '이런 사람은 움직이세요!'를 살짝 변형한 것으로, 가장 큰 차이점은 교사가 제시하는 내용을 듣고 유아들이 해당사항이 있으면 'O' 쪽으로, 그렇지 않으면 'x' 쪽으로 이동해서 서는 것이다. 각 유아들의 이동이 끝나면 같은 답을 선택한 친구들은 누가 있는지 살펴볼 기회를 주는 것으로, 서로 비슷한 성향의 사람이 누구인지를 알 수 있도록 한다. 'O' 혹은 '×' 표시는 칠판을 활용하거나, 바닥에 테이프를 잘라 모양대로 붙이는 방법도 있다.

5) 놀이를 통한 자기소개 1 – 안녕, 반가워!

이 활동은 서로 인사를 나누며 호감 및 친밀감을 증진시키는데 도움을 주기 위한 것으로, 구체적인 방법은 다음과 같다.

① 유아들이 서로 얼굴을 볼 수 있도록 동그란 형태로 서게 한다.
② 한 유아가 먼저 인사를 나누고 싶은 친구 앞으로 가서, 본인이 하고 싶은 대로 인사를 하게 한다. 인사 방법은 손을 흔들며 "안녕!"이라고 말하거나, 악수, 하이 파이브, 포옹 등도 가능한데, 인사를 받은 쪽은 찾아온 친구가 한 방법 그대로 다시 돌려준다.
③ 인사가 끝나면 찾아온 유아가 그 자리로 들어가고, 받았던 유아가 나와 다른 친구를 찾아 간다.
④ 이와 같은 방식을 반복하며 모든 유아가 한 번씩 인사를 주고받으면 활동을 끝낸다.

6) 놀이를 통한 자기소개 2 – 이름 놀이

유아들이 어린이집이나 유치원을 다니게 되었다면, 이는 가정을 벗어나 새로운 사회로 진입을 한 것이다. 그 사회에는 부모와 선생님의 역할을 동시에 하는 어른은 물론이고, 함께 어울려 놀고 때로는 다투기도 할 또래 친구들이 여럿 있을 것이다. 이때 서로의 이름을 기억하는 것은 더 발전된 관계가 되기 위한 노력이다.

이 활동은 유아들이 자신의 이름을 정확히 인지하고 있는가를 확인할 수 있음은 물론이고, 더불어 서로의 이름을 기억할 수 있도록 돕는데 목적이 있다. 다만 유아에 따라 아직 본인의 이름을 글자로 적지 못할 수 있기 때문에, 다음과 같이 단계를 나누어 진행할 수 있겠다.

1단계

① 교사는 각 유아의 이름표를 만들어 둔다.
② 본격적으로 활동을 시작하기에 앞서 유아들에게 다음과 같이 설명을 해준다.

> "선생님이 지금부터 여러분의 이름을 한 글자씩 외칠 거예요. 그럼 한 글자를 외칠 때마다 내 이름인 것 같은 사람은 자리에서 일어나고, 아닌 것 같으면 다시 앉으면 됩니다."

③ 이름표 한 개를 뽑아 성부터 이름 두 글자를 각각 큰 소리로 외치고, 주인공이 결정되면 그 유아에게 이름표를 달아준다.
④ 이름표를 받은 유아는 자신의 이름을 큰 소리로 외치고, 다른 친구들은 환영의 박수를 힘껏 쳐준다.

2단계

① 유아들을 둥글게 앉게 한다.
② 한 명씩 돌아가면서 자신의 이름을 큰소리로 말하면서, 좌우 옆 친구의 이름을 잘 듣고 기억하게 한다.
③ 다시 차례대로 돌아가면서 왼쪽 옆 친구의 이름을 먼저 말하고, 이어서 본인의 이름을 말하게 한다.
④ 이번에는 오른쪽 옆 친구의 이름을 먼저 말하고, 이어서 자신의 이름을 말하게 한다.

만약 이 활동을 유아들이 헷갈려 할 것 같으면, 교사가 원 중앙에 앉아 이름을 말해야 하는 친구를 손가락 지시봉으로 가리켜 준다.

7) 놀이를 통한 자기소개 3 - 소개 놀이

이 활동은 유아들이 짝을 지어 이야기를 나눈 후, 서로에 대해 소개를 해주는 것이다. 따라서 상대의 말에 집중할 수 있는 힘과 함께 이해력도 높일 수 있는 방법이다. 활동은 다음의 순서대로 진행할 수 있다.

① 두 사람씩 짝을 짓게 한다.
② 한 사람이 먼저 이름, 사는 곳, 잘하는 것, 좋아하는 음식에 대해 이야기를 하고, 나머지 한 명은 그 내용을 듣는다.
③ 이어서 역할을 바꾸어 같은 이야기를 하고 듣는다.
④ 이야기 나누기가 끝나면, 각 팀별로 서로에 대해 소개하는 시간을 갖는다.

서로에 대한 소개 시 내용에 틀린 부분이 없는지 확인하고, 만약 틀렸으면 그 부분은 자신이 바로 잡을 수 있도록 한다.

8) 놀이를 통한 자기소개 4 - 좋아 좋아

이 활동 역시 서로의 이름 외우기에 도움이 될 방법으로, 구체적인 순서는 다음과 같다.

> 다함께 : "좋아 좋아" → 교사 : "민우 좋아" → 민우 : "나도 좋아" →
>
> 다함께 : "좋아 좋아" → 교사 : "예지 좋아" → 예지 : "나는 싫어" →
>
> 다함께 : "그럼 누구" → 예지 : "태오 좋아" → 태오 : "나도 좋아"

이 활동은 내 이름이 불렸을 때 "나도 좋아" 또는 "나는 싫어"로 응답을 할 수 있는데, 만약 "나는 싫어"라고 답하면 친구들이 "그럼 누구"라고 다시 한 번 물음으로써 좋은 사람을 지목할 수 있는 기회를 얻는다. 그럼 "누구 좋아"라고 칭하면 되고, 그렇게 지칭된 유아가 다시 "나는 좋아" 혹은 "나는 싫어"라고 응답하면 된다.

이 활동의 유의점은 특정 유아의 이름만 반복적으로 불리지 않게 하는 것이다. 또한 친구는 좋다고 표현했는데 계속 싫다는 표현을 하게 되면, 그 친구가 마음의 상처를 받을 수 있다는 점도 미리 알려주면 좋겠다.

2 마음 열기

자기소개가 첫 만남의 어색함을 깨고 관심을 기울이도록 유도하는 활동이었다면, '마음 열기'는 서로를 보다 깊게 이해하며 관계를 증진시키기 위한 기회의 장이다. 다만 걱정이라면 유아들이 활동에 어느 정도나 참여할 수 있을 것인가인데, 특히 교사들의 입장에서는 유아들의 심리를 파악하고 이해할 수 있는 기회가 될 수 있으므로, 참여 가능성을 판단해서 적절히 활용하면 될 것이다.

1) 심층 활동을 통한 마음 열기 1 – 동일시

동일시(同一視, Identification)란, 심리학에서 남과 자기를 같은 것으로 여기어 욕구를 실현하고자 하는 심리 현상을 말한다. 특히 유아들은 자신이 갖고 놀던 장난감이나 특정 대상물에게 동일시를 잘하는 경향이 있다. 이에 이 활동은 유아들이 친근감을 느끼는 대상물을 통해 심리를 알아보기 위한 것으로, 실시 방법은 다음과 같다.

① 인형, 장난감, 동물이나 음식의 모형(figure) 등 평소 유아들이 친근하게 여기거나 좋아하는 대상물을 준비한 뒤 책상 위에 나열한다.
② 유아들에게 여러 대상물 가운데 자신을 잘 표현할 수 있는 것을 골라, 그 이유와 함께 이야기를 해보게 한다.

2) 심층 활동을 통한 마음 열기 2 – 가장 기뻤던 일과 슬펐던 일

이 활동은 유아들이 기억하고 있는 일 가운데 가장 기뻤거나 슬펐던 것을 떠올려 보게 하여, 그것이 현재 생활에 어떤 영향을 끼치고 있는지 알아보기 위한 것이다. 이 활동을 위해서도 유아들이 친근하게 여길 인형을 활용하는 것이 좋은데, 영화 '인사이드 아웃(Inside Out)' 속 라일라의 주요 감정 캐릭터였던 '기쁨이', '슬픔이', '버럭이', '까칠이', '소심이' 가운데 '기쁨이'와 '슬픔이'가 그 예가 될 수 있다. 혹은 '감정 스티커'를 활용하는 것도 좋은데, 문구점에 가면 감정을 얼굴 표정으로 표현한 스티커를 쉽게 구할 수 있을 것이다.

〈그림 5-3〉 감정 스티커

6장 사고 확장을 위한 고정관념 깨트리기

'고정관념(固定觀念)'은 마음속에 굳어 있어 변하지 않는 생각으로, 이것을 많이 갖고 있는 사람이면 새로운 것에 쉽게 마음을 열 수 없어 창의적이기 어렵고, 사람과의 관계에서도 자신만의 방식을 고수하는 대신 상대의 생각을 받아들이지 않아 갈등을 겪을 수도 있다. 따라서 시대 변화 및 상황의 흐름에 따라 유연한 자세가 필요한데, 이번 장에서는 사고를 확장해 창의적인 결과를 도출할 수 있도록 유아들의 고정관념을 깨트리는 방안을 나누는 것이 목적이다.

물론 유아들은 어른들에 비해 고정관념이 적을 것이다. 하지만 놀랍게도 태어날 때 이미 갖추어져 있는 원초적이면서도 보편적인 '집단 무의식(Group Unconscious)'을 갖고 있고, 그동안 경험한 바에 따라 '개인 무의식(Personal Unconscious)'도 형성되어 있다. 따라서 어른들에 비해 적은 것뿐이지 아예 없는 것이 아니며, 개인차가 있겠지만 앞으로의 생활 경험들은 더 많은 고정관념을 갖게 만들 것이다. 따라서 어릴 때부터 유연한 사고를 할 수 있는 교육 환경을 제공할 필요가 있다.

1 창의력 발상 훈련

현 시대의 창의는 '발명'이 아닌 '발견'이라고 한다. 왜냐하면 워낙 발명된 것들이 많아 새롭게 만들어낼 것이 거의 없기 때문이다. 물론 과학 기술이 계속 발전하고 있기 때문에 앞으로도 상상하지 못한 것들이 '발명'되겠지만, 기존의 것을 바꿀 수 있는 '발견' 정도만으로도 창의력을 인정받을 수 있는 상황이다.

다음에 제시하는 방법들은 고정관념을 깨고 새로운 측면에서 생각을 해볼 수 있는 것들이다. 이 활동을 하면서 교사들에게 요구되는 덕목은, 유아들이 자신의 생각을 자유롭게 표현할 수 있는 기회를 주는 것이다. 이때 필요한 것은 어떤 대답이든 "그럴 수 있다.", "좋은 생각이다.", "재미있는 생각이다." 등과 같은 반응과 격려이며, 나아가 "그래서 다음에는 어떻게 될 것 같으냐?"와 같은 추가 발문이다.

1) 창의력 발상 훈련 1 – 상황 변경

이 활동은 이미 익숙해서 당연하다고 여기는 상황들을 새롭게 바꾸어 보는 것으로, 다소 엉뚱하다고 여겨질 수 있다. 따라서 처음에는 답이 떠오르지 않을 수 있는데, 반복하다 보면 '왜 그래서는 안 될까?'에서부터 '그런 것도 있다면(가능하다면) 재미있겠다.'에 이르기까지 생각이 확장된다. 다음은 상황 변경 발문의 예시이다.

> ① 하늘이 노란 색이라면 어떨까요?
> ② 자동차 바퀴가 세모라면 어떨까요?
> ③ 사람들이 뒤로 걸어 다닌다면 어떨까요?
> ④ 강아지의 꼬리가 두 개라면 어떨까요?
> ⑤ 사람들이 음식을 안 먹어도 살 수 있다면 어떨까요?

2) 창의력 발상 훈련 2 – 그림 자료 제시

이 활동은 그림 자료를 제시함으로써 다양한 사고를 이끌어 내기 위한 것으로, 글자가 없는 그림책이나 명화를 활용할 수 있다.

(1) 글자 없는 그림책 활용

일반적으로 그림책은 그림과 글이 조화를 이루면서 내용이 전개되는 책으로, 그림이 글보다 더 많은 비중을 차지한다는 특징을 갖고 있다. 그림책은 여러 유형으로 구분할 수 있는데, 그 중에는 글자가 없고 그림으로만 구성된 '글자 없는 그림책'도 있다. 따라서 '글자 없는 그림책'은 은유와 상징이 가득한 그림만으로 내용을 해석해야 하는 어려움이 있지만, 작가의 의도와 상관없이 독자들이 자유롭게 상상할 수 있는 기회가 주어진다는 장점도 갖고 있다. 이 활동은 후자를 활용한 것으로, 유아들이 경험을 바탕으로 이야기를 창작하는 즐거움과 함께 성취감을 느낄 수 있도록 해줄 것이다.

① 『사과와 나비 | 이엘라 마리·엔조 마리 지음 | 보림 | 1996』

〈그림 6-1〉 그림책 '사과와 나비' 표지

오래 전에 출간된 그림책이지만 아직도 사랑받고 있는 작품이다. 사과 속에서 자란 애벌레가 나비가 되기까지, 그리고 다시 그 나비의 도움으로 사과 열매가 맺히기까지의 과정을 간결하면서도 직관적으로, 게다가 강렬한 색감으로 묘사하고 있어, 유아들이 오감을 발휘하여 아주 쉽게 이야기를 구성할 수 있을 것이다. 장면이 많지만 각 유아들이 각자 이야기를 만들어 볼 수도 있고, 아니면 한 장면 씩 한 명의 유아에게 배정해 각자 이야기를 만들고, 이후 그 이야기들을 모아 한 편으로 연결해 보는 것도 재미있을 것이다.

이때 연결이 매끄럽지 않아도 상관이 없으니, 유아들이 떠오르는 대로 이야기를 만들어 보게 하자. '이엘라 마리(혹은 엘라 마리)' 작가의 다른 작품으로는 『빨간 풍선의 모험』, 『나무』 등도 있으니 적극 활용해 보고, 그 외 '글자 없는 그림책'들도 '2019 개정 누리과정의 핵심 내용'과 연결 지어 보기 바란다. 다음은 창의력 발상 훈련을 위해 활용할 수 있는 수많은 글자 없는 그림책들 가운데 일부 목록이다.

- 『트럭 | 도널드 크루즈 지음 | 시공주니어 | 1996』
- 『화물 열차 | 도널드 크루즈 지음 | 시공주니어 | 1997』
- 『수염 할아버지 | 이상교 글, 한성옥 그림 | 보림 | 2001』
- 『노란 우산 | 류재수 글, 신동일 작곡 | 보림 | 2007』
- 『수잔네의 봄·여름·가을·겨울 | 로트라우트 수잔네 베르너 지음, 윤혜정 옮김 | 보림큐비 | 2007』
- 『눈사람 아저씨 | 레이먼드 브리그스 지음 | 마루벌 | 2009』
- 『파도야 놀자 | 이수지 지음 | 비룡소 | 2009』
- 『그림자 놀이 | 이수지 지음 | 비룡소 | 2010』
- 『알리 할아버지의 글자 없는 그림책 시리즈 | 알리 미트구치 지음 | 베어캣 | 2015』
- 『나무, 춤춘다 | 배유정 지음 | 반달(킨더랜드) | 2016』
- 『글자 없는 그림책 1-2 | 이은홍 글, 신혜원 그림 | 사계절 | 2017』
- 『구름 공항 | 데이비드 위즈너 지음 | 시공주니어 | 2017』
- 『악어 씨의 직업 | 마리아키아라 디 조르조 그림, 조반나 조볼리 기획 | 한솔수북 | 2017』
- 『우르르쾅쾅 | 이혜진 외 글, 이즌 그림 | 하늘샘교육 | 2018』
- 『시간 상자 | 데이비드 위즈너 지음 | 시공주니어 | 2018』
- 『기계세상 | 자이메 페라스 지음 | 그림책공작소 | 2019』
- 『동생 없는 날 | 여름꽃 지음 | 킨더랜드 | 2020』
- 『블루버드 | 밥 스택 지음, 이정아 옮김 | 우리동네책공장 | 2021』
- 『세상에서 가장 시끄러운 그림책 | 벤야민 고트발트 지음, 윤혜정 옮김 | 초록귤(우리학교) | 2023』
- 『이동 | 이사 와타나베 지음, 황연재 옮김 | 책빛 | 2024』
- 『킨츠기 | 이사 와타나베 지음, 황연재 옮김 | 책빛 | 2024』

(2) 가정법(자유 연상) 그림책 활용

'가정법'은 현실과 다른 상황을 가정하거나 상상할 때 사용하는 문법 구조로, 보통 '만약 ~한다면', '~ 하기만 하면', '~인지 아닌지' 등과 같은 형태로 사용된다. 따라서 이 활동은 제목에 '만약'과 같은 가정법이 쓰였거나, 두 가지 이상의 상황에서 한 가지를 선택해야 하는 내용이 담겨 있는 그림책을 선정해 활용하면 된다. 세부 예시는 다음과 같다.

① 『만약······ | 사라 페리 지음, 이경우 옮김 | 아가월드(사랑이) | 2000』

〈그림 6-2〉 그림책 '만약······' 표지

이 그림책은 절판 상태이다. 따라서 공공도서관에서 빌리지 못하면 활용조차 불가능할 텐데, 그럼에도 소개를 하고 싶었던 이유는 유아들에게 자유 연상을 실컷 할 수 있는 장면들을 제시하기 때문이다. 세부 내용은 '만약 고양이가 하늘을 난다면?', '만약 지렁이에게 바퀴가 달려 있다면?', '만약 발가락이 이라면?', '만약 치약이 애벌레라면?', '만약 물고기가 나무에서 열린다면?', '만약 소리를 만질 수 있다면?', '만약 달이 네모 모양이라면?', '만약 사람에게 꼬리가 있다면?'과 같은 질문과 함께 자유 연상을 도와줄 그림이 담겨 있다.

② 『이럴 때 너라면? | 고미 타로 지음, 김소연 옮김 | 천개의바람 | 2014』

첫 번째 선택. 산에 올라갈 거야. 올라가는 방법은 여러 가지가 있지. 힘들 것 같은 방법, 편할 것 같은 방법, 빠를 것 같은 방법, 느릴 것 같은 방법. 이럴 때 너라면 어떤 방법을 선택할 거니?

두 번째 선택. 갓 구운 빵이 나왔어. 빵집 아저씨는 말했지. "정말 맛있단다!" 하지만 어쩐지 빵 색깔이 이상해. 너는 빵을 먹어볼 거니? 아니면 먹지 않을 거니?

〈그림 6-3〉 그림책 '이럴 때 너라면?' 표지

세 번째 선택. 무언가가 있어. 좀 무서울 것 같아. 아니, 어쩌면 무섭지 않을 수도 있어. 한번 가 볼까? 아니면 다른 길로 갈까? 이럴 때 너라면 어떻게 할래?

이상과 같이 다양한 상황에 놓였다는 가정 하에 적정 선택을 해보게 하는 내용들로 구성되어 있는 그림책이다. 따라서 유아들에게 한 가지를 선택하고, 그 이유를 생각해 보라고 제안할 수 있는 그림책이다.

(3) 명화 활용

'명화'는 아주 잘 그려서 이름이 난 그림으로, '레오나르도 다 빈치', '미켈란젤로 부오나로티', '라파엘로 산치노', '렘브란트 하르멘스존 반 레인', '프란시스코 호세 데 고야', '외젠 들라크루아', '장 프랑수아 밀레', '에두아르 마네', '에드가르 드가', '폴 세잔', '클로드 모네', '오귀스트 로댕', '피에르 오귀스트 르누아르', '앙리 루소', '폴 고갱', '빈센트 반 고흐', '구스타프 클림트', '에드바르 뭉크', '바실리 칸딘스키', '앙리 마티스', '피에트 몬드리안', '파블로 피카소', '아메데오 모딜리아니', '마르크 샤갈', '마르셀 뒤샹', '르네 마그리트', '살바도르 달리', '프리다 칼로', '잭슨 폴록', '앤디 워홀' 등 전 세계적으로 유명한 화가들의 작품이 많다. 이 활동은 그런 명화들 가운데 비교적 쉽게 어떤 아이디어를 조직할 수 있는 작품을 골라 나만의 이야기를 만들어 보는 것이다. 따라서 특정한 상황에 놓인 한 사람이나 한 마리의 동물, 두 사람 이상이 등장해 어떤 분위기를 만들고 있는 명화를 선정해,

말풍선 포스트잇을 붙여 마치 실제 그런 대화를 나누고 있는 듯 이야기를 구성하면 된다.

다음은 이 활동의 예시로 '레오나르도 다 빈치'의 작품 '모나리자'가 자신을 감상하러 온 사람들을 보며 어떤 말을 하고 있을 것 같은지 상상해, 그 내용을 포스트잇에 적어서 명화에 붙여 보게 해보자.

〈그림 6-4〉 모나리자의 생각

명화 활용 두 번째 방법은 유아들을 위한 적정 그림책을 선정하는 것으로, 다음과 같은 책들이 있다.

- 『오감이 자라는 꼬마 미술관 1-4 | 이주헌 지음 | 파랑새 / 2014』

이 시리즈는 1권 '신들의 나라에는 이야기가 넘쳐요', 2권 '영웅들은 모험을 좋아해요', 3권 '다섯 가지 감각으로 세상을 느껴요', 4권 '아이가 태어나 성장해요'로 구성되어 있다. 따라서 유아들에게는 4권부터 1권의 순서대로 활용해 볼 것을 권한다.

⟨그림 6-5⟩ 그림책 '오감이 자라는 꼬마 미술관 1-4' 표지

- 『꼬마 미술관 | 알랭 르 쏘·그레고와르 솔로타레프 엮음, 이경혜 옮김 | 주니어파랑새(파랑새어린이) | 2002』

이 그림책은 명화에 담겨 있는 요소를 통해 유아들이 한글과 영어 단어를 익힐 수 있도록 화가 86명의 그림에 'ㄱ'에서 'ㅎ'까지 총 149개의 낱말이 담겨 있다. 따라서 아직 한글을 완벽히 익히지 못한 유아들에게는 단어 공부와 함께, 전체 그림에 대한 유추와 상황에 맞는 이야기를 상상해보게 함으로써 창의력을 길러줄 수 있을 것이다. 다음은 이 그림책의 표지이다.

⟨그림 6-6⟩ 그림책 '꼬마 미술관' 표지

(4) 사진 활용

이 활동은 앞서 제시한 명화(그림)를 사진으로만 바꾼 것으로, 이미 스마트폰을 사용하며 사진을 자유롭게 찍는 유아들이 많다면 앨범에 저장된 것을 활용하거나, 인터넷에서 구할 수 있는 무료 이미지를 활용하는 것도 가능하겠다. 'Pixarbay'는 무료 이미지를 제공하는 대표적인 인터넷 사이트로, 다음의 사진은 그곳에서 다운로드 받은 것이다. 따라서 다음의 사진처럼 일부분만 보여준 뒤 이것이 무엇인지 맞혀보게 한 다음, 추가로 그 외 부분을 확장해 그림으로 완성하는 활동도 가능하겠다.

〈그림 6-7〉 말의 일부분

혹은 사진을 퍼즐 형태로 잘라 놓은 뒤, 제자리를 찾아 다시 완성해 보게 하는 활동도 가능하겠다.

〈그림 6-8〉 퍼즐 맞히기

(5) 무늬 활용

동물들이 등장하는 그림책 중에는 무늬가 없어서 갖고 싶다는 내용, 혹은 자신의 무늬가 마음에 들지 않아서 바뀌었으면 좋겠다는 내용이 있다. 이 활동은 바로 그 '무늬'에 집중해, 각각의 동물들의 몸에 있는 것은 물론이고 나아가 내 몸, 그리고 주변의 식물이나 사물의 무늬를 찾아보는 것이다. 만약 이 활동이 잘 이루어진다면 창의력 향상에 필요한 민감성을 확장시켜 줄 텐데, 수업에 활용할 수 있는 그림책을 소개하면 다음과 같다.

- 『나도 무늬를 갖고 싶어 | 조남주 지음 | 웅진주니어 | 1997』
- 『표범의 얼룩무늬는 어떻게 생겨났을까? | 조지프 러디어드 키플링 글, 송수정 그림, 재미마주 편집부 엮음, 재미마주 편집부 옮김 | 재미마주 / 1997』
- 『무늬가 살아나요 | 유문조 글, 안윤모 그림 | 길벗어린이 | 2002』
- 『줄무늬가 생겼어요 | 데이비드 섀넌 지음, 조세현 옮김 | 비룡소 | 2006』
- 『빨간 줄무늬 바지 | 채인선 글, 이진아 그림 | 보림 | 2007』
- 『내 얼룩무늬 못 봤니? | 선안나 글, 이형진 그림 | 미세기 | 2013』
- 『색과 무늬의 비밀 | 양승숙 글, 선수아 그림 | 사물의비밀 | 2014』

(6) 미술 활용

① 연상화 그리기

이 활동은 교사가 제시한 형태에 유아가 상상력을 더해 원하는 것으로 완성하는 그림 그리기로, 다음은 그 예시와 결과물들이다.

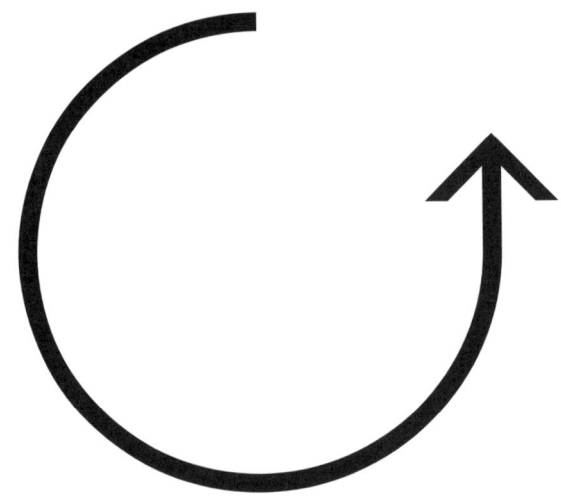

〈그림 6-9〉 연상화 그리기 제시 그림

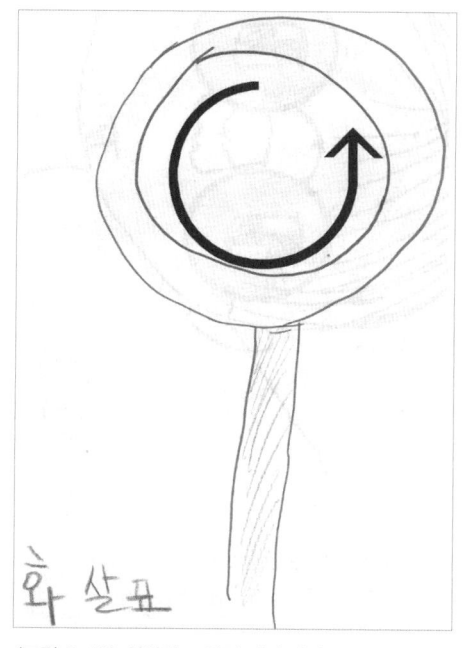
〈그림 6-10〉 연상화 그리기 결과 예시 1 – 화살표

〈그림 6-11〉 연상화 그리기 결과 예시 2 – 영화 촬영 중 돌아가시오

〈그림 6-12〉 연상화 그리기 결과 예시 3 – 강아지

〈그림 6-13〉 연상화 그리기 결과 예시 4
– 공사 중 돌아가시오

〈그림 6-14〉 연상화 그리기 결과 예시 5 – 바람

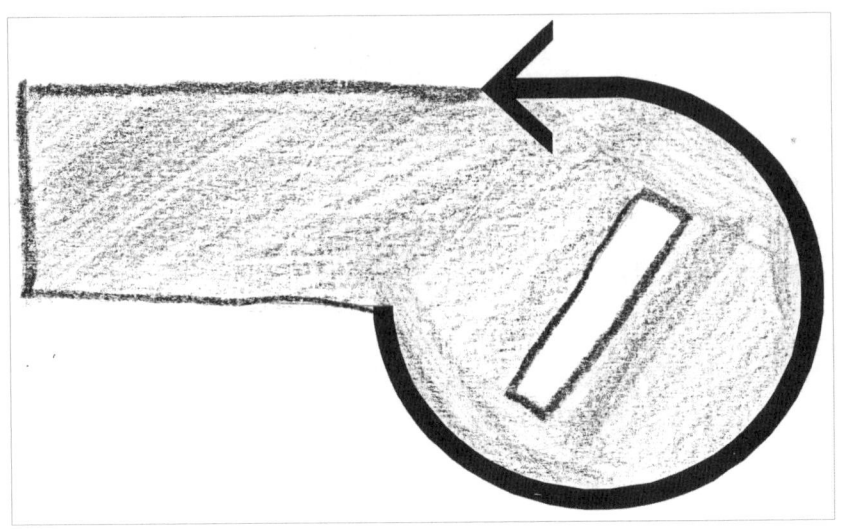

〈그림 6-15〉 연상화 그리기 결과 예시 6 – 호루라기

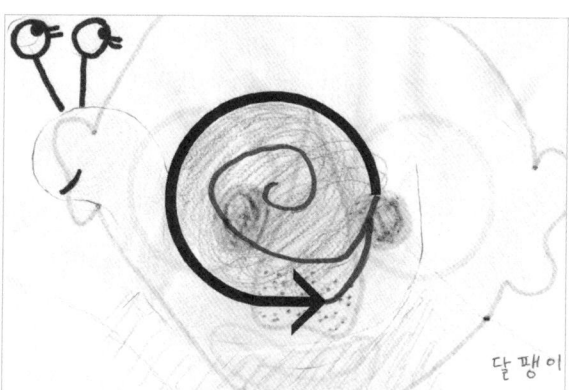

〈그림 6-16〉 연상화 그리기 결과 예시 7 – 달팽이

〈그림 6-17〉 연상화 그리기 결과 예시 8 – 여자

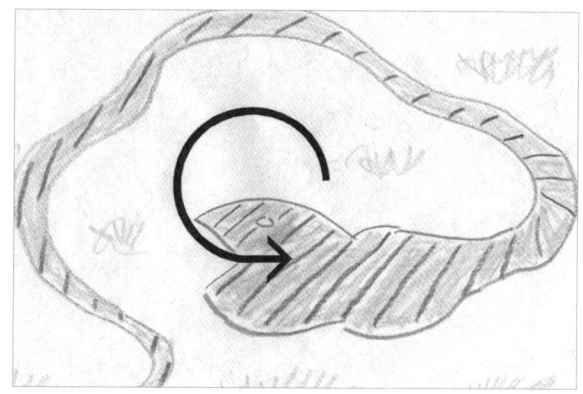

〈그림 6-18〉 연상화 그리기 결과 예시 9 – 쥐를 잡아먹는 뱀

'연상화 그리기' 역시 그림책을 먼저 읽고 진행을 하면 유아들의 흥미도를 높일 수 있을 뿐만 아니라, 활동에 대한 이해도 또한 커질 것이다. 다음은 먼저 읽으면 좋을 그림책들이다.

> 『느끼는 대로 | 피터 H. 레이놀즈 지음, 엄혜숙 옮김 | 문학동네 | 2004』
> 『문제가 생겼어요! | 이보나 흐미엘레프스카 지음, 이지원 옮김 | 논장 | 2010』

② 난화 상호 이야기 만들기

이 활동은 '난화법'과 '이야기법'을 합친 것으로, 두 사람 이상이 서로 번갈아 가며 정해지지 않은 그림을 그린 뒤, 완성된 장면을 보고 이야기를 만드는 것이다. 만약 두 사람이 난화를 그린다면 8절지, 세 사람 이상이라면 4절지를 사용하는 것이 좋으며, 그림 도구는 색연필이나 사인펜이다. 활동 과정은 다음과 같다.

- 유아들을 두 명에서 네 명 단위로 나눈 후, 각 모둠 앞에 종이와 색연필, 사인펜을 준다.
- 유아들에게 자신이 원하는 색깔을 색연필이나 사인펜 중에서 하나만 고르게 한다. 이때 서로 겹치는 색이 없도록 골라야 한다는 점, 한 번 고른 것을 바꿀 수 없다는 점을 명확하게 알려준다.
- 어떤 순서로 그릴 것인지 차례를 정하도록 한다. 쉽게 결정하기가 어려우면 가위바위보를 해서 정하도록 한다.
- 순서가 정해졌으면 돌아가며 그림을 그리는데, 이때부터는 서로 대화를 하지 못하게 한다. 이어서 그림은 한 번씩만 그리는데, 이때 한 번은 손을 떼는 순간이라는 점도 알려준다.
- 충분히 그렸다고 생각한 사람은 이제 그만 그리겠다는 말을 하고, 더 그리고 싶은 사람은 계속 그리게 한다.
- 정해진 시간이 다 되었거나, 모둠의 구성원들이 모두 그리기를 끝냈으면, 서로 어떤 그림을 그리고 싶었는지, 결과를 보니 어떤 것들이 생각하는지 등 자유롭게 이야기를 나누게 한다.
- 그림의 제목을 정하고 이야기도 자유롭게 구성해 보게 한다.
- 모둠별로 그린 그림과 만든 이야기를 발표해보게 한다.

이 활동은 아예 비어 있는 종이에서부터 그림을 그리는 방법, 혹은 '연상화 그리기'와 마찬가지로 특정 형태(모양, 어떤 요소)를 제시한 뒤 그것으로부터 그림을 그려 나가게 하는 방법 등이 있다. 다음은 관련 그림책에 대한 소개이다.

> 『마술 연필을 가진 꼬마곰 | 앤서니 브라운 지음 | 현북스 | 2018』
>
> 『마술 연필을 가진 꼬마곰의 모험 | 앤서니 브라운 지음, 오미숙 옮김 | 현북스 | 2018』

③ 책 만들기(북 아트) 활용

'책 만들기'는 자신이 직접 원하는 책을 만들어 보는 활동으로, 종이를 접고 오리거나 붙여 책의 형태를 만든 다음 그 안에 그림을 그린 뒤 이야기를 추가하는 방식이다. 따라서 어떤 종류의 종이를 선택해 어떤 방식과 형태로 만드느냐에 따라 다양한 결과물이 나올 수 있는데, 아이디어 기획부터 완성까지 스스로 해내야 하는 통합 활동이다. 이에 유아 스스로 여러 역할을 체험하고 책임감과 성취감, 자기효능감까지 높일 수 있다는 점에서 유익할 활동이다.

다음의 책들은 북 아트 기법으로 제작 및 출판된 책이므로, 활동 이전에 유아들에게 보여주면 자신도 만들어 보고 싶다는 동기를 높여줄 것이다. 소개하는 책들 외에도 많은 작품이 있으니 주제 등에 따라 적절히 선택해 활용하면 되겠다.

> 『깜짝깜짝 팝업북 시리즈 | 어스본코리아』
>
> 『마법에 걸린 병 | 고경숙 지음 | 재미마주 | 2005』
>
> 『입이 큰 개구리 | 키스 포크너 글, 조녀선 램버트 그림, 정채민 옮김 | 미세기 | 2020』

이어서 다음에 소개하는 책 만들기 활동에 도움이 될 책에 대한 안내이다. 도안부터 만드는 방법까지 담겨 있으므로, 유아들에게 알맞을 것을 선택해 사용하면 되겠다.

『책만들며 크는 학교 1-23 | 폴 존슨 외 지음, 김현숙 외 옮김 | 아이북 | 2001-2017』

『(아이들과 함께하는) 팝업북 만들기 | 박정아 지음 | 예경 | 2009』

그밖에도 특정한 형태의 책을 만들 수 있는 키트(kit)도 판매 중인 것이 많으니, 여건에 따라 골라 활용하는 것도 한 방법이다.

마지막으로 다음에 소개하는 수업 계획안은 필자가 초등 저학년들과 직접 운영했던 것으로, 가장 기본이 되는 접기부터 '두루마리 북', '계단 북', '하우스 북', '스타 북'에서부터 '코덱스 북'에 이르기까지 여러 책 만들기 방식이 포함되어 있다. 또한 유아 자신부터 친구, 가족과 환경에 이르기까지 다양한 주제 및 내용을 다루고 있다. 그러므로 교사들이 먼저 선정 자료를 찾아 읽어보는 등 세부 내용을 살펴본 뒤, 유아들에게 적절히 적용해 보면 되겠다. 더불어 가위, 풀, 색연필 및 사인펜은 기본 재료여서 계획서에는 적어 놓지 않은 점도 알려드린다.

초등 저학년을 위한 북 아트
- 책이랑 놀자 -

차시	주제	선정 자료	내용	재료
1	북 아트의 개념 및 사례 소개	-	다양한 기본 접기	A4 용지
2	두루마리 북	동시 : 가끔	두루마리 책 만들기 - 동시 시화	수수깡, 본드, 색도화지
3	팝업 북	친구가 된 악어와 두꺼비	얼굴 팝업 책 만들기 - 친구 소개하기	4절 도화지
4	계단 북	열두 띠 이야기	계단 책 만들기 - 우리 가족 띠 이야기	4절 도화지
5	V 폴드 팝업 카드	우리 엄마 우리 아빠	하트 카드 만들기 - 부모님 감사 카드	4절 도화지
6	하우스 북	만희네 집	하우스 북 만들기 - 우리 집 이야기	4절 도화지
7	휠 북	그림 그리는 고릴라	휠 북 만들기 - 나의 장래희망	똑딱 단추, 4절 도화지
8	샤프 북	나무는 좋다	나무 책 만들기 - 환경의 소중함	4절 도화지
9	스타 북	별자리를 만들어 줄게	스타 북 만들기 - 나만의 별자리	표지 종이, 별 스티커
10	V 폴드 팝업 북	마법에 걸린 병	V 폴드 책 만들기 - 병 속에 숨은 동물	8절 도화지
11	코덱스 북	손가락 아저씨	코덱스 북 만들기 - 손도장으로 그리는 이야기	실, 바늘, 4절 도화지
12	폴드 매직 북	재활용 아저씨 고마워요	폴드 매직 북 만들기 - 분리수거 배우기	4절 도화지

다음은 학생들과 함께 만든 여러 책 만들기(북 아트) 작품의 예시이다.

〈그림 6-19〉 V 폴드 북 예시 – 마법에 걸린 병 1

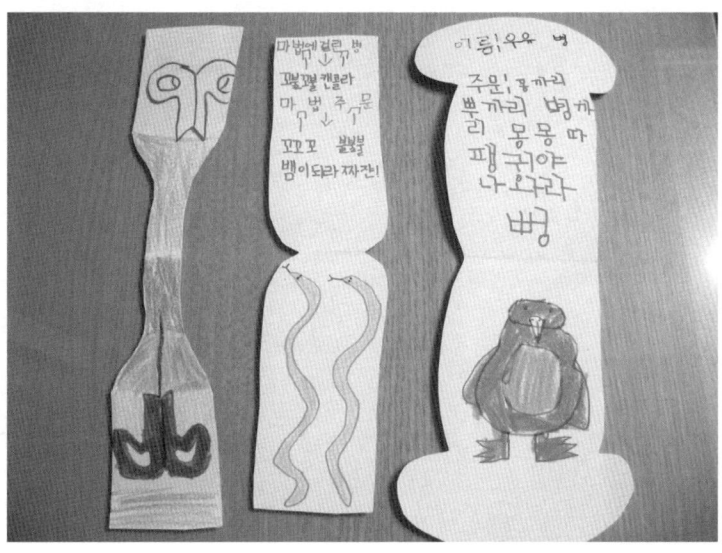

〈그림 6-20〉 V 폴드 북 예시 – 마법에 걸린 병 2

〈그림 6-21〉 하우스 북 예시 - 석이네 집 1

〈그림 6-22〉 하우스 북 예시 - 석이네 집 2

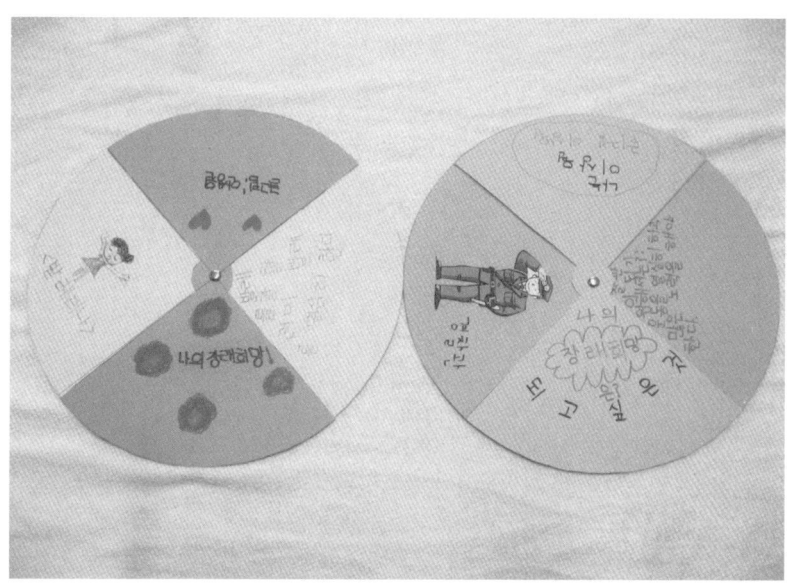

〈그림 6-23〉 휠 북 예시 – 장래희망

〈그림 6-24〉 스타 북 예시 만들기

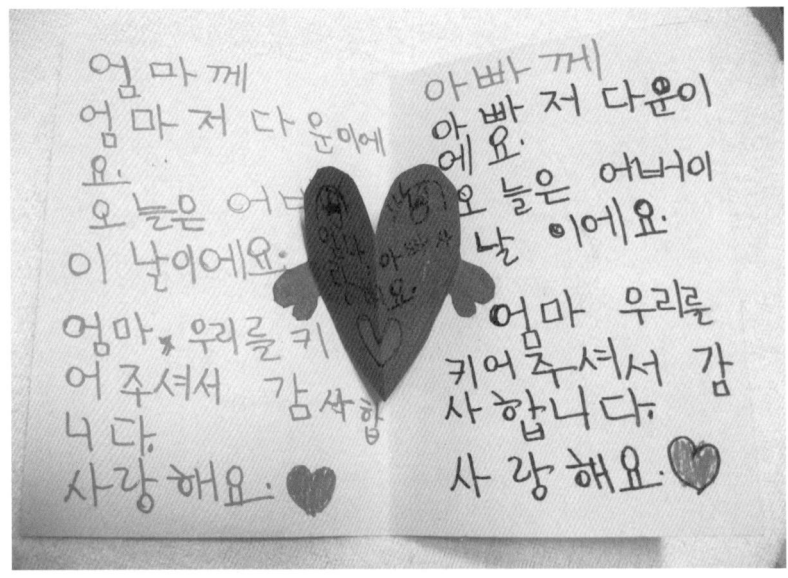

〈그림 6-25〉 팝업 카드 예시 – 감사 카드

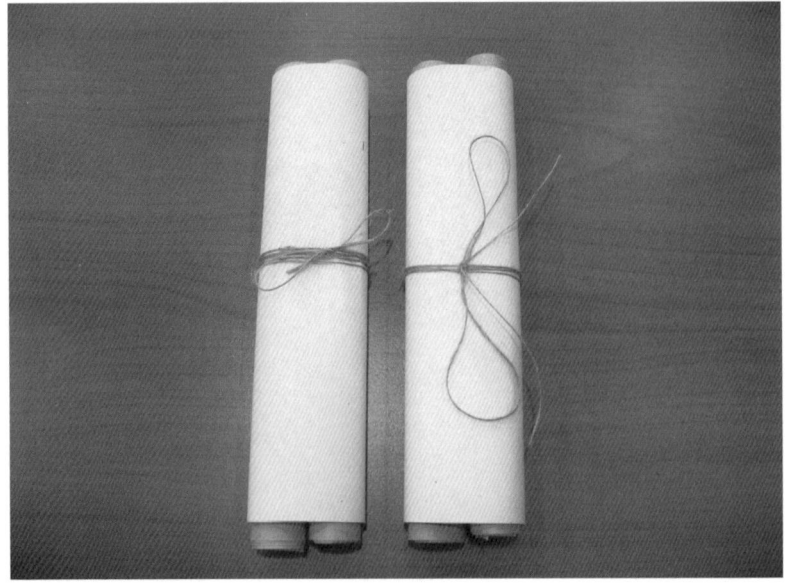

〈그림 6-26〉 두루마리 책 예시

(7) 신문 활용

'신문'은 세상에서 일어나는 새로운 사건이나 사실을 알리고 해설하는 정기 간행물로 커뮤니케이션의 한 형태이다. 신문은 사회에서 일어나는 사건들에 대한 정보를 제공해 주는 보도기능, 독자를 설득하고 계도해서 어떠한 태도나 행동을 취하도록 하는 지도기능, 즐거움을 주는 오락기능, 상품 및 시장에 대한 정보를 제공해 주는 광고기능을 갖고 있기 때문에, 많은 사람들이 필요한 정보를 얻기 위해 읽어 왔으며, 학생들을 위한 교육 도구로도 활용이 되었다. 특히 신문에는 글자 이외 다양한 숫자, 가지각색의 그래프, 사진 및 그림 자료들이 포함되어 있기 때문에, 적정 방안을 모색한다면 유아들을 위한 교육 도구로도 충분히 활용할 수 있다.

다음에 소개하는 내용들은 신문 자체의 물성에서부터 여러 요소를 활용한 창의력 기르기 방안들이다. 어린이 신문과 일반 신문, 인터넷 신문을 두루 활용해 즐겁고 유익한 신문 활용 교육을 시도해 보자.

① 신문으로는 무엇을 할 수 있을까?

이 활동은 아직 기사를 제대로 읽기에 어려움이 많을 유아들이, 가정 혹은 유치원 등에서 신문이 어떻게 활용되고 있는지 떠올려 볼 수 있도록 유도하는 활동이다. 교사는 "신문으로는 무엇을 할 수 있을까요?"라고 물은 뒤 유아들의 답변을 기다리면 되는데, 다음은 예상 답안이다.

- 손톱이나 발톱을 깎을 때 바닥에 깔아요.
- 삼겹살을 구워 먹을 때 바닥에 깔아요.
- 프라이팬에 생선을 구울 때 위에 덮어요.
- 종이배, 종이비행기, 딱지를 접을 때 써요.
- 채소나 과일을 신문으로 싸 놓으면 신선해요.
- 신문으로 창문을 닦으면 깨끗해져요.
- 신발장에 넣어두면 습기를 제거한대요.
- 우리 엄마는 신문을 둘둘 말아서 부츠에 넣어놨어요.

만약 유아들에게 이와 같은 답변이 나오면, 추가로 직접 해본 경험이나 효과를 느낀 경험에 대해 물어볼 수 있을 것이다. 또한 엄마가 신문을 둘둘 말아서 부츠에 넣은 이유에 대해서도 후속 질문이 가능하겠다. 이 과정은 유아들에게 우리 생활 속 신문의 활용도가 다양하다는 점을 일깨워 줄 것이다.

② 신문아 놀자 1 – 종이 신문으로 다양한 놀이를!

이 활동은 신문이 '종이'로 만들어진 것이라는 물성 자체를 이해하고, 그것으로도 다양한 놀이를 할 수 있다는 면을 알 수 있도록 돕는 것이 목적이다. 따라서 다음과 같은 순서대로 활동을 시도해 보면 좋겠다.

- **신문지의 감촉 느끼기**: 신문을 손바닥으로 만져보고 느낌을 자유롭게 표현하도록 한다.
- **신문지 넘기기**: 신문을 넘길 때 나는 소리나 느낌을 자유롭게 표현하도록 한다.
- **신문지 구기기**: 신문을 구겨보고, 구겨진 신문을 만질 때의 느낌을 표현하도록 한다.
- **신문지 찢기**: 신문을 찢어보게 한다. 이때 신문에도 결이 있다는 것을 알려준다.
- **신문지 공 만들기**: 찢은 종이를 모아 테이프를 감으며 공처럼 만들어 논다.
- **신문지 막대기 만들기**: 신문지를 세로로 돌돌 말아 막대기를 만든다.

③ 신문아 놀자 2 – 접자 접어!

이 활동은 신문지를 접거나 찢어서 놀이 도구로 활용하는 것으로 세부 종류는 다음과 같다.

- 딱지 접기
- 상자 접기
- 모자 접기
- 배 접기
- 옷 만들기

〈그림 6-27〉 신문으로 접은 종이 배

④ 신문아 놀자 3 - 역할 놀이

이 활동은 '모자 접기'와 연결할 수 있는 것으로, 우선 어떤 역할을 배정할 것인가에 대한 결정이 필요하다. 이어서 역할 만큼의 모자 접기가 필요하고, 이후 각 모자마다 포스트잇 등을 활용해 역할을 적어 붙인 뒤 극을 진행하면 된다. 역할은 '가족 구성원' 중에서 할아버지와 할머니, 엄마와 아빠, 형제 등으로 구성할 수 있고, 혹은 '유치원'이나 '시장' 등의 공간에 있는 사람들을 떠올려 유아들 스스로 정해보게 할 수도 있다.

〈그림 6-28〉 신문 모자 역할 놀이

더불어 이 활동은 '용기'나 '배려', '성실' 등의 인성 덕목과 연결 지어, 나에게 특히 필요한 것을 단어를 적어 모자에 붙인 뒤 역할극화 할 수도 있다. 다음은 관련 그림책이다.

『용기 모자 | 리사 데이크스트라 글, 마크 얀센 그림, 천미나 옮김 | 책과콩나무 | 2014』

⑤ 신문아 놀자 4 – 기자 체험

'기자'는 신문, 잡지, 방송 등의 기사를 취재하여 쓰거나 편집하는 사람이다. 따라서 신문에 실릴 사건 및 사고를 취재하여 실을 기사로 집필하고 편집하는 사람은 '신문 기자'라고 하는데, 이 활동은 유아들이 직접 기자가 되어 보게 하는 것이다. 다음은 활동을 위한 준비물과 세부 과정이다.

- 준비물: 마이크, 카메라(스마트폰으로 대체 가능), 연필, 공책
- 순서: ① 2인 1조로 취재 기자 및 사진 기자 역할 배정
  ② 유치원 혹은 유아들과 관련된 기사 취재
  ③ 조별로 취재한 기사를 다른 유아들 앞에서 발표(이때 사진은 프로젝션 TV나 스크린을 통해서 보여줌)

〈그림 6-29〉 기사를 취재 중인 기자들

(8) 놀이 활용

① 다른 용도로 사용하기

광고 제작 책임자였던 '알렉스 오스본(Alex F. Osborn)'은 상상력을 자극하여 기발한 아이디어를 창출하도록 'SCAMPER'라는 기법을 만들어 제안했다. 'SCAMPER'는 'Substitute', 'Combine', 'Adapt', 'Modify', 'Magnify', 'Put to another use', 'Eliminate', 'Rearrange'에서 첫 글자를 딴 것으로, 이 가운데 'Put to another use'는 필요에 따라 우산을 양산으로, 젓가락을 비녀로 사용하는 것처럼 '다른 용도로 사용하기'라는 의미를 갖고 있다. 따라서 이 활동은 우리가 이미 특정 용도로 사용하던 물건을 준비해서, 유아들에게 다른 용도로 사용할 수 있는 방안을 찾아보라고 제시하는 것이다. 다음은 30cm 자를 활용해 활동을 진행한 예시이다.

- 교사는 30cm 자를 높이 들어 유아들에게 어떤 물건인지, 어디에 사용하는 것인지에 대해 묻는다.
- 유아들의 답변이 끝나면 길이를 재는 용도인 '30cm 자'라는 점을 확실히 알려준다.
- 이어서 그런데 이번에는 이 자를 다른 용도로 사용해 보겠다며, 동작을 보고 무엇인지 맞혀보라고 한다.
- 교사는 30cm 자를 바이올린 활, 야구 방망이나 골프 채, 지팡이처럼 사용하는 동작을 보여준다.
- 교사의 시범이 끝나면 유아들에게도 30cm 자를 다른 용도로 사용하는 동작으로 문제를 낼 수 있는 기회를 준다.

이어서 다음에 소개하는 동시는 교사가 시범을 보이기 전에 함께 읽어보면 도움이 될 작품이다.

30센티미터 자를 산 까닭

– 신형건 –

가려운 등을 긁을 수 있지
손톱에 끼인 때도 파낼 수 있지
발뒤꿈치만 조금 들면
천장에 친 거미줄도 걷어내지
귀찮은 파리를 쫓을 수 있지
피리 부는 흉내도 낼 수 있지
노래하면 손장난을 맞출 수 있지
얏! 얏! 신나는 칼싸움도 할 수 있지
바람에 날리지 않게 시험지를
꾹 눌러 둘 수 있지
장롱 밑에 들어간 것도 꺼낼 수 있지
그래, 힘들었으니 좀 쉬라고
그냥 놔둘 수도 있지
야아, 이 좋은 생각이 이제야 떠오르다니!
얄밉게 구는 네 등짝을 힘껏
후려칠 수도 있잖아!
그리고 또 뭐가 있더라.
분명히 있을 텐데. 뭐지?
뭐지. 뭘까?

『거인들이 사는 나라 | 신형건 지음, 강나래·안예리 그림 | 끝없는이야기 | 2020』

'다른 용도로 사용하기' 활동을 하기 위해서는 여러 용도로 쉽게 사용할 수 있는 도구 준비가 필요한데, 고무줄이나 보자기, 우산 등을 추천한다. 이 가운데 만약 '보자기'를 선택한다면 미리 다음의 그림책을 읽으면 유아들이 다른 용도 사용에 대한 아이디어를 얻을 수 있을 것이다.

『빨간 끈 | 마곳 블레어 글, 크레그 콜손 그림, 이경우 옮김 | 케이유니버스 | 2000』
『리본 | 아드리앵 파를랑주 지음, 박선주 옮김 | 보림 / 2017』
『보자기 한 장 | 정하섭 글, 정인성·천복주 그림 | 우주나무 | 2023』

② 숨은 그림 찾기

'숨은 그림 찾기'는 복잡하게 그려 놓은 그림 속에서 숨겨진 물건을 찾도록 만든 놀이로, 유아부터 성인 및 노인에 이르기까지 전 세계인들이 즐긴다. 특히 이 활동은 유아들의 '공간 지각력'을 높여줄 수 있을 것이므로, 역시 쉬운 단계부터 점차 어려운 구성으로 나아가며 제시하는 것이 좋겠다. 더불어 유아들이 흥미를 갖고 살펴볼 그림책도 있으니 안내 및 함께 활용해 보는 것 또한 좋겠다.

『똑똑한 그림책 | 오니시 사토루 지음 | 뜨인돌어린이 | 2010』
『너도 보이니? 1-10 | 달리 편집부 지음 | 달리 2011』
『(한권으로 보는) 월리를 찾아 | 마틴 핸드포드 지음, 노은정 옮김 | 북메카 | 2017』
『똑똑해지는 900개 숨은그림찾기 | 하이라이츠 편집부 | 아라미kids | 2020』

다음은 인터넷 사이트에서 쉽게 구할 수 있는 숨은 그림 찾기의 예[1]이다.

---

[1] 출처: https://cafe.daum.net/welldyingmuan/CWqh/28?q=%EC%88%A8%EC%9D%80%EA%B7%B8%EB%A6%BC%EC%B0%BE%EA%B8%B0&re=1

③ 다른 그림 찾기

'다른 그림 찾기'는 서로 다르면서도 비슷한 이미지 간의 차이점을 알아내는 퍼즐의 일종으로, 숨은 그림 찾기와 같은 맥락으로 적용할 수 있는 활동이다. 이 활동은 유아들의 '집중력'과 '기억력' 향상에 도움이 될 텐데, 다음은 관련 그림책에 대한 안내 및 예시이다.

『(생각하는 힘이 붙는) 다른 그림 찾기 | 엘리자베스 골딩 지음 | 한빛에듀 | 2018』
『다른 그림 찾기 | 윤영화 엮음 | 좋은친구출판사 | 2019』
『세계 명작동화를 읽는 다른 그림 찾기 | 노란우산 유아 콘텐츠 연구소 · 김혜경 지음, 오차 그림 | 노란우산 | 2024』

3부 유아 논리·논술 지도의 시작

| 창의로 키우는 유아 논리·논술 |

〈그림 6-30〉 다른 그림 찾기 예시 1

〈그림 6-31〉 다른 그림 찾기 예시 2

2 창의력 표현 훈련

1) 창의력 모양 만들기 1

이 활동은 관찰력, 응용력, 표현력 등의 능력을 향상시켜 줄 수 있는 것으로, 유아 자신이 선택한 모양으로 무엇인가를 만들어내야 하는 작업이다. 만약 이 활동을 단계별로 실시한다면, 처음에는 각 유아들에게 하나씩의 모양만 고르게 한다. 이어서 그 모양을 보면 무엇이 떠오르는지 이야기 해 보게 하고, 색연필과 사인펜으로 그것을 표현하게 한다. 이어서 다음 단계에서는 모양 두 개를, 또 그 다음 단계에서는 세 개의 모양을 골라, 자신이 고른 모양은 적어도 한 번 이상 사용해 무엇인가를 만들어 보게 한다. 다음은 유아들이 고를 수 있는 모양들 가운에 일부 예시이다.

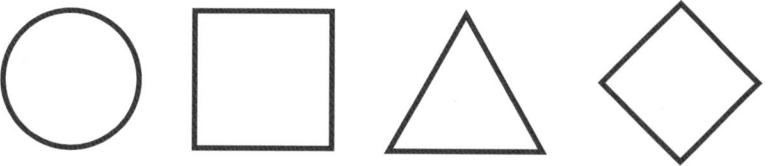

이어서 다음은 모양 세 개(세모, 동그라미, 네모)를 활용해 만든 것으로, 제목은 '반지'이다. 고른 모양은 방향을 돌리거나 크기를 늘리고 줄일 수 있다.

2) 창의력 모양 만들기 2

 이 활동은 9칸, 16칸, 25칸으로 이루어진 정사각형의 절반을 나누어, 어떤 모양으로 만드는 것이다. 여기서 절반은 전체를 가로 혹은 세로로 나누는 것도 한 방법이고, 각 칸을 반으로 나누는 것도 가능하다. 이 활동 또한 9칸에서부터 시작해 점차 단계를 높여 나갈 수 있는데, 단순한 것부터 시작해 점차 복잡하면서도 구조적인 것을 떠올려 표현할 수 있도록 여러 예시를 제공해 주면 되겠다.

 다음은 9칸에서 표현한 창의력 모양 만들기 결과의 예시이다.

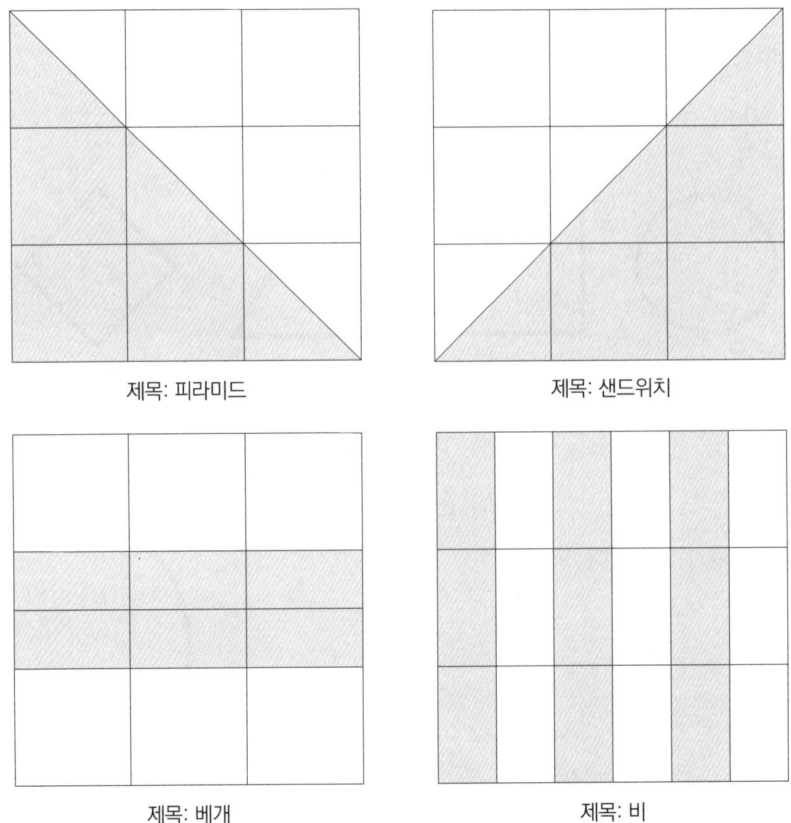

제목: 피라미드   제목: 샌드위치

제목: 베개   제목: 비

3) 마인드맵(생각 그물)

마인드맵(mind map)은 마치 지도를 그리듯이, 줄거리를 이해하며 정리하는 방법이자 '생각을 정리하는 기술'로, 1974년 영국의 기억력·공부법 전문가인 토니 부잔(Tony Buzan)이 개발했다. 마인드맵은 방사형 그림으로 나열한 계층 구조이며 전체의 조각들 간 관계를 표시하고 정리하는 과정이기 때문에, 사람들의 사고방식을 그대로 옮겨놓았다는 것이 가장 큰 장점이다. 왜냐하면 사람은 무엇인가를 기억하려고 할 때 분류를 하는데, 이때 큰 분류에서 작은 분류로 내려가는 방식을 많이 쓰게 된다. 따라서 이런 방법을 문서화시킬 수 있는 가장 직관적인 도구가 마인드맵인 것이다. 물론 유아기는 인지 발달이 완성된 시점이 아니기 때문에 활동에 한계가 있겠으나, 계속 훈련을 하면 사고력 향상과 정리 및 아이디어 창출에도 도움을 줄 수 있을 것이다. 따라서 우선 한 가지 주제에 대해 1차적으로 떠오르는 것들부터 정리를 해보다가 점차 가지를 뻗어나갈 수 있게 수업을 구성해 보면 좋겠다. 다음은 마인드맵 수업의 과정과 활동 예시이다.

> **예시**
>
> **교사**: 여러분 오늘은 마인드맵이라는 활동을 해볼 거예요. 마인드맵은 '생각 그물'이라고도 하는데, 왜 그런 이름이 붙었을까요?
>
> **유아**: 생각이 그물처럼 이어지나 봐요.
>
> **교사**: 맞아요, 우리 뇌도 수많은 신경으로 연결되어 있는 거 알고 있나요? 따라서 생각도 계속 그물처럼 이어질 수 있어서 '생각 그물'이라고 해요. 그렇다면 선생님이 말하는 단어를 듣고 무엇이 떠오르는지 발표해보세요. "생일"
>
> **유아**: 파티, 선물, 케이크, 풍선, 초대, 노래
>
> **교사**: 정말 많은 것이 떠오르지요? 그럼 떠오른 것을 그림으로 표현해 볼 거예요. 이 그림을 한 번 볼까요?

〈그림 6-32〉 마인드맵 예시

유아들과 마인드맵 활동 시에는 '주제'에 따른 떠오른 단어들이 어떻게 연결되는지 직관적으로 확인할 수 있도록, 여러 모양과 색깔의 포스트잇을 사용하는 것도 좋다. 즉, 만약 첫 번째 가지로 연결된 단어가 네 개라면 서로 다른 모양과 색깔의 포스트잇에 적게 하고, 그 뒤로는 계속 같은 모양으로만 이어가게 하는 것이다.

4) 만다라트

'만다라트'는 목표 달성을 위해 생각을 조직화하고 아이디어를 확장하는 창의적 도구이다. 일본의 사업가 '마츠시타 고노스케'가 고안했으며, 야구선수 '오타니 쇼헤이'에 의해 널리 알려졌다. 3×3의 격자 형태로 구성되어, 중앙에는 주제나 목표를 쓰고 그 외 8개의 칸에는 관련 아이디어나 하위 목표를 채우는 형식이기 때문에, 복잡한 문제를 해결하거나 창의적 아이디어를 도출할 때 유용하다.

이 활동은 유아들에게 적용하기가 다소 어려울 수 있지만, 다양한 각도에서 사고하도록 유도하여 창의적으로 해결책을 모색할 수 있도록 돕기 때문에 가능한 정도에서만 활용해 보는 것도 좋겠다. 다음은 만다라트 활동 방법과 활동지 양식에 대한 안내이다.

- **중심 주제 설정**: 중앙 칸에 중심 주제를 쓴다.
- **관련 아이디어 적기**: 중심 주제를 세분하거나 지원하는 8가지 내용을 적는다.
- **확장적 사고 적용**: 각각의 아이디어를 더 확장하면서 구체적인 실행 방안을 모색한다.

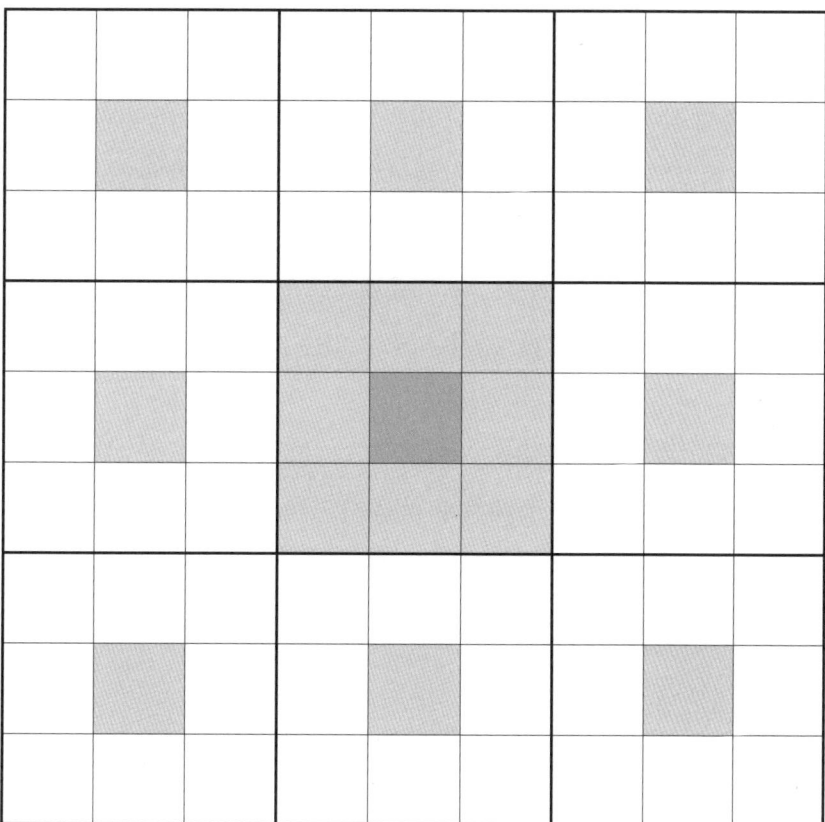

〈그림 6-33〉 만다라트 양식

7장 창의적 표현 놀이

놀이는 인간의 발달에 많은 도움을 준다. 특히 유아기 및 아동기와 같이 발달과 성장, 성숙을 동시에 하는 시기에는 다양한 놀이를 통해 아직 경험하지 못한 세계를 알아가며 재미를 느끼고, 자유롭게 표현하며, 사회에 적응해 살아가기 위해 필요한 많은 것들을 배운다. 아동 발달에 있어 놀이의 근본적인 중요성을 지적한 학자는 프뢰벨[2]로, 그는 "놀이가 어린이들에게 있어서 최고의 표현이며, 동시에 인간의 모든 발달 단계에 있어서 하나의 유형이자, 하나의 반영이다."라고 하였다. 이후 많은 학자들에 의해 놀이의 중요성이 언급되었는데, 그 가운데 리드(Herbert Read)는 "놀이란 어린이가 세계를 발견하는 유일한 방법이며, 정신적 평정을 가져다 줄 수 있는 가장 중요한 행위"라고 말했다.

사람들은 놀이라는 행위를 통해 즐거움을 느낄 수 있다. 또한 놀이를 할 때에는 완전한 자유로움을 느끼기 때문에 예술적 표현 또한 가능해진다. 따라서 유아들도 놀이를 즐기는 자유 속에서 최고의 표현을 통해, 자신을 성장시켜 나갈 수 있을 것이다. 이에 7장에서는 '미술', '음악', '연극' 놀이를 통해 유아들이 갖고 있는 잠재력을 바탕으로 창의적으로 표현할 수 있는 기회 제공을 위한 방법들을 제안하고자 한다.

---

2) Froebel, Friedrich. 1887. Education of Man. New York: A. Appleton and Company.

1 미술 놀이

1) 손도장·손바닥 그림 그리기

'손도장'은 도장 대신으로 손가락에 인주 따위를 묻혀 손가락의 지문을 찍은 것으로, 과거에는 계약 등에도 활용했던 방법이지만 현대에는 사인으로 대체가 되면서 그 필요성을 잃었다. 따라서 대부분의 유아들은 전혀 기억하지 못할 신생아 때 발도장은 찍었을 테지만, 물감 촉감 놀이를 해본 적이 없다면 손도장이나 손바닥과 같이 자신의 몸 일부를 활용한 그림 그리기가 처음일 것이다. 유아들 중에는 손에 인주(스탬프)나 물감이 묻는 것을 싫어할 수 있고, 부모님들 중에는 인체에 해롭지 않을까 걱정할 수도 있다. 하지만 이미 건강을 해치지 않으면서 물에도 잘 지워지는 것들이 많이 나와 있고, 유아의 감각 발달 및 관찰력·표현력·창의력 등의 인지능력 발달, 나아가 성취감과 정서적 안정에 큰 도움이 될 활동이지만 정작 가정에서는 적용하기가 어려우니 적극적으로 실시할 필요가 있다. 다음은 손도장과 손바닥으로 그림을 그리고 재미있는 이야기까지 더한 그림책들로, 먼저 읽고 미술 놀이 활동을 진행하면 유아들도 이미 예시를 본 상태라서 자신이 원하는 것을 어렵지 않게 표현할 것이다.

『손도장으로 그리는 세상 | 에드 엠벌리 지음, 아기장수의날개 엮음 | 고슴도치 | 1999』

『손바닥 동물원 | 한태희 지음 | 예림당 | 2002』

『손바닥 놀이공원 | 한태희 지음 | 예림당 | 2002』

『재미 가득 손도장 놀이 활용집 | 처음교육 편집부 엮음 | 처음교육 | 2007』

『손도장 그림책 시리즈 | 루시 알봉 지음, 글맛 외 옮김 | 키즈엠 | 2012-2017』

활동의 단계는 우선 각자의 손도장(지문)에 원하는 색깔의 인주(스탬프)를 묻혀 스케치북에 찍어보게 하자. 그런 다음 인주를 묻혔을 때의 느낌이 어땠는지, 스케치북에 찍힌 모양을 보며 어떤 생각이 드는지 등에 이야기를 나눈다. 이어서 자신이 원하는 색깔을 찍으며 자유롭게 원하는 모양을 만들어 보게 하자.

〈그림 7-1〉 손도장

〈그림 7-2〉 손도장 하트

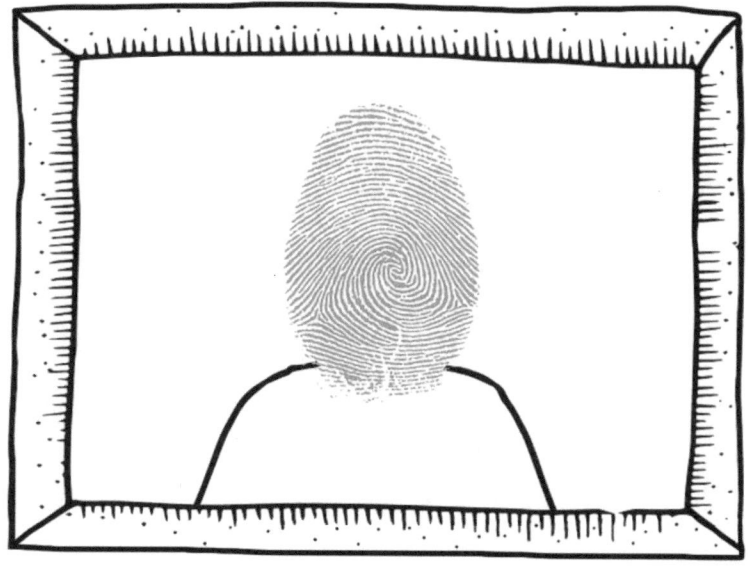

〈그림 7-3〉 손도장 그림 1 – 뒷모습

〈그림 7-4〉 손도장 그림 2 – 새들의 대화

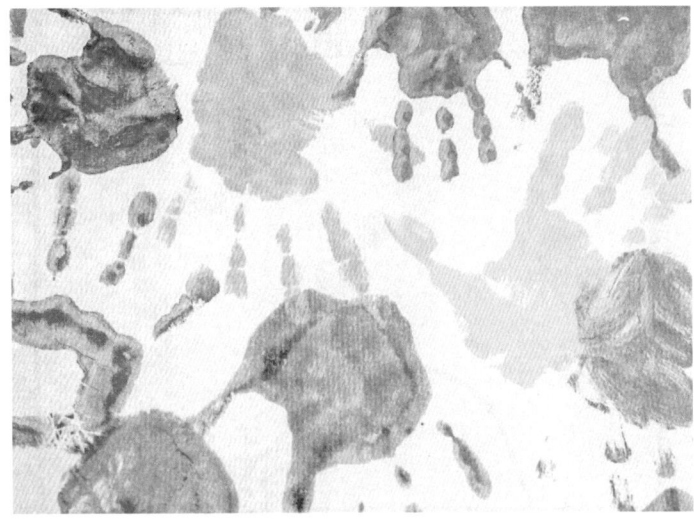

〈그림 7-5〉 손바닥 그림

2) 물감 빨대 놀이

이 활동을 하기 위해서는 스케치북, 크기별 빨대, 물감, 물, 요구르트 통, 스포이트가 필요하다. 재료가 준비되면 요구르트 통에 물을 2/3 정도 채우고 유아들이 원하는 색깔의 물감을 풀어 놓게 한다. 이어서 스케치북에 원하는 색깔의 물감을 스포이트로 한 방울씩 떨어뜨리고, 여러 크기의 빨대로 입김을 불게 한다. 작업이 끝나면 무엇이 연상되는지 물은 뒤, 유아들의 대답으로 제목을 정한다. 이후 각 유아들의 작품을 소개하며 감상을 나누어 본다. 나아가 만약 이 활동을 통해 완성된 작품을 비나 파도 혹은 불꽃놀이와 연결을 지을 거라면 다음의 책을 유아들과 함께 읽어볼 것을 권한다.

『불꽃놀이 펑펑 | 한태희 지음 | 한림출판사 | 2002』

『파도야 놀자 | 이수지 지음 | 비룡소 | 2009』

『아, 소나기다! | 국설희 지음 | 책내음 | 2019』

나아가 이 작품을 콜라주로 발전시킨다면, 우선 유아들에게 마치 소나기나 파도 속에 있는 것처럼 동작을 취하게 한 뒤 교사가 스마트폰으로 사진을 찍어준다. 이어서 그 사진을 프린터로 출력해서 오린 뒤 빨대 그림에 붙이고, 필요하다면 색을 칠해서 자연스럽게 완성하게 한다. 이후 작품의 제목을 짓고, 이어서 다른 유아들에게 작품을 소개하며 서로 감상할 수 있는 기회를 준다.

3) 빨대 그림

이 활동을 하기 위해서는 검정색 도화지, 크기별 빨대, 가위, 양면테이프가 필요하다. 재료가 준비되면 우선 빨대를 다양한 크기로 자르게 한다. 이어서 검정색 도화지에 양면테이프를 붙이고, 그 위에 잘라둔 빨대를 자유롭게 배치해 원하는 모양을 만든다. 이때 다른 재료(눈알, 뽕뽕이 등)를 더하거나 파스텔 등으로 색을 칠하는 것도 가능하다.

〈그림 7-6〉잘라 놓은 빨대

4) 거미줄 놀이

이 활동을 하기 위해서는 검정색 도화지, 가위, 풀, 검은색 마스킹 테이프, 공예용 눈알이 필요하다. 재료가 준비되면 유아들과 함께 검정색 도화지로 거미를 만든다. 거미는 검정색 도화지를 계란형으로 잘라 몸통을 만들고, 이어서 가늘고 길게 자른 8개의 다리, 그리고 눈알까지 붙여주면 완성된다. 이어서 유치원의 한쪽 벽면과 여러 구조물들에 마스킹 테이프를 연결해 거미줄을 만들어 준다. 그 후 거미줄에 미리 만들어둔 거미를 붙이고, 유아들이 그 줄에 걸리지 않은 채 통과해 보도록 한다. 이 활동은 유아들의 대근육과 소근육 자극에 효과적이고, 유연성 기르기에도 도움이 된다.

5) 신체 본뜨기

이 활동을 하기 위해서는 전지, 색연필, 사인펜이 필요하다. 교사는 각 아동에게 전지 1장씩 나누어 주고, 서로 겹치지 않게 바닥에 펼치라고 한다. 이어서 색연필 가운데 원하는 색깔을 하나만 고르라고 한 뒤 두 사람씩 짝을 지어준다. 모든 유아에게 짝이 생겼으면 한 사람이 먼저 바닥에 깔아 놓은 종이 위에 눕고, 서 있는 친구가 색연필을 건네받아 본을 떠준다. 본뜨기가 끝나면 그 안에 자신의 모습을 표현해보게 한다.

〈그림 7-7〉 신체 본뜨기 활동 예시

음악(소리) 놀이

1) 무슨 소리일까요?

이 활동을 위해서는 여러 종류의 물건이 필요하다. 따라서 각 유아들에게 미리 가정에서부터 한 가지씩 준비를 해오라고 요청할 수도 있다. 더불어 유아들이 가져온 물건은 안이 보이지 않는 상자나 바구니에 담아둔 채로 다음의 순서로 활동을 하면 된다.

> **교사**: 여러분 이 상자(혹은 바구니) 안에는 여러분들이 가져온 여러 물건이 있어요. 그럼 지금부터 한 사람씩 나와 상자 속에 있는 물건을 꺼낸 뒤, 그것으로 소리를 낼 거예요. 그러면 여러분은 눈을 감고 소리만 들은 채 그 물건이 무엇인지 맞혀야 합니다. 준비 됐나요? 그럼 누가 먼저 해 볼까요? (한 사람을 지목한 뒤 나오는 동안 다른 유아들은 눈을 감게 한다. 상자 안에서 물건을 고르면 그것으로 소리를 내보게 한다. 예를 들어 고른 물건이 공이라면 바닥에 몇 번 튕기게 한다.)
>
> **유아1**: (여전히 눈은 감고 있는 채로) 돌멩이 같아요.
>
> **유아2**: (여전히 눈은 감고 있는 채로) 탱탱볼 같아요.
>
> **교사**: 자, 그럼 모두 눈을 뜨고 어떤 물건인지 확인해 볼까요?

이상과 같은 방식으로 모든 유아들이 한 번씩은 문제를 출제할 수 있도록 운영하면 되는데, 다음 출제자는 정답을 맞힌 사람으로 결정하면 된다. 더불어 답을 맞힌 유아들에게는 스티커나 간식, 선물을 준다.

2) 소리를 몸으로!

이 활동을 위해서는 여러 음향 효과를 들을 수 있는 무선 헤드폰이 필요하다. 교사는 스마트폰에 다양한 음향 효과를 다운로드 받고, 블루투스로 무선 헤드폰도 연결해 둔다. 준비가 끝나면 유아들이 차례로 나와 무선 헤드폰으로 들은 음향 효과를 몸으로 표현해보게 한다. 그럼 자리에 앉아 있는 유아들은 그게 어떤 소리일지 맞혀본다.

3) 에어캡 연주

'에어캡(air cap)'은 공기주머니가 올록볼록하게 되어 있는 포장용 비닐로, 일명 '뽁뽁이'라고 불린다. 보통은 깨지거나 흠집이 나기 쉬운 물건을 싸는데 활용되는데, 공기주머니를 터트릴 때 발생하는 소리 때문에 무료한 시간을 보내거나 스트레스를 해소하기 위한 목적에도 활용된다.

이 활동은 터트리면 소리가 나는 에어캡의 특성을 활용해 유아들이 잘 알고 있는 동요 반주를 연주해보게 하는 것으로, 계이름을 특정할 수 없기 때문에 차례대로 한 번씩 누르게 하는 방법을 권장한다. 즉, 음이 맞지 않더라도 에어캡을 누르며 모두 함께 동요를 불러보게 하는 활동이다. 손으로 누르는 연주가 끝나면 다음에는 발로 밟아 터트리게 해도 된다.

〈그림 7-8〉 에어캡

4) 라디오 드라마

'라디오 드라마'는 라디오에서 성우들이 각각 배역을 맡아 목소리로 하는 극을 뜻한다. 따라서 이 활동은 유아들이 마치 성우가 된 것처럼 특정 배역의 목소리를 연기하고, 그 과정을 스마트폰에 녹음해 같이 들어보는 것이다. 다음은 라디오 드라마 활동을 위해 '흥부전'을 각색한 대본이다.

- **■ 출연**: 흥부, 부인, 자녀 1부터 유아들 수만큼의 자녀

흥부: (투정부리듯) 아이고 여보, 벌써 해가 중천인데 왜 아직 아침밥을 안 주는 거요?

부인: (힘없는 목소리로) 저도 맛있는 밥을 해드리고 싶은데 집에 쌀이 없어요.

자녀 1: 엄마, 배고파요.

자녀 2: 엄마, 밥 주세요.

자녀 3: 엄마, 쌀밥이 먹고 싶어요.

자녀 4: 엄마, 고기 없어요?

자녀 5: 엄마, 나는 생선!

자녀 6: 엄마, 나는 배 아파서 안 먹을 거야.

자녀 7: 엄마, 그럼 내가 두 그릇 먹으면 안돼요?

자녀 8: 엄마, 우리 치킨은 언제 먹어요?

자녀 9: 엄마, 나는 피자!

자녀 10: 엄마, 형이 내 밥 뺏어 먹었어요.

5) 동요 사물놀이

'사물놀이'는 꽹과리·징·장구·북 등 네 가지 농악기로 연주하는 음악을 뜻한다. 따라서 이 활동은 유아들이 사물놀이를 위한 네 가지 악기를 직접 연주해볼 수 있는 기회를 통해, 우리나라 전통 음악을 느껴볼 수 있도록 하는데 목적이 있다. 다만 유아들이 합을 맞춰 사물놀이 장단을 연주하는 것은 어렵기 때문에, 이미 알고 있는 동요를 부르며 각 악기 소리를 얹어 보게 하는 것이 좋겠다.

3 연극 놀이

1) 몸으로 말해요 1 – 거울 놀이

이 활동은 유아들이 서로에 대한 관찰을 통해 내가 해본 적이 없는 표현을 할 수 있는 기회를 제공할 것이다. 놀이를 하기 위해서는 두 사람씩 짝을 지어 마주보고 서게 한다. 이어서 한 명은 거울, 한 명은 사람 역할로 나누게 한다. 역할이 정해지면 사람은 실제 거울을 보는 듯 얼굴 표정과 동작에 변화를 주고, 거울은 그것을 그대로 따라한다. 1분이나 2분 정도의 시간이 끝나면 교사가 신호를 주어 멈추게 하고, 서로의 기분에 대한 이야기를 나눈다. 이후 역할을 나누어 반복한다.

2) 몸으로 말해요 2 – 사진처럼

이 활동은 유아들이 정지 동작을 반복함으로써 자신의 몸에 대한 조절력을 기르는데 도움이 될 것이다. 놀이 방법은 다음과 같다.

- 유아 두 명씩 짝을 짓고 마주 서서 악수를 한 채로 얼음이 되게 한다.
- 한 사람은 얼음 상태 그대로 있고, 다른 한 사람은 "땡"을 한 뒤 손을 빼고 다른 동작을 취한 뒤 다시 "얼음"을 외친다.
- 기존에 얼음 상태였던 사람이 "땡"을 하고 움직여 다른 동작을 취한 뒤 "얼음"을 외친다.

사실 이 활동에서 "얼음"과 "땡"을 반복하며 이어지는 동작은 "얼음"을 하고 있는 사람이 취하고 있는 것과 관련이 있어야 한다. 그래서 서로 이야기를 나누지는 않지만, 그 동작들이 서로 연결되는 것이 중요한데, 유아들은 그 단계에까지 도달하기가 어려우니 신체 조절과 표현에 중점을 두고 진행하는 것이 좋겠다.

3) 몸으로 말해요 3 - 동물농장

이 활동을 위해서는 여러 동물들이 사는 곳과 이름이 적힌 카드가 필요하다. 그리고 각 유아들은 뽑기를 통해 각자의 번호를 하나씩 갖는다. 그 뒤 동요 '동물농장'을 들으며 함께 불러본다. 다음은 동요 '동물농장'의 가사이다.

닭장 속에는 암탉이 / 마루 밑에는 강아지
배나무 밑엔 염소가 / 부뚜막 위엔 고양이

닭장 속에는 암탉들이 / 마루 밑에는 강아지가
배나무 밑엔 염소들이 / 부뚜막 위엔 고양이

정글 숲 속에 호랑이 / 초원 위에는 얼룩말
깊은 산 속에 산토끼 / 나무 위에는 원숭이

정글 숲 속에 호랑이가 / 초원 위에는 얼룩말이
깊은 산 속에 산토끼가 / 나무 위에는 원숭이

우 와야~ 우~ 우우~ / 우 와야~ 룰루랄라 동물농장

동요가 끝나면 유아들은 번호순대로 나와 카드를 한 장씩 뽑는다. 이후 그 카드에 적힌 동물 이름과 사는 곳을 확인 후, 동요 리듬에 맞추어 노래를 부르며 동작과 함께 소리를 낸다.

4) 즉흥 1 – 상황 놀이

이 활동을 위해서는 '배가 아픈 상황', '배가 고픈 상황', '매우 추운 상황', '너무 더운 상황' 등 여러 상황들이 필요하다. 따라서 교사는 이와 같이 유아들이 충분히 경험해봤을 것 같은 상황들을 각각의 카드에 적어 준비해둔다. 준비가 끝나면 모든 유아들이 동그랗게 서서 서로를 마주볼 수 있게 배치한다. 이어서 한 사람씩 나와 카드를 뽑은 뒤 그 내용대로 행동하게 한다. 이때 다른 유아들은 그 행동에 적절한 반응을 보여줘야 한다. 일례로 만약 카드를 뽑은 유아가 "저 지금 너무 추워요!"라고 말하며 오들오들 떠는 시늉을 하면, 담요를 찾아서 덮어주거나, 따뜻한 물을 가져다주거나, 손을 잡고 따뜻한 입김을 불어주거나, 포옹을 해주어야 한다. 이후 카드를 뽑은 유아는 해당 상황에 가장 적절한 반응을 보인 사람 한 명을 뽑아 다음 차례를 넘겨준다.

5) 즉흥 2 – 우리 모두 ○○에 가자!

이 활동은 각 유아들이 만든 상황 속으로 들어가, 내가 마치 실제로 그곳에 있는 듯한 행동을 취해보는 것이다. 일례로 만약 한 유아가 "우리 모두 놀이공원에 가자!"라고 외치면, 다른 유아들은 놀이공원서 놀이기구를 타거나, 동물 머리띠를 사서 끼고 있거나, 간식을 사먹는 등 실제 그곳에 있는 것처럼 행동을 해야 한다. 이와 같이 많은 유아들이 즉흥적인 행동을 하고 있으면, 상황을 제시한 유아는 다른 친구들을 관찰하면서 가장 몰입해 있는 한 명을 골라 다음 순서를 맡긴다. 만약 "우리 모두 ○○이 되자!" 혹은 "우리 모두 ○○을 먹자!"와 같이 다양한 상황을 제시하면, 유아들은 더욱 재미를 느끼며 표현도 열심히 할 수 있을 것이다.

4 만다라 놀이

만다라 놀이는 유아의 창의적 사고 능력, 상상력, 미적 감각, 문제해결 능력, 감정 표현 및 조절 능력 발달에 효과적인 놀이다. 만다라 놀이를 통해 유아들은 즐거운 경험을 하며 다양한 능력을 발달시킬 수 있다. 만다라 놀이는 다양한 방식으로 진행될 수 있는데, 유아의 연령과 발달 수준에 맞는 방식을 선택하는 것이 중요하다.

1) 만다라의 기원

(1) 칼 융

20세기 초, 스위스 심리학자 융(Carl Jung)은 〈C.G. Jung의 회상 꿈 그리고 사상〉의 저서에서 만다라를 무의식의 표현으로 해석하였다(아니엘라 야훼, 이부영 역, 2012).

프로이트(Sigmund Freud)와의 결별과 집단 무의식에 대한 갈등으로 인해 안팎으로 내면의 동요를 심하게 겪고 난 후, 융은 자신의 꿈과 생각을 그림으로 기록해가면서 자신의 내면세계를 탐구해갔다(황재숙, 2020). 어릴 때 놀았던 모래, 돌멩이 등을 만지고, 작은 원을 그리며 만다라를 완성해나갔다. 그 이후 비로소 자신의 작업이 만다라임을 알게 된다.

만다라의 내용은 꿈이나 상상에서 출발할 수 있다. 만다라에 그려진 그림은 다른 그림으로 이어져서 전체과정이 그림 시리즈로 형상화될 수 있다(잉그리트 리델, 정여주 역, 2000). 만다라는 개인과 집단의 무의식 공간을 나타내며, 만다라를 만드는 과정을 통해 개인의 완전성과 균형으로 나아가게 된다.

융은 자기다움을 찾아가는 개성화를 강조했으며, 만다라 놀이를 통해 스스로를 치유했다. 오늘날 만다라 놀이는 다양한 장면에서 마음챙김, 사회성 증진, 자존감 상승, 집중력 향상 등의 프로그램으로 활용되고 있다.

(2) 종교

만다라는 처음 티베트 불교에서 깨달음을 얻기 위한 수단으로 사용되었다. 힌두교에서도 우주와 신을 상징하는 도구로 알려져 왔다. 만다라는 브라만(Brahman)이라는 최고의 존재를 상징한다. 만다라의 원형은 모든 것의 근원으로서 브라만의 우주적인 에너지와 창조력을 나타낸다.

불교와 힌두교에서 종교의례에 활용되거나 도상으로 가시화하여 전승되었으며, 복합적인 종교현상으로 나타났다. 4C초반~7C중반에 이르기까지 인도에서의 탄트리즘(tantrism)은 철학적 종교적 운동으로 하나의 대유행을 이루고 있었다. 힌두교에서 사용된 가장 단순한 만다라인 얀트라(yantra)는 일련의 삼각형으로 구성되어 있는데, 금속이나 나무 또는 벽 등에 그려지거나 새겨진 것이다(김용환, 1998).

한 티베트 수도승이 만다라에 대해 융에게 말했다. 만다라는 집단의 심리적 균형이 깨졌을 때, 또는 어떤 개념이 아직 종교적인 교리에는 포함돼 있지 않아서 그 개념을 표현할 길을 직접 찾아야만 했을 때, 개인의 상상이나 일정한 목적을 지닌 공상을 통해 나타난다고 했다(융, 김양순 역, 2016).

이처럼 만다라는 원형과 다양한 선 및 도형의 형태를 띠우고 있는데, 단순한 그림이나 조형물이 아닌 종교적 의미를 담고 있으며, 상상과 공상을 포함한 우주적인 통합과 자기 자신을 찾아가는 깨달음의 과정으로 사용되었다.

2) 만다라의 개념

(1) 어원

만다라(Mandala)는 '진수' 또는 '본질'을 의미하는 산스크리트어 '만달(Mandal)'과 '소유하다'라는 뜻의 '라(la)'가 결합된 깊은 의미를 지닌 개념이다. 진리에 대한 다양하고 유연한 자세, 우주와 인간 상호관계에서의 직관적인 예지 및 적극적인 오감 활용을 통한 총체적인 시각을 갖게 된다(김용환, 1998). 마치 본질을 담고 있는 것, 본질을 소유한 것처럼, 만다라는 우주의 질서와 조화, 그리고 개인의 내면세계를 상징적으로 표현한다.

또한 만다라는 산스크리트어로 '마술적인 원(magic circle)'을 의미하며, 기본적으로 '원(circle)'을 뜻한다. 만다라는 성스러움의 표상 기제로서, 많은 문화권에서 고대로부터 성스러움을 집중적으로 담아내고 표현하는 강력한 역할을 해왔다. 암각화에서 성당의 아치형 천장, 의식춤, 달력의 순환주기 등에 이르기까지 형태도 다양하다(수잔 핀처, 오연주 역, 2011).

(2) 만다라의 구조

① 원형구조

만다라는 중심에서 균형 있게 펼쳐지는 원형구조를 가지고 있으며, 우주의 질서와 조화를 상징한다. 만다라의 원형은 단순한 기하학적 형태 이상의 의미를 지니는데, 우주의 본질, 인간의 정신, 그리고 영적 성장을 의미한다.

원은 중심성, 순환성, 관계성, 모성성, 원초성, 전체성, 완전성의 치료적 의미가 있다(황재숙, 2020). 융은 원형의 만다라가 진정한 자기(Self)를 만나는 과정에 중요한 요소로 보았다.

② 원형의 의미

만다라에 나타난 원형의 의미를 정리하면 다음과 같다(김용환, 1998; 수잔 핀처, 오연주 역, 2011; 황재숙, 2020).

■ **원형의 5가지 의미**

① **우주의 본질**: 만다라의 원형은 중심에서부터 밖으로 펼쳐지는 형태로, 우주의 창조와 발전 과정을 상징한다. 중심은 모든 것의 근원이며, 그로부터 모든 존재가 발현된다는 의미를 담고 있다.

② **완벽함**: 시작과 끝이 없는 원형은 영원함과 완벽함을 상징한다. 그것은 변화와 무상 속에서도 변하지 않는 진리와 완벽한 존재를 의미한다.

③ **자기 자신**: 만다라의 원형은 자신의 내면을 상징한다. 중심은 자신의 본질이며, 그로부터 퍼져 나가는 모든 것은 자신의 생각, 감정, 경험, 그리고 잠재력을 의미한다.

④ **전체성**: 의식과 무의식, 긍정적이고 부정적인 측면 등 모든 것을 포함하는 완전한 존재를 상징한다. 만다라를 통해 자신의 내면을 탐구하고, 전체성을 향해 성장하는 과정을 경험할 수 있다.

⑤ **통합**: 다양한 색상, 형태, 상징들이 중심을 향해 배치되는 만다라는 조화로운 전체를 이루며, 분리된 요소들을 하나로 통합하는 역할을 상징한다.

(3) 만다라의 대표적인 상징

만다라에는 다양한 상징들이 사용된다. 이러한 상징들은 개인과 집단의 무의식 속에 있는 생각, 감정, 경험 등을 나타낸다.

이는 모든 사물에 상징적 의미가 부여될 수 있음을 말해준다. 자연물(돌, 식물, 동물, 인간, 산과 골짜기, 해와 달, 바람, 물, 불 등)과 인공물(집, 배, 자동차 등) 심지어는 추상적인 형태(숫자, 삼각형, 사각형, 원 등)도 상징적인 의미를 지닐 수 있다. 실로 전 우주가 잠재적 상징인 셈이다(융, 김양순 역, 2016).

융은 그가 만나는 환자들의 꿈에서 다양한 상징들을 발견했다. 꿈꾸는 사람 주변을 선회하는 뱀이나 벽에 부딪치는 모자, 원 주변을 도는 노란 공들, 안개로 인해 앞이 잘 보이지는 않지만, 중심에서 8개의 빛이 뿜어져 나오는 태양과 닮은 노란 빛 그리고, 계절을 상징하는 네 방위의 그림 사이를 순회하는 반짝이는 원이 등장하는 꿈이었다(수잔 핀처, 오연주 역, 2011).

만다라의 상징들은 단독으로 혹은, 다른 상징들과 함께 조합되어 더욱 복잡한 의미를 나타낼 수 있다. 이미지의 해석은 문화와 종교 및 개인의 경험에 따라 다르게 해석될 수 있으며, 성급한 해석은 좋지 않다. 만다라 놀이 자체로 즐거움과 몰입감을 느끼는 것으로도 충분한 의미가 있다.

① **이미지와 도형**

융이 관찰한 만다라는 원형, 삼각, 사각, 십자가 도형, 동물 등이 있으며, 동물은 '시각화된 무의식의 자기의 모습'이라고 했다. 이 외에 만다라 놀이에는 달걀 모양, 장미와 연꽃, 바퀴 모양으로 장식된 원, 태양, 별, 빗살, 성과 도시, 바퀴, 거울, 눈동자와 홍채, 바다 등의 이미지와 도형에 대한 상징이 있으며 다양한 의미를 내포한다(강민기, 2010; 수잔 핀처, 오연주 역, 2011; 잉그리트 리델, 신지영 역, 2013).

- **이미지**
  - **연꽃**: 깨달음, 순수, 영적 발전
  - **불꽃**: 열정, 변화, 깨달음
  - **바퀴**: 불변성, 순종, 절제, 태연함, 겸손
  - **거울**: 사고의 능력, 지성, 통찰력
  - **바다**: 무한, 잠재력, 깊이
  - **용**: 힘, 지혜, 변화
  - **호랑이**: 용맹, 자신감
  - **코끼리**: 장수, 이지적, 겸손, 영원
  - **개**: 충직한 동반자
  - **양**: 자비로운, 순수, 순진함
  - **황소**: 초승달 모양의 뿔 모양으로 여성성

- **도형**
  - **원형(圓形)**: 심리적인 경계선, 완벽함, 영원함, 통합, 치유, 모든 존재의 근원, 역동성, 움직임, 회전, 바퀴, 태양
  - **사각형(四角形)**: 안정감과 균형, 질서, 현실 세계, 인간의 본성, 신성한 공간, 여성적, 대지
  - **삼각형(三角形)**: 물질이 무의식으로부터 솟아오르는 것, 창조, 에너지, 변화, 깨달음, 남성적, 초월적
  - **십자가(十字家)**: 영성과 물질적 현상의 융합, 영적 성장, 균형, 조화, 생명, 빛, 수난, 죽음, 희망, 부활
  - **나선형(螺旋形)**: 개방적, 역동적, 에너지, 확장력, 집중력, 시작과 끝, 탄생과 죽음, 퇴행, 근원으로의 회귀, 진화

② 숫자

만다라의 숫자에 대한 의미는 다양하게 해석할 수 있다. 여기에서는 융의 분석심리학을 근거로 모래놀이치료에서 사용하는 숫자의 의미를 소개한다(Pratibha, 정정순, 김보애, 정선영 공역, 2006).

■ 숫자
- 1의 원형: 통일성
- 2의 원형: 이원성, 양극화와 분화
- 3의 원형: 삼위일체, 새로운 통합
- 4의 원형: 자기실현으로서의 사위일체
- 5의 원형: 본질, 자각, 재생
- 6의 원형: 대극의 합일과 통합
- 7의 원형: 지혜로 가는 입문
- 8의 원형: 4의 행운과 길조의 두 배
- 9의 원형: 마지막 신성한 **數**

(4) 만다라 놀이의 효과

유아들에게 만다라 놀이는 창의력과 상상력 발달을 돕는다. 상상과 공상을 동원해서 만다라를 만들며 창의적인 아이디어를 표현할 수 있다.

만다라 놀이는 단순한 종교적 그림이나 명상 도구뿐 아니라, 내면의 세계를 탐구하고 창의성을 발휘하는 강력한 도구이다. 다양한 색상, 형태, 상징들을 통해 유아들이 자신만의 독특한 만다라를 창조함으로써 자기표현, 심리적 통합, 그리고 영적 성장을 위한 여정이 될 수 있다.

만다라의 원형의 형태는 마음을 안정시키고, 만다라 놀이에 집중하면서 내면의 풀리지 않은 감정의 문제를 해결할 수 있다. 유아들에게 내재되어 있는 분노나 슬픔의 감정과 같은 부정적인 감정을 해소되며, 산만함을 감소시키고 집중력을 길러줄 수 있다.

① 무의식의 지도(unconscious mapping)

만다라 놀이를 통해 유아는 자신의 내면세계, 생각, 감정, 경험을 자유롭게 표현할 수 있다. 융은 만다라를 집단 무의식의 원형적인 표현으로 여겼다. 이는 개인의 경험을 넘어선 보편적인 인간 심리의 무의식적인 층위를 상징하는 것이다. 만다라 놀이를 통해 유아는 숨겨진 자신의 마음을 찾아갈 수 있고, 집단생활 속에서 반복되는 패턴을 식별하고, 긍정적인 변화를 만들 수 있다.

② 감정코칭(emotional coaching)

만다라 놀이는 스트레스, 분노, 불안, 우울 등과 같은 유아들의 부정적인 감정을 해소하는 데 효과적이다. 융도 만다라 놀이를 심리적 어려움을 풀어가는 효과적인 도구로 활용했다. 교사는 만다라 놀이를 통해 유아들의 스트레스 관리, 또래관계 개선, 정신건강에 도움을 줄 수 있다.

③ 인성발달(character development)

만다라 놀이는 유아들에게 자신과 타인에 대한 객관적 인식을 통해 타인을 배려하고 존중하며, 친절한 행동을 하게 한다. 만다라의 중심은 자기(Self)를 상징하며, 주변의 원들은 다양한 심리적 요소와 타인에 대한 인식을 가능하게 한다. 결국 만다라 놀이는 유아들에게 도덕성, 책임감, 공감, 탄력성 등을 통해 인성의 발달을 꾀할 수 있다.

④ 창의성 증진(creativity enhancement)

만다라 놀이는 유아들에게 새로운 아이디어를 창출하고 문제를 해결하는 능력을 증진시키는 과정이다. 창의성과 상상력을 발휘하고, 의사 결정 능력을 향상시키며, 유아는 자신이 몰랐던 독창적인 재능을 발견하게 된다.

⑤ 영적 성장(spiritual growth)

만다라 놀이는 유아들에게 삶의 더 깊은 의미와 목적을 추구하는 과정이다. 이는 명상, 자연, 숲

등과 연결된 다양한 방식으로 이루어질 수 있다. 유아들에게 영적 성장은 '가장 나다운 나'를 찾아가는 원동력이 된다.

오늘날 만다라 놀이는 명상, 독서지도, 예술활동, 자기계발, 심리 치료 등 다양한 분야에서 활용되고 있다. 유아를 대상으로 한 마음챙김, 독서지도, 애착증진, 정서적 안정성, 집중력 향상 등에 유용하며, 산만, 불안, 분노조절의 어려움이 있는 유아의 문제행동을 감소시키는 효과를 기대할 수 있다.

3) 만다라 놀이의 실제

유아들에게 만다라 놀이는 색채, 형태, 질감 등을 경험하며 창의적 표현의 기회를 제공한다. 만다라의 원형은 회화, 조각, 건축 등 다양한 예술 분야에서 아름다움과 조화를 추구하는 예술적 표현 방식으로 사용된다.

(1) 만다라 놀이의 종류

① 그리기 만다라

다양한 색상과 재료를 사용하여 원하는 만다라를 자유롭게 그린다. 싸인펜, 네임펜, 매직, 색연필, 오일 파스텔, 수채화/아크릴 물감 등의 색상 매체로 종이나 나무 등에 간편하게 만다라를 표현할 수 있다. 반드시 둥근 형태가 아니어도 되며, 네모, 꽃, 별, 세모 모양 등의 다양한 형태로 그릴 수 있다.

〈그림 7-9〉와 같이 원형의 종이에 싸인펜이나 네임펜으로 유아가 그리고 싶은 그림을 선으로 표현해서 '선 그리기 만다라'로 완성하면 된다. 〈그림 7-10〉과 같이 수채화 물감을 바탕에 칠하고 그 위에 그리기를 하거나 형태를 그리고 나서 색칠하면 '색채 만다라'가 된다. 만다라는 유아들에게 집중도와 만다라 마음챙김을 통한 감정순화의 효과를 줄 수 있다.

〈그림 7-9〉 선 그리기 만다라, 하리 / 송영아

〈그림 7-10〉 색채 만다라, 하리 / 송영아

② 콜라주 만다라

콜라주(collage)는 그림 일부에 신문지나 벽보를 뜯어다 붙이면서 유래되었다. 잡지, 천, 자연 재료인 돌멩이, 팽이, 나뭇잎, 모래, 종이, 점토, 털실, 나무 등을 이용하여 독특한 질감의 만다라를 만들 수 있다. 〈그림 7-11〉처럼 움직이는 물체인 팽이에 만다라를 그리거나 우드버닝(wood burning)으로 '팽이 만다라'를 만들 수 있다. 팽이 만다라를 완성한 후에 유아들과 함께 팽이 놀이를 통해 감정순화를 할 수 있다. '꽃 만다라(〈그림 7-12〉)'는 마른 꽃을 활용하여 조형감각과 오감을 느끼며 공간 감각이 증대될 수 있는 만다라 놀이이다. 만들기 순서가 정해져 있는 것은 아니며, 유아가 자유롭게 완성해간다.

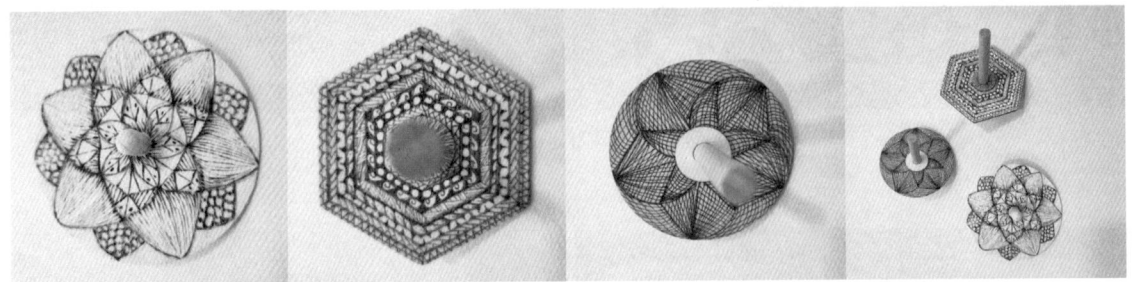

〈그림 7-11〉 팽이 만다라, 송영아

〈그림 7-12〉 '꽃 만다라' 만들기 순서

③ 뜨개질 만다라

다양한 무늬와 색깔의 '뜨개질 만다라(〈그림 7-13〉)'를 만들 수 있다. 실의 폭신폭신한 감촉은 유아의 오감과 애착강화에 도움을 준다. 코바늘로 코를 만들고 한 땀씩 떠가는 과정을 천천히 진행하면 유아들이 서툴지만 잘 따라온다. 부족한 부분을 교사가 함께 완성을 도와주거나 숙제를 내줄 수도 있다.

④ 디지털 만다라

유아들과 함께 컴퓨터 프로그램이나 태블릿 앱을 사용하여 다양한 효과를 활용한 3D의 입체적인 '디지털 만다라(〈그림 7-14〉)'를 제작할 수 있다. 디지털 환경에 익숙한 유아들에게 기초 단계부터 해 보는 것을 권한다.

〈그림 7-13〉 뜨개질 만다라

〈그림 7-14〉 디지털 만다라

(2) 만다라 놀이 프로그램

① 만다라 놀이 독서지도 프로그램

만다라 놀이는 유아교육 현장에서 적절하게 활용하면 다양한 효과를 증진할 수 있다. 일반유아나 정서적으로 힘든 유아 모두에게 유용하다. 만다라 프로그램을 적용한 연구(김양희, 2015; 김현정, 2020; 박진희, 김선아, 2012)에서, 만성 스트레스를 경험에 유아의 스트레스 증상(불안, 우울, 분노, 집중력 저하)의 감소 및, 정서지능 긍정적인 영향을 미쳤다. 또한 창의성과 인성의 발달(인내, 자기확신, 유머감, 호기심, 상상력, 개방성, 모험심, 독립성)에도 긍정적인 영향을 미치는 것으로 나타났다.

주요 활동내용으로는 만다라 그림 그리기, 만다라 그림과 이야기책, 오늘의 기분을 만다라로 그려보기, 다양한 만다라(꽃, 별, 원, 태극, 태양 등)을 감상하고 색칠하기, 필름, 사진, 자연물 및 점토로 만든 만다라 콜라주 등의 내용으로 구성되어 있다.

② 만다라 마음챙김 프로그램

3~7세 유아를 대상으로 필자가 진행한 10회기 '만다라 마음챙김' 프로그램의 일부(〈그림 7-15〉, 〈그림 7-16〉)를 소개한다(2024. 2~4월, 주1회/10회기)

- ■ 자기소개하기
  - 활동명: 얼굴 만다라
  - 준비물: 검정색 사포, 크레파스, 색연필, 물감
  - 활동방법: 사포를 색칠하면서 질감 탐색, 표정 느껴보기
  - 효과: 감각 활성화, 억압된 정서표출 및 통찰을 증진시킨다.

- ■ 현재 감정표현하기
  - 활동명: 감정 만다라
  - 준비물: 색종이, 색연필, 풀, 가위,

- **활동방법**: 색종이 뜯어 붙이기, 그림을 그리거나 색칠하기를 하고 현재의 감정을 이야기한다.
- **효과**: 내면의 감정을 객관화한다.

■ **마음 다독이기**
- **활동명**: 조각보 만다라
- **준비물**: 한지, 색종이, 색연필, 풀, 가위,
- **활동방법**: 한지(색종이)를 다양하게 접어(2번, 3번, 4번, 대각선, 사각 등), 가위로 칼집을 내어 무늬를 만든다. 조각보가 완성되면 인형에게 덮어주고 역할 놀이를 한다.
- **효과**: 애착강화, 소근육발달, 집중력을 향상시킨다.

■ **현실 적응하기**
- **활동명**: 엽서 만다라 1, 2
- **준비물**: 도화지, OHP 필름, 호일, 네임펜, 그림엽서
- **활동방법**: OHP 필름에 그림엽서를 올려놓고 네임펜으로 따라 그린 후에 뒤집어서 색칠한다. 그 다음 호일을 구겨서 무늬를 만든다. 마지막으로 그림엽서를 선택한 이유와 자신의 상황과 유사한 것에 대해 이야기한다.
- **효과**: 현재 상황에 대한 직시, 자아통찰 및 적응력을 높인다.

얼굴 만다라

감정 만다라

조각보 만다라

| 엽서 만다라 1 | 엽서 만다라 2 |

〈그림 7-15〉 얼굴, 감정, 조각보, 엽서 만다라

■ **내 속의 다양한 감정 만나기**

- **활동명**: 상자 만다라
- **준비물**: 상자 도안(or 상자), 네임펜, 크레파스, 색연필, 얼굴 스티커
- **활동방법**: 상자 도안에 6개의 표정을 넣은 내 얼굴을 그리거나 감정 스티커를 붙인다. 상자를 던져 나온 얼굴의 표정에 대한 느낌을 이야기한다.
- **효과**: 긍정적, 부정적 정서의 인식 및 표출을 증진시킨다.

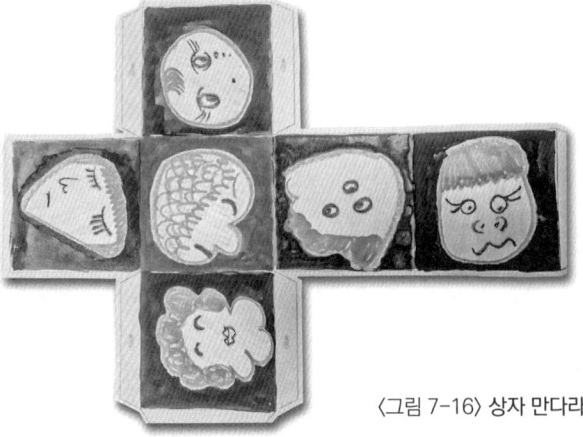

〈그림 7-16〉 상자 만다라

③ 창의적인 만다라 놀이를 위한 팁

- **완벽주의 버리기**: 만다라를 제작할 때 완벽하게 만들려는 압박감을 버리고, 자유롭고 즐거운 마음으로 표현하는 것이 중요하다. 유아들의 경우 30분~1시간을 주고, 제한 시간에 다 못하면 차후에 완성해 나가는 것이 좋다. 그림을 책상 위에 놔두고 생각날 때마다, 조금씩 완성한다.

- **직관 신뢰하기**: 틀에 박힌 방식보다는 자신의 직관과 감정을 따라 자유롭게 만다라를 만들어 나가자. 만다라 작업을 하면서 느껴지는 감정, 호흡, 몸의 감각을 따라가 보자.

- **다양한 재료 활용**: 다양한 재료, 도구, 색상, 등을 활용하여 자신만의 독창적인 만다라를 표현해보자. 다양한 매체를 활용하여 그림과 함께 콜라주로 만들어도 좋다.

- **명상음악**: 명상음악과 함께 만다라를 제작하면 집중력을 높이고, 내면의 목소리에 귀 기울일 수 있다. 유아들에게 눈을 감고 3분 정도 명상음악을 들려준 후, 만다라를 표현할 준비를 시킨다. '유튜브 뮤직(YT Music)' 등과 같은 음악 앱 중에서 명상에 도움이 되는 음악을 찾아 활용한다.

- **또래들과 공유**: 만다라 제작 과정이나 결과물을 또래들과 공유하며 소통하고 영감을 얻을 수 있다. 개인 만다라 놀이는 각자의 공간에서 혼자 하지만, 집단 만다라 놀이는 커다란 원형의 색상지(다양한 색)나 흰색 종이 한 장에 5~6명의 유아들이 함께 작업을 한다. 이때 마스킹테이프로 종이를 고정하고 하면 좋다. 개인이나 집단 작업이 끝나면 또래끼리, 혹은 교사가 함께 피드백을 한다.

- **완성된 만다라 작품**: 스크랩북이나 파일철에 날짜별로 깔끔하게 보관한다. 마음에 드는 한 두 개의 만다라 작품은 벽이나 액자에 넣어 전시한다.

■ 참고문헌

1. 강민기(2010). 융의 무의식과 개성화 - 만다라 상징 분석을 중심으로. 동의대학교 대학원 석사학위논문.
2. 김양희(2015). 만다라 미술활동이 만 3세 유아의 정서지능에 미치는 효과. 국민대학교 교육대학원 석사학위논문.
3. 김용환(1998). 만다라-깨달음의 영적세계. 열화당.
4. 김현정(2020). 만다라 놀이 독서치료 프로그램이 유아의 스트레스 감소에 미치는 영향 연구. 경희대학교 교육대학원 석사학위논문.
5. 박진희, 김선아(2012). 입체조형 만다를 활용한 창의, 인성 프로그램 개발연구. 한국초등미술교육학회, Vol. 32. 227-253.
6. 수잔 핀처 저; 오연주 역(2011). 만다라 미술치료 워크북. 이음.
7. 아니엘라 야훼 편; 이부영 역(2012). C.G. Jung의 회상 꿈 그리고 사상. 집문당.
8. 잉그리트 리델 저; 신지영 역(2013). 도형, 그림의 심리학. 파피에.
9. 잉그리트 리델 저; 정여주 역(2000). 융의 분석심리학에 기초한 미술치료. 학지사.
10. 정여주(2014). 만다라와 미술치료. 학지사.
11. 칼 구스타프 융 저; 김양순 역(2016). 인간과 상징. 동서문화사.
12. 황재숙(2020). 미술치료에서 그림에 나타난 원의 상징과 치료적 함의. 차의과학대학교 일반대학원 의학과 임상미술치료 박사학위논문.
13. E. 암스트롱 베넷, 김형섭 역(1997). 한권으로 읽는 융. 푸른숲.
14. Pratibha S. Eastwood 저, 정정순, 김보애, 정선영 공역(2006). 모래놀이치료와 수 상징. 학지사.

4부
Part 04

유아 논리·논술 지도의 전개

8장 말하기의 전개

'말하기'는 자기의 느낌이나 생각 등을 다른 사람에게 음성 언어(말)를 통해 전하는 일이다. 말하기의 근본적인 목적은 듣는 사람의 반응을 얻는 데에 있기 때문에, 그 유형은 무엇을 알리기 위한 말, 설득을 위한 말, 감동을 위한 말로 나눌 수 있다. 이에 8장에서는 이 세 가지 유형을 바탕으로 유아들의 말하기 지도 방안을 제안하고자 하는데, 그 전에 간결하면서도 정확한 표현을 위해 필요한 어휘 지도 방법부터 살펴보자.

1 어휘 지도 방법

'어휘'는 일정한 범위 안에서 쓰는 낱말의 수효를 뜻한다. 따라서 비단 단어뿐만 아니라 연어, 관용어(숙어), 속담 등을 모두 포함하는 개념이다. 다음은 『한국민족문화대백과사전』[3]에서 인용한 '한국어 어휘 체계의 특징' 가운데 일부분이다.

- 의성어 · 의태어 등 음성상징(音聲象徵)의 발달이 눈에 띈다. 이 상징어(象徵語 : 의성어 · 의태어를 통틀어 상징어라 함.)의 발달은 모음과 자음의 대립을 이용한 변화 있는 풍부한 표현에 기여하고 있다.

---

[3] 한국학중앙연구원, 『한국민족문화대백과사전』. 출처: https://100.daum.net/encyclopedia/view/14XXE0036136

- 한국어는 경어법(敬語法)이 복잡하게 발달되어 있다. 그 한 예로 2인칭대명사를 들면 '너, 자네, 그대, 당신, 어르신네' 등이 있어 차등을 두고 사용된다. 또, 명사에 '님'을 붙여 '아버님, 어머님, 선생님, 형님, 누님'이라고 하고, 심지어는 '아우님'이라고도 한다.

- 한자어, 기타 외래어의 유입 때문에 유의어(類義語)가 많아졌다. 유의어의 발달은 표현 전달의 명확성을 해친다는 점에서 문제가 되기도 하지만, '표현성의 풍부'라는 견지에서는 오히려 바람직한 현상이다. 따라서 문체론적인 가치를 위하여 적절히 이용될 수 있다.

- 한자어의 영향으로 동음이의어(同音異義語)가 많아졌다. 이것은 언어 활동에서 동음의 규칙적인 배열에 의한 리듬을 구성하는데 이용되기는 하지만, 그보다는 동음이 주는 혼란이 더 문제가 되기 때문에 좋은 점보다는 좋지 않은 점이 더 크다.

이어서 다음은 어휘 지도 시 포함해야 할 내용에 대한 설명[4]으로, 총 네 가지 측면이다.

어휘 지도는 크게 4가지의 내용을 포함한다. 첫째, 개념적 의미 알기이다. 이것은 사전적 의미를 아는 것으로 감정, 가치, 문맥적 용법은 배제하는 대신, 중심적이고 핵심적인 의미를 파악하는 것이다. 예를 들면 '뱀'은 '파충강 뱀과의 동물을 통틀어 이르는 말'과 같은 정의를 알아가는 것이다. 둘째, 문맥적 의미 알기이다. 문맥적 의미는 낱말이 쓰이는 상황이나 맥락에 따라 정의되는 의미이다. 셋째, 연상적 의미 알기이다. 함축적 의미라고도 하고 정서적, 사회적 의미라고도 볼 수 있는데, 개념적 의미에 덧붙여진 의미로 연상적 의미에 대한 학습은 이해력을 높이는 데 큰 도움이 된다. 넷째, 의미 관계 알기이다. 어휘의 의미 관계에는 유의 관계, 반의 관계, 상하 관계가 있다. 유의 관계에 있는 말은 동의어, 유의어, 비슷한 말 등이며, 반의 관계에 있는 말은 대립되는 단어 사이의

---

[4] '에듀&라이프 클래스'에서 인용 후 수정. 출처: https://shalomsam85.tistory.com/5

관계로 동질성과 이질성을 모두 포함한다. 공통된 의미 특성을 많이 지님으로써 의미상 동질한 부분이 많지만, 하나의 매개 변수가 다름으로써 의미상 차이를 드러낸다. 상하 관계는 단어 의미의 계층적 구조를 살펴봤을 때 포함 관계에 있으며 분류 개념과도 밀접하게 관련이 있다. 예를 들어 가을에 볼 수 있는 동물과 식물을 분류한다면, 식물에는 단풍나무, 은행나무, 억새, 코스모스 등이, 동물에는 잠자리, 다람쥐, 메뚜기 등이 있을 것이다.

1) 단어 지도

'단어'는 분리하여 자립적으로 쓸 수 있거나 이에 준하는 말, 또는 그 말의 뒤에 붙어서 문법적 기능을 나타내는 언어 단위이다. 유아들은 울음 → 쿠잉(cooing) → 옹알이의 단계를 거쳐 한 단어를 말할 수 있게 되는데, 부모 등으로부터 언어적 자극을 어느 정도나 받았는가에 따라 속도 및 능력에는 차이가 날 수 있다. 그럼에도 대부분의 아이들은 돌(생후 12개월) 무렵이면 "엄마"나 "맘마"와 같은 한 단어를 말할 수 있으며, 이후 새로운 단어에 대한 습득이 빨라지면서 표현 능력 또한 높아진다.

그렇다면 영·유아들의 단어 학습을 위해 가장 보편적으로 사용되고 있는 방법은 무엇일까? 바로 '플래시 카드(flash card)'이다. 플래시 카드(flash card)는 미국 필라델피아에 있는 '인간능력개발연구소장'이었던 '글렌 도만(Glenn Doman)'박사에 의해 고안된 우뇌 자극 학습법으로, 일정한 규격의 카드를 재빨리 넘기는 방식으로 보여줌으로써 좌뇌가 반응하기 전에 무의식의 영역인 우뇌를 반응하게 하는데 초점이 맞춰져 있다. 다음 그림은 유아들의 단어 학습에 가장 많이 활용되는 '플래시 카드'의 예로, 그림과 글자의 색깔이 선명하게 대비될수록 우뇌 활성도가 높아지기 때문에 기억에도 효과가 있다고 한다.

〈그림 8-1〉 플래시 카드 예시

다음은 '글렌 도만' 박사가 제안한 '플래시 카드'를 학습에 효과적으로 적용하기 위한 기본 사항[5]이다.

- 나이가 어릴수록 효과적이다.
- 학습이 아닌 놀이의 연장선상에서 이루어졌을 때 그 효과가 극대화 된다.
- 아이가 그만하고 싶어 하기 전에 끝내는 것은 지속적인 교육을 위한 중요 원칙이다.
- 일관성과 꾸준함이 뒷받침되는 학습을 실천해야 한다.

이상과 같이 '플래시 카드' 활용이 익숙해지면 가정이나 어린이집과 유치원에 있는 사물에는 '이름표'가 붙게 된다. 이는 카드에 있는 그림으로만 단어를 익혔던 유아들에게 다양한 실물을 접하면서 그

---

[5] 위키백과. 출처: https://ko.wikipedia.org/wiki/%ED%94%8C%EB%9E%98%EC%8B%9C%EC%B9%B4%EB%93%9C

개념을 확실히 인식할 수 있는 기회를 주고, 나아가 주로 사회적 언어로 활용되는 기본 어휘를 학습할 수 있도록 돕는 방법이다. 우리말에서 기본 어휘의 수는 보통 1,500~3,000개 정도로 보고 있다. 따라서 유아들이 개념적 의미 알기를 통해 기본 어휘의 수를 채워갈 수 있도록 지도할 필요가 있다.

'개념적 의미 알기'는 사전(辭典)을 통해 단어의 의미를 정확하게 파악하는 것을 뜻한다. 스마트폰이 보편화된 시점에 책 형태의 사전을 뒤적이는 것은 여러 측면에서 비효율적으로 보일 수 있다. 그러나 사전에서 제공되는 정보는 흔히 해당 사회가 공통적으로 인정하는 언어정보의 성격을 띠기 때문에, 사전 이용자에게 언어 생활의 규범을 제시하는 역할을 한다. 따라서 유아기 때부터 사전을 활용하면 올바른 모국어 습득에 도움을 줄 수 있다. 또한 사전은 활자를 달리해서 인쇄된 가나다순의 표제어와 각각의 표제어에 대한 정보를 기술한 항목의 2중적 구조로 이루어진 체계이기 때문에, 거시와 미시, 상위와 하위 등의 개념도 명확히 알 수 있게 해준다. 더불어 유아기 때 만나는 사전은 비문학 읽기의 시작이라는 점에서도 큰 의미가 있다.

이에 유아들을 지도하는 교사들은 특히 어휘 지도에 있어 사전을 적극적으로 활용할 필요가 있다. 그러려면 우선 유아들이 활용할 수 있는 사전부터 찾아서 제공을 해야 하는데, 아쉽게도 그런 책을 찾기는 매우 어려웠다. 이런 상황은 우리나라 교육에서 사전 활용이 거의 없음에 대한 반증이라고 생각하는데, 다행히 아이들 눈높이에 맞춘 처음 어린이 국어사전을 표방한 책이 있어 소개해 본다.

『나의 첫 국어사전 | 채인선 지음 | 초록아이 | 2008』

이 책은 1,400여 개의 표제어와 300여 컷의 칼라 그림, 그리고 동시로 구성되어 있어서, 사전을 처음 접하는 아이들에게 사전의 형식에 대한 이해와 신뢰를 쌓게 해준다. 특히 사전을 읽다가 모르는 단어가 나와도 사전 안에서 찾아보고 해결을 할 수 있으며, 표제어를 설명함에 있어서는 아이들이

"ㅇㅇ는 무엇이에요?", "ㅇㅇ는 무슨 뜻이에요?"라고 물을 때 어른들이 대답해주는 방식을 빌어 쉽고 편안하게 낱말의 뜻을 풀이했다. 또한 명사 항목보다는 개념 파악이 어려운 형용사, 부사, 동사 표제어에 주로 일상이 담긴 그림을 포함시킴으로써 표제어의 뜻을 이해할 수 있게 해주었다. (예를 들면, '보호' 항목에 카멜레온이 자기 몸을 보호하기 위해 나뭇잎과 똑같은 보호색을 띠고 나뭇가지에 엎드려 있는 것을 그림으로 보여 줌. 이는 '보호'라는 개념 이해뿐 아니라 카멜레온이 어떤 동물인지, 어떤 방식으로 자기를 스스로 보호하고 있는지를 동시에 알려 준다.)

다음은 이 책의 표지와 구성, 내용의 일부이다.

〈그림 8-2〉 나의 첫 국어사전 표지

〈그림 8-3〉 나의 첫 국어사전 구성

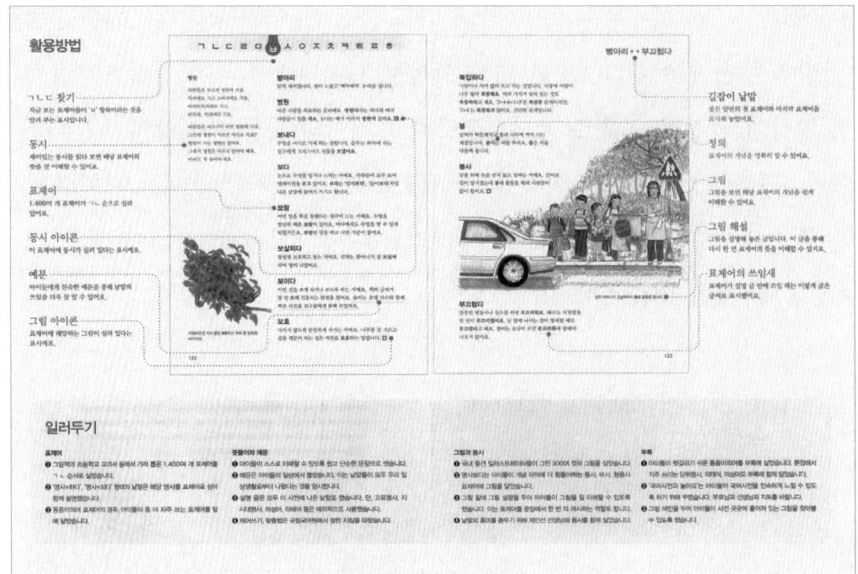

〈그림 8-4〉 나의 첫 국어사전 내용 1

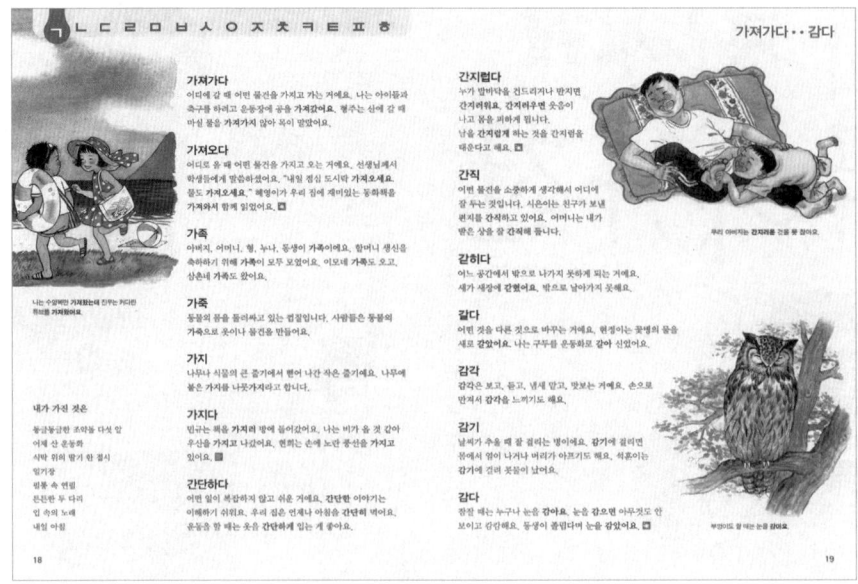

〈그림 8-5〉 나의 첫 국어사전 내용 2

2) 연어 지도

다음은 연어의 개념과 내용에 대한 설명[6]이다.

긴밀한 결합을 이루는 두 단어 사이의 관계를 가리킬 때는 연어 관계(collocational relation), 그 구체적 내용을 가리킬 때에는 연어 구성(collocational structure)이라고 부르기도 하고, 어떤 단어와 결합하는 단어를 연어라고 부르기도 한다. 또한 어휘적 의미를 지니지 않고 문법적 기능만을 지니는 요소가 관여하는 경우에는 이를 문법적 연어(colligation)라고 하여 어휘적 연어와 구분하기도 한다.

국어의 연어는 크게 '어휘적 연어'와 '문법적 연어'로 나눌 수 있다. '어휘적 연어'는 명사, 동사, 형용사, 부사와 같은 내용어들끼리 긴밀한 공기관계를 형성하는 구성을 말한다. 그리고 연어 구성을 이루는 중심 단위가 어휘소 2개로 구성되어 있으면서, 해당 단위들의 통사적 관계를 표시해주는 조사나 어미의 문법소가 포함된 경우를 말한다. 국어의 어휘적 연어는 주술(주어+서술어)관계 연어(구역질이 나다, 군침이 돌다, 나이가 들다, 눈이 부시다 등), 목술(목적어+서술어)관계 연어(김을 매다, 멱을 감다, 몸부림을 치다, 물구나무를 서다) 수식관계 연어로 나눌 수 있다. 수식관계 연어는 체언+관형격조사+체언형(간발의 차, 우연의 일치, 최후의 보루), 부사+용언형(깜빡 잊다, 깜짝 놀라다, 누누이 강조하다), 부사어+용언형(감기에 걸리다, 병에 걸리다, 타성에 젖다), 용언+관형형어미체언형(감칠 맛, 막다른 골목)으로 나눌 수 있다.

'문법적 연어'는 어절의 결합이 통사적 요인에 의한 구성을 말한다. 문법적 연어는 구성의 중심 단위가 어휘소뿐만 아니라 문법소도 포함되며 어휘소가 꼭 2개일 필요는 없다. 문법적 연어로 '결코 ~ㄹ 수 없다', '단지 ~ㄹ 뿐이다', '만약에 ~면', '~는 바람에', '반드시 ~어야 한다', '비록 ~일지라도', '설마 ~ㄹ까', '아무리 ~아도', '~에도 불구하고', '왜냐하면 ~하기 때문이다', '차마 ~ㄹ 수 없다', '하마터면 ~ㄹ 뻔하다' 등을 들 수 있다.

---

6) Daum 백과. 출처: https://100.daum.net/encyclopedia/view/14XXE0066632

3) 관용어(숙어) 지도

'관용어'는 둘 이상의 단어가 결합하여 특정한 뜻을 나타내는 언어 형태로, 흔히 비문법적이거나 문법적이더라도 구성 요소의 결합만으로 전체 의미를 이해하기 어려운 표현 등이 이에 해당한다. '눈이 높다', '머리를 식히다' 따위가 이에 해당하는데, 유아들은 주변의 어른들이 사용하는 것을 들으며 자연스럽게 의미를 익히게 된다. 따라서 교사들이 먼저 다음의 책으로 관용어에 대한 공부를 한 다음, 평소 생활 언어에 활용하면 좋겠다.

『(읽다 보면 문해력이 저절로) 그래서 이런 관용어가 생겼대요 | 우리누리 지음, 송진욱 그림 | 길벗스쿨 | 2023』

이 책은 우리가 흔히 쓰는 관용어를 '얼굴에 빗댄 관용어', '신체에 빗댄 관용어', '음식에 빗댄 관용어', '물건에 빗댄 관용어', '자연에 빗댄 관용어'로 구분해서, 그 말이 어떻게 생겨났는지에 대한 배경을 설명해 준다. 따라서 관용어의 뜻과 쓰임새를 자연스레 이해할 수 있도록 도와주는데, 일례로 '얼굴에 빗댄 관용어' 중에서 '콧대가 높다'에는 이런 의미가 담겨 있다고 한다.

> '코'는 얼굴 한가운데 있으면서 가장 높이 솟은 부분이라 자존심이나 자부심을 드러내는 표현을 쓸 때 코에 비유하는 경우가 많아요. 그래서 상대를 우습게 여기거나 뽐내는 태도를 가리켜 '콧대가 높다'라고 합니다. – 35p.

이밖에도 이 책에 실려 있는 관용어는 다음과 같은 것들이 있다.

- 얼굴에 빗댄 관용어 : 골머리를 썩이다, 귀가 얇다, 귀를 기울이다, 귀에 딱지가 앉다, 낯을 가리다, 눈 깜짝할 사이, 눈독을 들이다, 눈이 맞다, 면목이 없다, 얼굴이 두껍다, 이를 갈다, 입에 침이 마르다, 입을 맞추다, 콧대가 높다, 콧방귀를 뀌다, 혀를 차다,

- 신체에 빗댄 관용어 : 가슴에 새기다, 간이 크다, 다리 뻗고 자다, 뒤통수를 맞다, 머리를 맞대다, 머리 꼭대기에 앉다, 몸을 사리다, 무릎을 꿇다, 무릎을 치다, 발등에 불이 떨어지다, 발목 잡히다, 발이 넓다, 배가 아프다, 손을 씻다, 손을 잡다, 어깨가 무겁다.

- 음식에 빗댄 관용어 : 국물도 없다, 국수를 먹다, 그림의 떡, 깨가 쏟아지다, 뜨거운 맛을 보다, 뜸을 들이다, 밥 먹듯 하다, 입맛대로 하다, 죽을 쑤다, 찬밥 더운밥 가리다, 초를 치다, 한솥밥을 먹다

- 물건에 빗댄 관용어 : 가면을 벗다, 감투를 쓰다, 나사가 풀리다, 다리를 놓다, 담을 쌓다, 색안경을 쓰다, 쐐기를 박다, 첫 단추를 끼우다, 트집을 잡다, 판에 박다, 풀이 죽다, 허리띠를 졸라매다

- 자연에 빗댄 관용어 : 가시가 돋다, 꽃을 피우다, 날개를 펴다, 떠오르는 별, 뜬구름 잡다, 물 만난 고기, 물불을 가리지 않다, 불 보듯 뻔하다, 빛을 보다, 뿌리를 뽑다, 약이 오르다, 쥐도 새도 모르게, 파리 날리다, 하늘이 노랗다, 해가 서쪽에서 뜨다

그 외 교사들이 참고할만한 책에는 다음과 같은 것도 있다.

『(만화로 배우는) 또박또박 따라쓰기 관용구 | 이젠교육연구소 지음 | 이젠교육 | 2023』

4) 속담 지도

'속담'은 오랜 세월을 거쳐 삶에서 얻은 경험과 교훈이나 어떠한 가치에 대한 견해를, 간결하고도 형상적인 언어 형식으로 표현한 말로 관용적 표현의 일종이다. 다음은 EBS-TV에서 방송되었던 「애니 키즈」에 나왔던 70개의 속담들이다.

- **천 리 길도 한 걸음부터**: 아무리 큰 일이라도 처음에는 작은 일부터 시작된다는 것.
- **까마귀 날자 배 떨어진다**: 아무 관계없이 한 일이 공교롭게도 무슨 관계라도 있는 듯한 의심을 받을 때.
- **발 없는 말이 천 리 간다**: 소문은 빨리 전달되므로 항상 말조심을 해야 한다는 것.
- **사람은 죽으면 이름을 남기고 호랑이는 죽으면 가죽을 남긴다**: 인생에서 가장 중요한 것은 생전에 보람 있는 일을 해놓아 후세에 명예를 떨치는 것.
- **하늘이 무너져도 솟아날 구멍이 있다**: 아무리 큰 재난에 부딪히더라도 그것에서 벗어날 길은 있다.
- **가재는 게 편**: 됨됨이나 형편이 비슷하고 인연 있는 것끼리 서로 편이 되어 사정을 봐줌.
- **꿩 먹고 알 먹기**: 한 가지 일을 하고 두 가지 이익을 볼 때 쓰는 말이라는 것.
- **뿌린 대로 거둔다**: 노력하면 무엇이든 이룰 수 있다.
- **뛰는 놈 위에 나는 놈 있다**: 아무리 재주가 있다 하여도 그보다 나은 사람이 있으니 어떤 일을 하든 겸손한 마음으로 열심히 노력해서 실력을 키워나가야 한다는 것.
- **우물 안 개구리**: 열심히 보고 듣고 배워서 많은 경험을 쌓는 것이 중요하다는 것.
- **개구리 올챙이 적 생각 못 한다**: 자기의 지위가 높아지면 전날의 미천하던 때의 생각을 못 한다는 뜻으로, 과거가 없으면 현재도 없다는 사실을 마음 깊이 새겨두고 겸손해야 한다는 것.
- **길고 짧은 것은 대어 보아야 안다**: 크고 작고, 이기고 지고, 잘하고 못하는 것은 실제로 겨루어 보거나 겪어 보아야 알 수 있다는 것.
- **그림의 떡**: '그림의 떡'을 보고 부러워하거나 안타까워하기 보다는 열심히 노력해서 하고 싶은 일을 할 수 있게 유도해야 한다.
- **소 잃고 외양간 고친다**: 이미 일을 그르치고 난 뒤 뉘어쳐도 소용이 없다는 뜻.
- **열 번 찍어 안 넘어가는 나무가 없다**: 여러 번 계속해서 애쓰면 어떤 일이라도 이룰 수 있다는 뜻으로서, 꾸준히 지속적으로 노력하면 결국에는 이룰 수 있다는 것.
- **좋은 약은 입에 쓰다**: 듣기 싫고 거슬리는 말이라도 제 인격 수양에는 이롭다는 것을 보여준다.
- **공든 탑이 무너지랴**: 힘을 다하고 정성을 다하여 한 일은 헛되지 않아 반드시 좋은 결과를 얻는다.
- **자라 보고 놀란 가슴 솥뚜껑 보고 놀란다**: 무엇에 한 번 혼난 사람이 그와 비슷한 것만 보아도 깜짝 놀란다는 의미.

- **원숭이도 나무에서 떨어진다**: 아무리 능숙한 사람도 실수할 때가 있다는 의미.
- **못된 송아지 엉덩이에 뿔 난다**: 건방지고 좋지 못한 짓을 하는 것을 경계하도록 한다.
- **세 살 버릇 여든까지 간다**: 어려서부터 좋은 버릇을 들여야 한다는 의미.
- **아는 길도 물어보고 가라**: 아무리 잘 아는 일이라도 조심하여 실수 없게 해야 한다는 것의 중요성.
- **티끌 모아 태산**: 작은 거라도 모이면 큰 것이 된다는 뜻. 작은 실천의 중요성.
- **식은 죽 먹기**: 하기가 매우 쉽다는 의미의 속담.
- **가는 말이 고와야 오는 말이 곱다**: 내가 남에게 좋게 해야 남도 나에게 잘한다는 의미.
- **바늘 가는 데 실 간다**: 바늘이 가는 데 실이 항상 뒤따른다는 뜻으로, 사람의 긴밀한 관계를 비유적으로 이르는 말.
- **가랑비에 옷 젖는 줄 모른다**: 대수롭지 않은 것이라도 자꾸 거듭되면 무시하지 못할 것이 된다.
- **소문난 잔치에 먹을 것 없다**: 소문에 비해 내용이 보잘 것 없다.
- **닭 쫓던 개 지붕 쳐다보듯**: 애써 하던 일이 실패로 돌아가거나 남보다 뒤떨어져 맥 빠진 모양을 나타냄.
- **믿는 도끼에 발등 찍힌다**: 믿고 있던 것에 탈이 생기거나 해를 입다.
- **가까운 남이 먼 친척보다 낫다**: 가까이 사는 남이 어려울 때 도와주는 일이 먼 친척보다 잦기 때문에 이르는 말.
- **손바닥으로 하늘 가리기**: 현실을 직시하지 않고 자신의 생각만 고집하는 태도를 비유적으로 표현.
- **바늘 도둑이 소도둑 된다**: 작은 나쁜 짓도 자꾸 되풀이 하게 되면, 나중에는 큰일을 저지르게 된다.
- **도토리 키 재기**: 서로 비슷하다는 의미.
- **똥 묻은 개가 겨 묻은 개 나무란다**: 본인은 더 큰 흉이 있으면서 도리어 남의 작은 흉을 볼 때.
- **산 넘어 산이다**: 갈수록 점점 더 고생이 심해질 때.
- **사촌이 땅을 사면 배가 아프다**: 남이 잘되는 것을 기뻐해 주지 않고 오히려 질투, 시기하는 경우의 비유적 표현.
- **구렁이 담 넘어가듯**: 어떤 일을 하면서 끊고 맺음을 바로 하지 않고 슬그머니 얼버무려 넘어가려 할 때.
- **꼬리가 길면 밟힌다**: 나쁜 일을 오래 하면 끝내는 들키고야 만다.

- **물에 물 탄 듯, 술에 술 탄 듯**: 주견이라 주책이 없이 말이나 행동이 분명하지 않음을 비유적으로 이름.
- **구르는 돌에는 이끼가 끼지 않는다**: 사람이 쉬지 않고 활동해야만 발전이 있다는 말.
- **못 된 송아지 엉덩이에 뿔이 난다**: 바르지 못한 사람은 자라면서도 나쁘고 엇나가는 짓만 골라서 한다는 의미.
- **빈 수레가 요란하다**: 없는 자가 있는 체 더 떠벌린다는 뜻.
- **등잔 밑이 어둡다**: 너무 가까운 곳에서 생긴 일은 먼 곳에서 벌어진 일보다 더 알기 어렵다.
- **떡 줄 사람은 생각도 않는데 김칫국부터 마신다**: 아직 이뤄지지 않은 일을 미리 즐기거나 기대하는 것을 비유적으로 표현.
- **병 주고 약 준다**: 해를 입힌 뒤에 달래준다.
- **해가 서쪽에서 뜨다**: 있을 수 없는 일의 비유.
- **울며 겨자 먹기**: 싫지만 마지못해 하는 것.
- **계란으로 바위치기**: 이익은커녕 손해만 보는 어리석은 일을 비유.
- **자라보고 놀란 가슴 솥뚜껑 보고 놀란다**: 경험 부족, 무지, 경솔함에서 오는 실수의 반복을 비판.
- **비 온 뒤에 땅이 굳어진다**: 힘든 일이 있은 후 더 단단해 진다.
- **사공이 많으면 배가 산으로 간다**: 의견이 많거나 책임자가 여러 명이면 일이 제대로 이뤄지지 않는다.
- **하나를 보면 열을 안다**: 한 가지 사물이나 사건을 보고 전체를 미루어 알 수 있다.
- **닭 잡아먹고 오리발 내놓기**: 이미 저지른 잘못을 숨기거나 변명하려는 것을 비유.
- **원수는 외나무다리에서 만난다**: 서로 만나게 될 사람들은 어디서든 만날 수 있다는 의미.
- **돌다리도 두들겨 보고 건너라**: 모든 일을 꼼꼼하게 살펴보고 검증해야 한다.
- **낫 놓고 기역 자도 모른다**: 기역 자 모양의 낫을 보고도 모르듯, 무식함을 비유 할 때.
- **미운 아이 떡 하나 더 준다**: 미운 사람에게 더 잘해 준다.
- **공든 탑이 무너지랴**: 정성을 다한 일은 헛되지 않고 반드시 좋은 결과를 얻는다.
- **지렁이도 밟으면 꿈틀한다**: 아무리 약하고 보잘 것 없는 사람도 지나치게 업신여기면 반항한다.
- **누워서 떡 먹기**: 쉽게 할 수 있는 일.

- **백지장도 맞들면 낫다**: 아무리 쉬운 일이라도 협력하면 훨씬 더 효과적.
- **세살 버릇 여든까지 간다**: 어릴 때부터 나쁜 버릇이 들지 않도록 잘 가르쳐야 함을 비유.
- **수박 겉핥기**: 내용은 모르고 겉만 건드림.
- **낮말은 새가 듣고 밤말은 쥐가 듣는다**: 말조심.
- **누워서 침 뱉기**: 남을 해하려고 한 짓이 오히려 본인에게 해가 됨.
- **고양이 목에 방울 달기**: 실현 불가능하거나 무모한 계획을 세우는 것을 비유.
- **꿩 먹고 알 먹고**: 한 가지 일로 두 가지 이익을 얻음.
- **개똥도 약에 쓰려면 없다**: 평소에 흔하던 것도 막상 긴하게 쓰려면 없을 때.
- **고래 싸움에 새우 등 터진다**: 남들 싸움에 상관없는 타인이 피해를 볼 때.
- **배보다 배꼽이 더 크다**: 기본적인 것 보다 그에 딸린 것이 비용이나 노력이 더 클 때.

몸으로 말해요

　이 활동은 속담을 몸으로 표현해 보는 것으로, 유아들의 신체 표현력과 조절력을 동시에 키워줄 수 있다. 또한 음성으로 듣는 것은 '청각형'의 학습자, 문자로 보는 것은 '시각형'의 학습자에게 유리하다면, 몸으로 표현하는 것은 '운동 감각형'의 학습자들에게 유리하기 때문에, 유아들에게 자신만의 동작으로 표현해 보게 하자. 이 활동은 한 명의 유아가 문제를 내고, 그 외 유아들이 맞히는 퀴즈 형식으로 진행해도 좋다.

속담 초성 퀴즈

　'초성'은 한 음절에서 맨 처음에 나는 소리이다. 따라서 이 활동은 속담의 음절을 끊어 초성으로 만든 뒤, 그것을 보고 전체 내용을 맞혀보게 하는 것이다. 다음은 속담 초성 퀴즈의 예시와 정답이다.

> **예시**
>
> ㄸㅇㅇㅂㅕㄹ | ㅇㅂㅇ감ㅊ | ㅇ물ㅇㅅㅅㄴㅊㄴㄷ
>
> ㅂㅇㄴ말ㅇㅊㄹㄱㄷ | ㅂㄴㄱㄴㄷ실ㄱㄷ
>
> 뛰어야 벼룩 | 약방의 감초 | 우물에서 숭늉 찾는다
> 발 없는 말이 천리 간다 | 바늘 가는 데 실 간다

5) 의성어·의태어 지도

'의성어'는 사람이나 사물의 소리를 흉내 낸 단어로, '멍멍, 꼬꼬댁꼬꼬, 꾀꼴꾀꼴, 덜커덩덜커덩, 아삭아삭, 졸졸, 쿨쿨, 둥둥' 등이 그 예이다. 의성어는 소리를 직접 모방한 것이기는 하지만, 단순한 모방이 아니라 각 언어 나름대로의 기호화 절차를 거침으로써 이루어지는 것이다. 따라서 똑같은 소리를 모방한다 하더라도 각 국어마다 서로 다른 의성어를 가지게 된다.

'의태어'는 사물이나 사람의 모양이나 태도·행동 등을 묘사한 단어로, '덥석, 끄떡, 갸우뚱, 후닥닥, 촐랑촐랑, 기웃기웃, 방긋방긋, 울긋불긋, 들썩들썩, 반짝반짝, 사부랑삽작, 엎치락뒤치락, 붉으락푸르락, 헐레벌떡헐레벌떡' 등이 그 예이다. 사물에서 나는 소리나 인간이 내는 소리를 모방한 의성어와 함께 상징어에 속한다.

우리말은 이러한 상징어가 순수고유어로 되어 있으면서 매우 발달되어 있다는 특징을 가지는데, 특히 의성어보다도 의태어가 더 발달되어 있다. 의성어가 소리의 모방에 의거하여 성립된 낱말인데 반하여, 의태어는 모방과는 관계없이 양태를 상징적으로 묘사함으로써 성립된 낱말이다. 그러나 의성어와 의태어는 형태론적이나 통사론적으로 거의 동일한 구성과 기능을 가지므로 이 둘을 함께 묶어서 다루는 것이 일반적인 경향이다.

의성어 및 의태어 지도는 '동시'를 바탕으로 실시해보자. 마침 소리와 형태, 움직임에서 오는 다양한 이미지들이 시어와 조합되어 유아들이 유쾌하고도 즐거운 상상을 마음껏 펼칠 수 있는 작품이 있다. 다음은 해당 책의 서지사항과, 내용의 일부이다.

『(박성우 시인의) 의성어 의태어 낱말 동시집 | 박성우 지음, 서현 그림 | 비룡소 | 2023』

〈그림 8-6〉 동시 '어휴, 다 고래고래'

이 책에는 총 47편의 동시가 담겨 있다. 따라서 각 동시들을 유아들과 함께 읽을 때 의성어가 담긴 부분에서는 실제와 비슷하게 소리를 내보게 하고, 의태어가 담긴 부분에서는 동작으로 표현해 보게 하면 되겠다.

또한 시 교육의 최종 목적은 자신의 시를 개발하는 것이므로, 유아들이 평소 생활을 하며 가장 많이 사용하는(혹은 듣거나 보는) 의성어와 의태어에는 어떤 것들이 있는지 이야기를 나누어 보고, 그것을 바탕으로 직접 시를 써서 표현해 보게 하는 것도 좋겠다.

나아가 이 책의 구성처럼 시화를 그리듯 시 내용을 네 컷의 만화 혹은 그림으로 그려보게 하면, 글쓰기와 미술, 연극 놀이가 융합된 종합 표현 예술 교육이 될 수도 있을 것이다. 다음은 이 책에 담겨 있는 '방울토마토 하나'라는 시와, 시적 의미를 확장시키는 네 컷 만화이다.

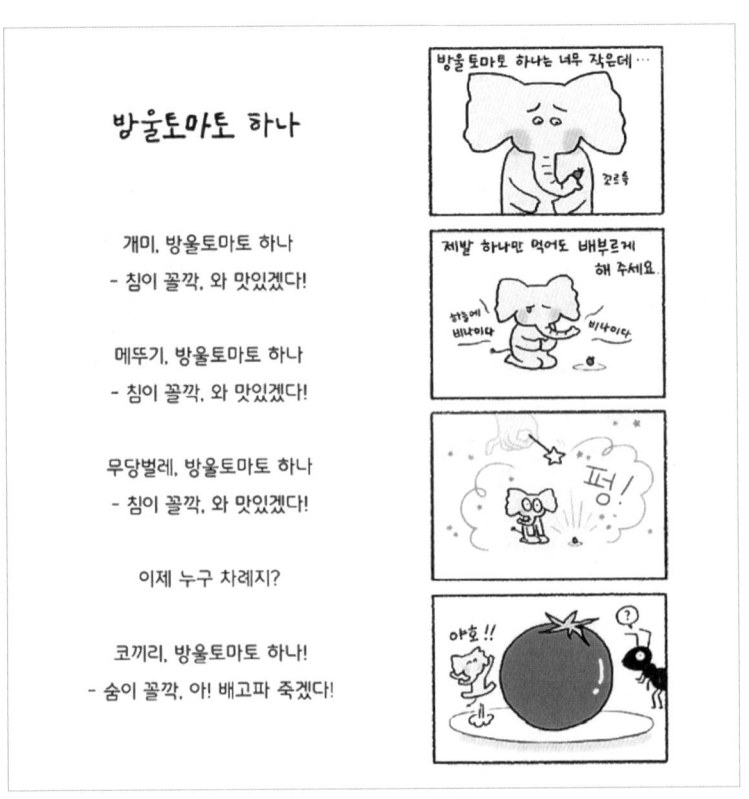

〈그림 8-7〉 동시 '방울토마토 하나'

6) 경어법 지도

'경어법'은 화자가 청자 또는 문장에서 언급되는 인물이나 그 인물에 관련되는 사물을 높이거나 낮추는 국어의 문법이다. 경어법에는 어휘적 경어법과 문법적 경어법의 2가지가 있는데, '어휘적 경어법'은 어휘의 사용면에서 경어법이 표현되는 것이고, '문법적 경어법'은 어미, 즉 형태소의 사용면에서 경어법이 표현되는 것이다. 경어법은 어떤 대상에 대하여 화자가 존대의향이나 하대의향을 가질 때 경어나 비어를 사용하는 경우뿐 아니라, 평어를 사용하는 경우까지 다 포함한다. 경어법은 지역, 세대, 연령, 남녀의 성차 등에 따라 조금씩 다른 양상을 보이기도 한다.

따라서 유아들에게 경어법의 체계 전체를 제대로 가르치기는 어렵다. 이에 '어휘적 경어법'에서 조사나 접사에 의한 경어법 가운데 '에게', '한테', '더러' 등에 대하여 '께'를 사용하는 점과, 유아 자신이 어른들에게 말하는 입장일 때와 관련 있는 '나'를 '저'로 바꾸는 정도부터 가르치면 좋겠다.

7) 유의어 지도

'유의어'는 한 언어에서 비슷한 의미를 가진 말로, 우리말에는 유의어가 많아 풍부한 표현이 가능하다. 따라서 유아들도 유의어를 많이 알고 있으며 잘 활용할 수 있다면 어휘가 풍성한 언어 생활을 할 수 있을 것이다.

다음은 『어휘력 키우는 유의어 글쓰기 | 박재찬 지음, 이나영 그림 | 다락원 | 2023』에 담겨 있는 유의어들이다.

4부 유아 논리·논술 지도의 전개

■ 겪은 일을 표현하는 글

- 소중하다 / 귀하다 / 금쪽같다
- 낭송하다 / 낭독하다 / 외우다
- 먹다 / 삼키다 / 마시다
- 만들다 / 꾸미다 / 짓다
- 기쁘다 / 달갑다 / 흐뭇하다
- 좋아하다 / 아끼다 / 즐기다
- 위로하다 / 달래다 / 위안하다
- 연결되다 / 이어지다 / 연관되다
- 감사하다 / 고마워하다 / 감격하다
- 화나다 / 성나다 / 욱하다

- 혼내다 / 야단치다 / 꾸짖다
- 많다 / 넉넉하다 / 무수하다
- 마주치다 / 만나다 / 부딪치다
- 구부리다 / 숙이다 / 굽히다
- 미안하다 / 죄송하다 / 부끄럽다
- 어이없다 / 엉뚱하다 / 터무니없다
- 속상하다 / 언짢다 / 괴롭다
- 끼어들다 / 새치기하다 / 파고들다
- 뻔하다 / 확실하다 / 분명하다
- 설득하다 / 회유하다 / 타이르다

■ 주변 소재에 대해 소개하는 글

- 설명하다 / 소개하다 / 논하다
- 기억하다 / 암기하다 / 간직하다
- 포함하다 / 함축하다 / 내포하다
- 이동하다 / 움직이다 / 건너다
- 짐작하다 / 헤아리다 / 가늠하다
- 몰아내다 / 물리치다 / 쫓아내다
- 다르다 / 상이하다 / 특별하다
- 찾다 / 살피다 / 구하다
- 입다 / 쓰다 / 걸치다
- 당기다 / 잡아당기다 / 끌다

- 서운하다 / 아쉽다 / 아깝다
- 비교하다 / 대비하다 / 견주다
- 굉장하다 / 훌륭하다 / 엄청나다
- 위협하다 / 겁주다 / 협박하다
- 무르다 / 연하다 / 말랑하다
- 희한하다 / 신기하다 / 이상하다
- 휘두르다 / 흔들다 / 좌지우지하다
- 사라지다 / 숨다 / 떠나다
- 어울리다 / 조화되다 / 사귀다
- 캄캄하다 / 어둡다 / 막막하다

■ 이유를 들어 의견을 제시하는 글

- 노력하다 / 애쓰다 / 주력하다
- 으스대다 / 우쭐대다 / 뽐내다
- 보내다 / 전하다 / 물려주다
- 닳다 / 낡다 / 소모되다
- 계산하다 / 셈하다 / 헤아리다
- 살피다 / 관찰하다 / 둘러보다
- 주의하다 / 조심하다 / 경계하다
- 적합하다 / 적당하다 / 알맞다
- 보존하다 / 지키다 / 보호하다
- 사용하다 / 이용하다 / 다루다

- 충분하다 / 풍족하다 / 족하다
- 허다하다 / 흔하다 / 수많다
- 필요하다 / 절실하다 / 요긴하다
- 얇다 / 얄따랗다 / 엷다
- 간추리다 / 정리하다 / 요약하다
- 반복하다 / 거듭하다 / 중복하다
- 북적거리다 / 붐비다 / 복작거리다
- 한없다 / 무한하다 / 끝없다
- 절약하다 / 검약하다 / 절감하다
- 기르다 / 키우다 / 보살피다

8) 동음이의어 지도

'동음이의어'는 문자 그대로는 발음이 같지만 뜻은 다른 단어를 말하는데, 예로는 먹는 '배(梨)'와 타는 '배(船)'가 있다. 우리말은 한자어의 영향으로 동음이의어가 많기 때문에, 이를 명확하게 구분 지으려면 어릴 때부터 한자를 배우는 것이 좋다. 하지만 한자 교육이 정규 교과에 포함되어 있지 않기 때문에 개인적인 관심과 노력으로 공부를 하거나, 혹은 개인의 감각에 의존해 생활에서 자연스럽게 구분할 수 있는 역량을 키울 수밖에 없다. 동음이의어 지도를 위한 교육 자료는 다음의 책들이 제공해줄 것이다.

『만 4세 재밌다 한글 2: 합성어, 흉내말, 동음이의어, 반대말 | 이영 지음, 루이스 앵글리카스 그림 | 블루래빗 | 2020』

『논리 쑥쑥 말이 술술: 동음이의어 | 재단법인 파라다이스복지재단 지음 | 파라다이스복지재단 | 2015』

『꿀떡을 꿀떡 | 윤여림 지음, 오승민 그림 | 천개의바람 | 2017』

2 알리기 위한 말 지도

'알리기 위한 말 지도'는 생각과 감정, 상황 등 자신의 상태에 대해 정확하게 알릴 수 있는 측면에서의 교육 영역으로, 세부 방안은 다음과 같다.

1) 생각을 알려요

생각은 어떤 경험이나 기억, 혹은 사고나 판단, 이해 등을 글이나 언어로 표현하기 전 마음속에 추상적으로 남아 있는 것을 말한다. 따라서 때로는 본인도 왜 그런 생각이 들었는지, 어떻게 정리를 해서 표현을 해야 할지 모르는 경우가 있다. 다음에 소개하는 그림책들은 생각의 속성에 대해 다루고 있으니, 교육을 시작하면서 함께 읽어보면 좋겠다. 더불어 유아들이 생각하는 생각은 무엇인지, 생각한다는 건 또 무엇인지에 대해 이야기를 나누어 봐도 좋겠다.

> 『생각 | 이보나 흐미엘레프스카 지음, 이지원 옮김 | 논장 | 2004』
> 『생각한다는 건 뭘까? | 채인선 글, 안은진 그림 | 미세기 | 2014』
> 『생각하는 개구리 시리즈 | 이와무라 카즈오 지음, 박지석 옮김 | 진선아이 | 2021』

이어서 생각한 것을 '비주얼 씽킹(Visual Thinking)'을 통해 글과 그림으로 체계화하고 기억력과 이해력을 높일 수 있도록 해보자. '비주얼 씽킹'은 사물이나 현상, 단어와 같이 머릿속에 떠오르는 생각(개념)을 최대한 빠르면서도 간단하게 그림으로 그려 정리하여, 자신과 타인을 이해시키는 용도로 활용할 수 있는 시각적 사고 방법이다. '디자인 씽킹(Design Thinking)'과 같은 개념으로 사용되고, 표현 방식은 '마인드맵(Mind Map)'과 유사한데, 능동적인 관찰을 하고, 추상적인 개념을 구체적으로 만들며, 지식을 재구조화하여 내 것으로 만들어 표현하여 또래들과 나누기 때문에 내가 아는 것과 모르는 것을 분명하게 구분할 수 있는 메타 인지가 작동된다. 그야말로 자기 주도적 학습을 하는 것이다. 이에 아직 언어 능력이 부족해 말과 글로는 자신의 생각을 충분히 표현하기 어려운 유아들에게, 그림을 그려 설명하고 이해를 구할 수 있는 방법으로 활용할 수 있도록 해보자. 다음은 비주얼 씽킹의 예시이다.

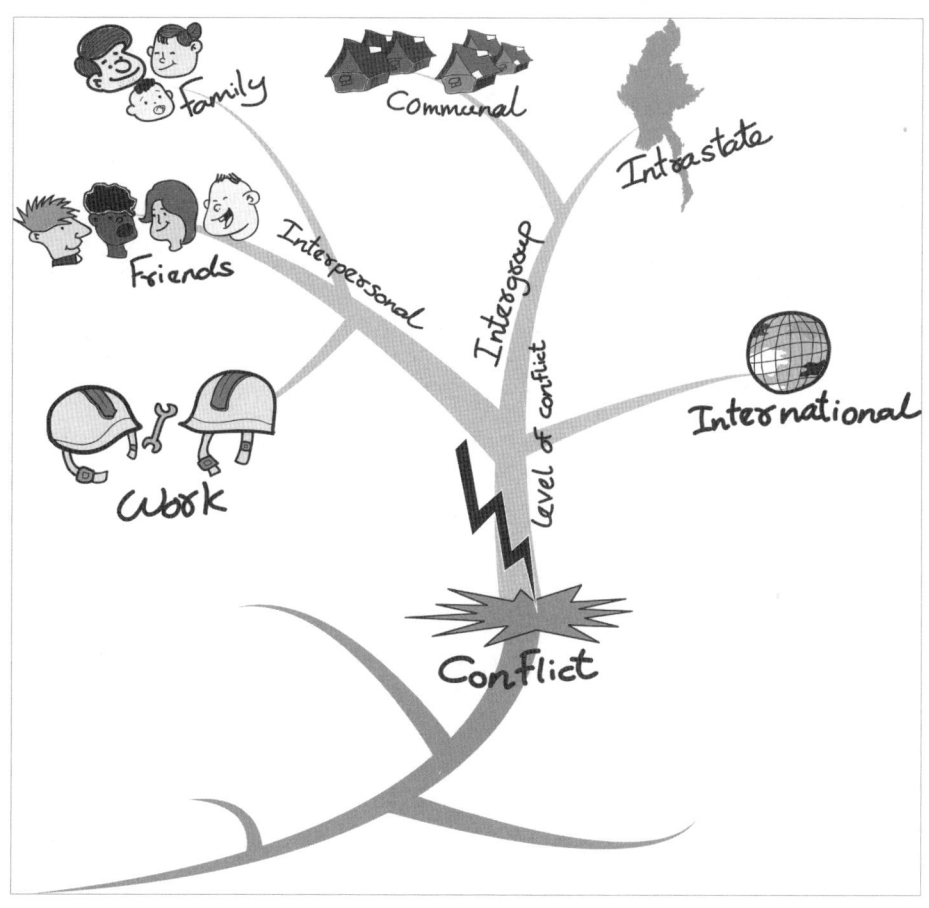

〈그림 8-8〉 비주얼 씽킹 예시

2) 감정을 알려요

'감정'은 어떤 현상이나 일에 대하여 일어나는 마음이나 느끼는 기분으로, 사람의 마음에 일어나는 여러 가지 감정은 정서(情緖)라고 한다. 인간의 발달 과정에서 '쾌'와 '불쾌'가 나뉘는 시점은 생후 3개월부터라고 하는데, 불쾌 정서가 더 빨리 관측된다. 이후 5-6개월경에는 불쾌 정서가 '분노' 및 '혐오'로 분화되고, 9개월경에는 불쾌에서 '공포'가 분화되며, 10에서 12개월쯤에는 '쾌' 정서가 '의기양양함'과 '애정'으로 나뉜다. 또한 18개월경에는 '질투'가 불쾌에서 떨어져 나오고 생후 2년에 쾌에서 '기쁨'이 생겨난다. 한편 이렇게 발달한 감정이 함께 발전하는 인지구조의 영향을 받으면서 '수치심'(18개월)이나 '죄책감'(3년)같은 복잡한 감정도 출현한다.

그런데 이와 같은 감정도 생각과 마찬가지로 자신이 정확하게 인지하지 못하는 경우가 많다. 또한 나이가 들어가면서 점차 복잡해지기 때문에 적절하게 표현하지 못하는 경우도 많다. 하지만 우리말 단어 중 감정을 표현할 수 있는 것이 무려 434개나 된다고 한다. 이 결과는 박인조가 2000년도에 발표한 석사학위논문『한국어 감정 단어의 분석 : 감정 단어 목록 마련과 차원 검색』[7]에 담겨 있는데, 놀랍게도 그 중 70% 이상이 불쾌할 때 사용하는 것이라고 하니, 적정 단어를 알고만 있다면 속 시원하게 표현할 수 있는 기회가 될 것이다.

하지만 성인들이 평소 표현하는 감정 단어의 수는 채 20개를 넘지 않는다. 이는 감정 단어를 모르기 때문이기도 하지만, 특히 부정적인 감정을 드러내지 않으려는 속성으로 인한 결과이다. 따라서 오히려 유아들이 감정 표현을 더 잘 할 수 있다고 생각하는데, 다만 다양한 단어를 모르기 때문에 얼굴 표정이나 몸 전체를 활용한다는 차이가 있다.

---

[7] 박인조. 2000.『한국어 감정 단어의 분석 : 감정 단어 목록 마련과 차원 검색』. 석사학위논문. 서울대학교 대학원 심리학과 성격심리학전공.

따라서 유아들이 자신의 감정을 알리는 데에는 다양한 감정 표정이 담긴 얼굴 스티커를 사용하는 것이 효과적이다. 마침 문구에 가면 크기별 스티커를 쉽게 찾을 수 있기 때문에 필요한 것을 골라서 사용하면 되겠고, 아니면 다음의 그림을 라벨지에 인쇄를 해서 활용하는 것도 좋은 방법이다.

〈그림 8-9〉 여러 얼굴 표정 1

〈그림 8-10〉 여러 얼굴 표정 2

3) 상황을 알려요

'상황'은 어떤 일이나 현상 따위가 이루어지거나 처해 있는 일정한 때의 모습이나 형편을 말한다. 인생을 살다 보면 좋은 상황 혹은 나쁜 상황 등 여러 상황에 처하게 되는데, 이는 유아들도 마찬가지이다. 따라서 유아들도 자신이 처한 상황을 파악할 수 있어야 하며, 특히 어려운 상황일 때는 신속하면서도 정확하게 주변 어른들에게 도움을 청해야 한다. 그러나 평소 훈련이 되어 있지 않거나 공포를 느끼고 있다면 제대로 대응하기가 어렵다. 이에 이 활동은 바로 그와 같은 여러 상황에 처했을 때를 가정하여 적절히 알리는 방안을 교육하기 위한 것으로, '안전 교육'과 연결 지어도 좋다.

'2019 개정 누리과정'의 '신체 운동 건강' 영역을 살펴보면, 〈건강하게 생활하기〉에는 '자신의 몸과 주변을 깨끗이 한다.', '몸에 좋은 음식에 관심을 가지고 바른 태도로 즐겁게 먹는다.', '하루 일과에서 적당한 휴식을 취한다.', '질병을 예방하는 방법을 알고 실천한다.'가, 그리고 〈안전하게 생활하기〉에는 '일상에서 안전하게 놀이하고 생활한다.', 'TV, 컴퓨터, 스마트폰 등을 바르게 사용한다.', '교통안전 규칙을 지킨다.', '안전사고, 화재, 재난, 학대, 유괴 등에 대처하는 방법을 경험한다.'가 포함되어 있다. 따라서 이 가운데 유아들도 겪을 수 있는 일이기에 적절한 알림이 필요하다 여겨지는 상황을 골라 적정 교육을 실시할 필요가 있다.

상황을 알릴 때 가장 효과적인 방법 중 한 가지는 '6하 원칙'을 활용하는 것이다. '6하 원칙'은 기사문, 보도문과 같은 글의 작성에 있어서 반드시 들어가야 할 여섯 가지 요소로, 누가(who), 언제(when), 어디서(where), 무엇을(what), 어떻게(how), 왜(why)이며, 각각의 알파벳 앞 글자를 따서 '5W1H'라고도 부른다.

다음은 교통사고를 당한 유아가 그 상황을 부모님께 전화로 6하 원칙에 따라 전달하는 내용이다.

> 누가: 내가
>
> 언제: 방금 전에
>
> 어디서: 태권도 학원에서 나와 횡단보도를 건너다가
>
> 무엇을: 교통사고가 나서
>
> 어떻게: 다리를 다쳤다.
>
> 왜: 오토바이가 멈추지 않고 달려와서

'6하 원칙'은 순서를 바꾸어 말할 수 있다. 또한 자신이 겪은 일이라면 '누가'를 생략해서 더욱 간결하게 말할 수도 있다. 위 내용의 순서를 바꾸어 정리하면 다음과 같다.

"방금, 태권도 학원에서 나와 횡단보도를 건너다, 오토바이와 부딪쳐서 다리를 다쳤어."

3 설득을 위한 말 지도(토론하기)

'설득'은 상대가 내 이야기를 따르도록 말하는 것으로, 주로 토론이나 연설, 강연 등에서 해설자나 연설자가 자신에게 동조하지 않거나 자신과 반대되는 의견을 가진 상대(청중)에게, 자신의 의견에 동의할 수 있도록 알아듣게 여러 가지 방면으로 깨우쳐 말하는 행위를 뜻한다. 설득의 전략에는 '이성적 설득', '감성적 설득', '인성적 설득'이 있는데, '이성적 설득'은 논리적인 근거를 들어 말하는 이의 주장을 뒷받침하는 방법으로 논증이나 실제로 있었던 일들을 활용하여 설득력을 높일 수 있다. 이어서 '감성적 설득'은 감정에 호소하여 듣는 이의 마음을 사로잡는 것으로, 유머를 사용하여 즐거움을 주거나, 공포심을 자극하여 문제점을 강조하거나, 청자의 욕망이나 동정심 같은 감정을 불러

일으켜 설득력을 높일 수 있다. 마지막으로 '인성적 설득'은 말하는 이의 인성을 바탕으로 하여 전하는 말에 신뢰를 주는 것으로, 말하는 이의 전문성, 도덕성, 사회성 등의 인생관을 바탕으로 하여 듣는 이의 신뢰감을 높일 수 있다.

따라서 '설득을 위한 말 지도'는 세 가지 전략을 바탕으로 계획 및 운영할 수 있는데, 우선 '이성적 설득'은 다소 논리가 부족하더라도 유아 본인의 경험을 근거로 삼아 다른 유아들을 설득해보게 하는 방법을 적용할 수 있다. 이어서 '감성적 설득'에서 '공포심을 자극하여 문제점을 강조하는 것'은 이미 가정에서 부모들이 많이 사용하고 있기 때문에 적정 예시만 제시하면 이해가 빠를 것이다. 일례로 "너 ~하지 않으면 망태 할아버지가 잡아 간다."는 아주 오래 전부터 사용되던 공포심을 자극한 '감성적 설득'의 대표적 형태이다.

이어서 '토론'은 특정한 논제에 대해 찬성과 반대로 대립하는 두 편이, 논거를 바탕으로 자신의 주장을 펼쳐 상대방과 청중을 설득하고자 하는 말하기이다. 따라서 사고력이 필요하기 때문에 아직 인지 발달이 덜 된 유아들에게는 적용하기 어려운 방법인데, 그럼에도 객관적이면서도 합리적인, 그래서 논리적인 근거를 준비하는 훈련은 필요하다. 따라서 유아들에게 적용할 수 있는 첫 번째 방안으로 '신호등 토론'을 제안한다.

'신호등 토론'은 어떤 주장에 대해 찬성의 입장이면 녹색, 반대 입장이면 빨강색, 중립이거나 잘 모르겠으면 노란색을 선택하는 것으로, 이 세 가지 색깔이 신호등에 포함되어 있기 때문에 붙여진 이름이다. 이 활동을 하려면 유아들에게 세 가지 색깔의 깃발을 나누어 주고 입장에 알맞은 색을 골라 자신의 의견을 표현하게 하는 방법, 혹은 책상이나 의자, 벽면에 각각의 색깔을 붙여둔 뒤 입장이 정해지면 그곳으로 움직이게 하는 방법 등을 활용할 수 있다.

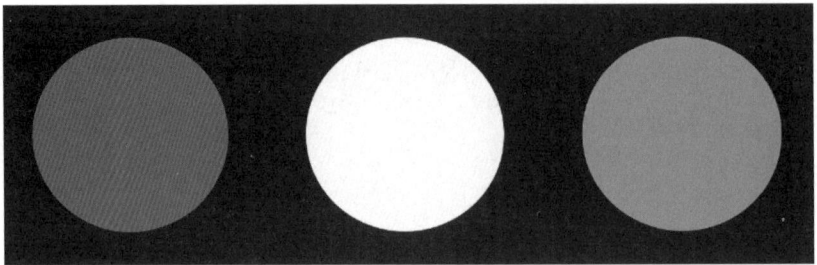

〈그림 8-11〉 신호등

계속해서 두 번째 방안으로 제안하고 싶은 것은 '선풍기 토론'이다. 이 방법은 유아들을 안쪽과 바깥쪽 두 개의 원을 만들어 서로 마주보며 앉게 하는 자리 배치로부터 시작된다. 이때 어떤 주장에 대해 찬성하는 입장은 안쪽에 반대하는 입장은 바깥쪽에 앉게 할 수 있는데, 두 개의 원 가운데 한 쪽은 일정한 방향으로 한 칸씩 움직이게 하면 된다.

〈그림 8-12〉 선풍기 토론 자리 배치

4. 감동을 위한 말 지도(토의하기)

느끼고 표현하는 것은 사람들마다 차이가 있기 때문에 유아들 역시 마찬가지겠지만, '관계'의 측면에서 보자면 아끼는 것보다는 적극적으로 드러내는 것이 낫다고 생각한다. 특히 '감동'을 한 상태라면 말이다. 그런데 감동을 표현하는 것 또한 사람들마다 다르다. "나 정말 감동을 받았다.", "행복해!", "고마워!"와 같은 말을 하며 직접적으로 표현하는 사람이 있는 반면, 눈물을 흘리거나 포옹을 하는 등의 행동으로 자신의 상태를 드러내는 사람도 있다. 또한 그 마음을 담아 선물을 주는 사람도 있을 텐데, 어쨌든 진심은 통한다고 하니 어떻게든 표현을 했다면 다행이라고 할 수 있다.

'감동을 위한 말 지도'는 '감탄사' 지도부터 시작하면 어떨까? '감탄사(感歎詞)'는 간투사(間投詞) 또는 감동사(感動詞)라고도 하는데, 품사 중 하나로 감탄이나 놀람, 느낌, 응답을 나타내는 품사이다. 주로 1인칭 시점으로 쓰이고, 보통 앞이나 뒤의 단어의 맥락에 영향을 주지 않은 채 그 자체로만 쓰여 독립언(獨立言)이라고도 한다. 감탄사는 때때로 단어 하나와 마침표로만 이루어진 문장으로 쓰이기도 하는데, 특히 감동을 받아 놀란 상태에서는 "아!", "와우!", "어머나!", "세상에!", "대박!"과 같은 표현을 사용할 수 있다.

이어서 '감동' 또한 내가 느낀 감정이기 때문에 "감동적이다."와 같이 표현을 해도 되지만, 유아들이 다양한 감정 단어를 알고 있다면 표현 또한 다채로울 것이다. 다음은 사람들이 주로 '기쁨'을 표현할 때 사용하는 단어들이다.

> 고맙다 / 신나다 / 좋다 / 행복하다 / 감사하다 / 날아갈 것 같다 / 꿈을 꾸는 것 같다 / 감격스럽다
> 벅차오르다 / 흡족하다 / 째지다 / 황홀하다 / 사랑스럽다 / 환상적이다 / 짱이다

계속해서 '감동을 위한 말' 지도에서는 '토의'도 가르치면 좋겠는데, 사실 '토의' 자체가 '감동을 위한 말'은 아니다. 다만 '토의'는 공통의 문제에 대해 최선의 해결 방안을 찾기 위한 협력적 의사소통 과정이기 때문에, 그 과정과 결과가 서로에게 감동을 줄 수 있다고 생각한다. 다음은 토의의 과정이다.

- **문제 상황 도출**: 유아들이 겪고 있는 공통의 문제 상황을 찾는다.
- **토의 주제 정하기**: 모든 유아와 관련이 있고, 해결 방법을 찾았을 때 변화 가능성이 있는 주제를 정한다.
- **의견 마련하기**: 각자 해결 방법을 생각해 본다. 이때 그 방법을 제안하는 이유가 있어야 한다.
- **의견 모으기**: 각자 생각한 해결 방법을 발표한다.
- **의견 정하기**: 손을 들거나 투표를 하여 가장 좋은 해결 방법을 정한다.

9장 글쓰기의 전개

　유아기는 특히 언어의 사용이 활발하여 글쓰기의 기초가 형성되는 시기이다. 따라서 이 시기의 유아에게 올바른 한글 환경을 제공하는 일이 무엇보다 중요하다. 유아들이 논리적으로 언어를 구사할 수 있는 것은, 논리적인 글의 환경에 놓여 있을 때 가능하다. 유아들의 성공적인 삶을 위해서 여러 가지 사회적 배려가 필요하겠지만, 올바른 글쓰기 환경을 제공하는 일은 가장 선행되어야 한다.[8]

　Smith[9]는 전통적 지도 방법에 의한 쓰기 학습의 관점을 다음과 같이 정리하고 있다.

첫째, 쓰기가 이루어지려면 먼저 쓰기에 대한 학습이 선행되어야 한다.

둘째, 쓰기는 지도를 받아야 배울 수 있다.

셋째, 쓰기는 반드시 직접 쓰는 연습을 통해 배울 수 있다.

넷째, 쓰기를 하기 위해서는 반드시 쓸 내용에 대해 먼저 생각해 후에 써야 한다.

다섯째, 쓰기는 쉬운 것부터 시작해야 한다.

여섯째, 표준 철자로 쓸 때만 글을 썼다고 해야 한다.

일곱째, 실제로 쓸 수 있기 전에 쓰기 연습 시간이 있어야 한다.

여덟째, 쓰기는 책상에 앉아서 하는 활동이다.

아홉째, 쓰기는 생각이나 감정을 교환하고 표현할 필요가 없는 조용한 활동이다.

열 번째, 쓰기는 타인과 상호작용이 필요 없는 고립적인 활동이다.

열한 번째, 쓰기의 결과는 모든 사람들이 똑같이 알 수 있는 관례적인 것이어야 한다.

열두 번째, 자신이 쓰기를 즐기지 못하는 사람도 유아들에게 어떻게 쓰는지 가르칠 수 있다.

---

[8] 박순선. 2008. 『글쓰기 조기 지도법 연구』. 박사학위논문, 창원대학교 대학원 국어국문학과.

[9] Smith, Frank. 1981. Myths of Writing. *Language Art*, 58(7): 792-798.

이어서 Sulzby와 Teale[10]는 총체적 언어접근법의 관점에서 유아의 글쓰기에 대해 다음과 같이 말하고 있다.

- **첫째**, 가정에서나 유치원에서 지원적인 환경을 갖추어 준다면 유아들도 발생적 쓰기의 방식으로 작문을 할 수 있다.
- **둘째**, 유아는 발생적 쓰기의 방식에서부터 표준 절차 쓰기의 방식으로 발달해나간다.
- **셋째**, 유아의 쓰기는 사회적인 동시에 개인적인 행위이다.
- **넷째**, 발생적 쓰기에서 표준 절차로 쓰게 되는 것은 서로 다른 쓰기 체계와 언어를 사용하는 모든 나라에서 공통적으로 일어난다.
- **다섯째**, 쓰기 발달은 언제나 읽기 발달을 포함하는 것이므로, 유아들이 '관계적으로 문자화 되는(conventionally literate)' 과정에 있다고 말할 수 있다.
- **여섯째**, 유아의 쓰기는 유아들이 '자신만의 방식'으로 써보고 읽어보도록 하는 환경에서 길러질 수 있다. 그러므로 교사는 총체적 언어나 언어 경험, 발생적 문해, 과정적 쓰기(process writing) 등 유아의 언어 활동에 대한 지식을 사용해야 한다.

그렇다면 유아들에게는 어떤 글쓰기를 가르쳐야 할까? 여러 문종을 가르칠 수 있지만, 우선 일상생활에서 경험한 여러 일들을 자유롭고 솔직하게 쓰는 생활문의 한 종류인 '일기 쓰기'부터 시작해 보자. 이어서 목적이 있는 글로 감사함 등 하고 싶은 말을 담을 수 있는 '편지 쓰기', 책이나 영화, 음악, 미술 작품 등을 통해 떠오르는 느낌이나 자신의 생각을 자유롭게 표현하는 '감상문 쓰기', 정서를 압축해서 쓰는 '동시', 마지막으로 자신의 의견을 논리적으로 서술하는 '논리적인 글쓰기'까지 다루어준다면, 유아기의 글쓰기로는 충분하다고 생각한다.

---

10) Sulzby, Elizabeth & Teale, William. 1986. *Emergent Literacy: Writing and Reading. Writing Research: Multidisciplinary Inquiries into the Nature of Writing Series*. NewJersey: Alex Publishing Corporation.

1 일기 쓰기

일기는 매일 나를 주인공으로 만들어 주는 기록이다. 또한 하루 일과를 돌아보며 잘한 일은 계속해야겠다는 다짐을, 잘못한 일에 대해서는 고쳐야겠다는 반성을 할 수 있는 기회를 주는 글쓰기이다. 따라서 유아기 때부터 시작해 평생 실천할 수 있는 습관을 형성할 수 있도록 도울 필요가 있다.

보통 유아기 때 쓰기 시작하는 일기는 '그림 일기'인 경우가 많다. 왜냐하면 유아들이 그림 그리기를 좋아하기도 하지만 언어 능력이 부족해 문장만으로 내용을 표현하기가 어렵기 때문이다. 하지만 초등학교에 들어가면 생활 일기에 대한 지루함과 여러 필요성을 느낌에 따라 '학습 일기', '관찰 일기', '견학 일기', '조사 일기', '상상 일기', '독서 일기', '신문 일기', '편지 일기', '만화 일기', '수학 일기', '영어 일기' 등 다양한 방식으로 확장을 해나간다. 이에 이 장에서는 유아들을 위한 '그림 일기'와 '사진 일기', 그리고 '감정 일기' 쓰기에 대한 방안을 안내해 보려고 한다.

1) 그림 일기

'그림 일기'는 그림 위주로 쓴 일기로, 보통 핵심적인 내용을 그림으로 그리고 이야기를 몇 줄로 간단하게 묘사한다. 다음에 소개하는 책은 일곱 살 아이가 그림을 그리며 말한 내용을 엄마가 문장으로 정리해 출간한 책으로, 유아들의 그림 일기 지도에 앞서 교사들이 참고하면 도움이 되겠다.

『일곱 살의 그림일기: 엄마와 아이가 함께 쓰는 성장 일기 | 이찬영 말·그림, 김단비 글 | 웃는돌고래 | 2020』

이어서 그림 일기 쓰기는 다음의 단계에 따라 지도할 수 있겠다.

- **글감 찾기**: 오늘 있었던 일 가운데 가장 기억에 남는 것을 떠올리게 한다.
- **개요 짜기**: 떠올린 내용을 언제, 어디서, 무엇을 했는데 소감이 어땠다는 형식으로 정리해 말해보게 한다.
- **쓰기**: 말로 한 내용을 글로 써보게 한다.
- **읽고 고치기**: 쓴 내용을 읽어보고 빠진 것이 있어 추가하고 싶으면 고치게 한다.
- **다시 읽기**: 완성된 일기를 읽어 본다.

그림 일기는 유아들과 초등학교 1학년 학생들이 워낙 오래 전부터 써오던 방법이어서, 해당 공책이 판매 중이다. 또한 인터넷 블로그 등에는 양식을 만들어 공유하는 곳도 많으니 마음에 드는 것을 골라 유아들에게 제공하면 되겠다.

2) 사진 일기

'사진'은 빛으로 그린 그림이라는 뜻을 갖고 있다. 과거에는 카메라도 귀했고 필름 또한 비쌌기 때문에 필요한 순간만 찍어서 인화를 했는데, 현재는 스마트폰에 성능이 매우 좋은 카메라가 장착되어 있기 때문에 사진을 아주 쉽게 찍을 수 있다. 따라서 '사진 일기'는 그림보다 생생하게 생활 모습을 담고 있는 사진을 활용하여 일기를 써보게 하는 방법이다. 만약 이 방법을 활용할 거라면 각 유아들의 생활 모습이 담긴 사진이 필요하다. 이어서 '그림 일기'를 썼던 공책처럼 사진을 붙이고 글도 더할 수 있는 공책이 필요하다. 이때 만약 '그림 일기'와 '사진 일기' 쓰기를 병행한다면, '그림 일기' 공책에 사진을 붙이는 것도 좋은 방법이다.

다음은 '사진 일기 쓰기'에 대해 교사들이 도움을 받을 수 있는 책이다.

『(신나게 찍고 재밌게 쓰자!) 사진 일기 쓰기 | 권혜진 글, 이주희 그림 | 뜨인돌어린이 | 2013』

이어서 다음의 사진들은 유아들의 생활 모습이 담긴 것으로, 이 사진 자체가 글감이 되기 때문에 적정 제목을 붙이고, 나아가 언제, 어디서, 무엇을 했으며 그때의 소감이 어땠는지에 대해 이야기를 나눈다. 그런 뒤 그 내용을 모아 일기로 써보게 하면 된다.

〈그림 9-1〉 친구와 사탕 먹기

〈그림 9-2〉 아기 호랑이를 만났어요

〈그림 9-3〉 눈 내린 날

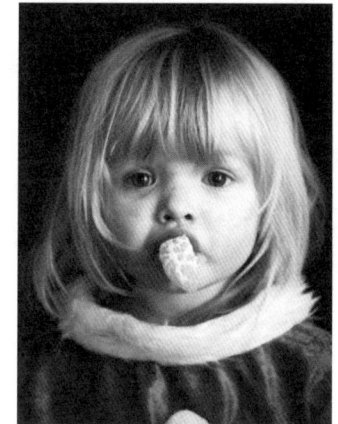

〈그림 9-4〉 귤이 제일 맛있어

3) 감정 일기

'감정 일기'는 그 날 그 날 느낀 감정을 중심으로 쓰는 일기를 말한다. 따라서 감정 일기를 쓰면 왜 그런 감정을 느끼게 된 것인지, 만약 그 감정이 부정적인 측면이라면 그런 일이 왜 벌어진 것인지, 그때 어떻게 했더라면 더 좋은 결과가 나왔을 것 같은지, 앞으로 또 그런 일이 생기면 이제 어떻게 해야 하는지 등을 생각해 볼 수 있게 해준다. 결론적으로 유아들도 감정 일기를 매일 쓰면, 어려운 상황이 닥쳐오더라도 씩씩하게 이겨낼 수 있게 도와줄 것이다.

'감정 일기' 쓰기는 교사들이 먼저 다음의 책을 읽어보면 지도에 도움이 될 텐데, 이 책에는 감정 일기를 쓰는 방법, 자신이 느낀 감정이 무엇이며 그것을 어떤 단어로 표현할 수 있는지에 대해 알려주는 감정 단어 사전, 그리고 희로애락으로 구분한 열두 가지 감정 일기의 예시도 담겨 있다.

『나를 표현하는 열두 가지 감정 | 임성관 글, 강은옥 그림 | 책속물고기 | 2018』

다음은 감정 일기를 쓰는 방법이다.

- **첫째**, '오늘의 감정지수'를 좋은 감정인 '쾌'와 부정적인 감정인 '불쾌'로 나누어 각각 100점 만점으로 점수를 매겨 본다.
- **둘째**, 오늘 기분을 표현하는 감정 단어들을 떠올려 적어 본다.
- **셋째**, 감정 단어를 중심으로 해서 일기를 쓴다. 왜 그런 감정이 들었는지 관련 사건이나 상황을 구체적으로 솔직하게 쓴다.
- **넷째**, 내용을 다 쓰고 나서의 기분도 덧붙인다.

이어서 다음은 사전에서 소개하고 있는 자음 'ㄱ(ㄲ)'으로 시작하는 감정 단어들이다.

ㄱ(ㄲ)

① 감동하다(동사)

뜻: 크게 느끼어 마음이 움직이다.

예시 상황: 생일에 친구들을 초대할 수 있도록 엄마가 맛있는 음식을 준비해 주신 모습을 봤을 때 느껴지는 감정.

② 고맙다(형용사)

뜻: 남이 베풀어 준 호의나 도움 따위에 대하여 마음이 흐뭇하고 즐겁다.

예시 상황: 집에 올라가지 않고 친구들하고 바로 놀이터로 가려고 할 때, 경비 아저씨께서 가방과 실내화 주머니를 맡아 주실 때 느껴지는 감정.

③ 괴롭다(형용사)

뜻: 몸이나 마음이 편하지 않고 고통스럽다.

예시 상황: 학교 수업을 마치고 집에 돌아 왔는데, 오늘 다녀올 학원이 세 곳이나 남아 있을 때 느껴지는 감정.

④ 귀찮다

뜻: 마음에 들지 아니하고 괴롭거나 성가시다.

예시 상황: 동생이 자꾸 놀아달라며 칭얼대고 건드릴 때 느껴지는 감정.

⑤ 그립다(형용사)

뜻: 보고 싶거나 만나고 싶은 마음이 간절하다. 어떤 것이 매우 필요하거나 아쉽다.

예시 상황: 내가 아기였을 때부터 함께 살았는데, 얼마 전 죽은 강아지 까망이가 생각나고 보고 싶은 상황.

⑥ 긴장되다(동사)

뜻: 마음을 졸이고 정신을 바짝 차리게 되다.

예시 상황: 친구들 앞에 나가 발표를 해야 하는데 실수하지 않고 잘 해야 되겠다고 생각할 때 느껴지는 감정.

⑦ **끔찍하다**(형용사)

뜻: 정도가 지나쳐 놀랍다. 진저리가 날 정도로 참혹하다. 정성이나 성의가 몹시 대단하고 극진하다.
예시 상황: 자동차에 치인 강아지가 피를 흘리고 있는 모습을 봤을 때 느껴지는 감정.

마지막으로 다음은 '감정 일기'를 쓸 수 있는 양식이다. 세부 방법으로는 우선 일기를 쓰는 날짜를 기록한다. 이어서 '쾌'와 '불쾌'를 각각 100점 만점으로 표시한다. 나아가 사전에서 오늘 하루 동안 느낀 감정을 차례대로 적으면서, 그 가운데 어떤 것에 대한 이야기를 하고 싶은지 결정한다. 결정이 되었으면 하고 싶은 이야기를 대표하는 제목을 쓰고, 세부 내용을 기록한다. 일기를 쓰고 나면, 그 후 달라진 감정이 있는지 적는다. 이를 테면 기쁨이 배가 되거나 슬픔이 절반으로 감소한 듯한 느낌 등을 적으면 된다.

감정 일기 쓰기 양식

날짜 : 년 월 일	감정지수	쾌 :	불쾌 :

감정 단어	

제목 :

일기를 쓴 후의 감정

4) 감사 일기

'감사'는 고마움을 표시하는 인사로, 고맙게 여기는 마음을 뜻한다. 보통 어떤 상황에 대해, 누군가에게 그 마음을 표현할 때 '감사하다', '고맙다'라는 말을 하는데, '감사 일기'는 그것을 매일 글로 쓰는 것이다. 감사 일기를 쓰면 스트레스가 감소하면서 일상생활이 긍정적으로 바뀔 수 있다. 또한 항상 긍정적인 마음가짐과 생활 태도를 갖게 만들어, 결국 쓰는 사람에게 여러 측면에 도움을 준다. 그러므로 유아들에게도 일상에서 감사할 일을 찾고, 그것을 글로 쓰게 하는 연습을 시키면 향후 긍정적 경험을 많이 하게 되는 계기를 만들어 줄 것이다.

감사 일기를 쓰는데 필요한 특별한 양식은 없다. 다만 감사한 일을 먼저 떠올려 정리하고, 이후 문장을 연결해 일기로 완성하는 것이 좋을 것이다. 따라서 다음과 같은 양식을 제안한다.

감사 일기 쓰기 양식

날짜 : 년 월 일	
감사할 점	
감사 일기	

2 편지 쓰기

'편지'는 상대에게 전하고 싶은 안부나 소식, 용무 따위를 적어서 보내는 목적성 글이다. 따라서 편지는 보내는 사람에게 마땅한 목적이 있을 때 쓰게 되며, 그 형식은 '받는 사람-첫 인사-하고 싶은 말-끝 인사-쓴 날짜-보낸 사람-추신'으로 구성된다.

유아들도 이미 감사 카드 쓰기 등을 통해 부모님이나 선생님께 짧은 편지를 써본 적이 있을 것이다. 따라서 다음의 그림책을 읽으면서 다양한 대상과 주제의 편지 쓰기를 실천해 볼 수 있을 것이다.

- 『피터의 편지 | 에즈라 잭 키츠 글·그림, 이진수 옮김 | 비룡소 | 1996』
  이 그림책을 읽은 뒤에는 친구에게 생일 파티에 초대한다는 내용을 담은 편지 쓰기를 해볼 수 있을 것이다.

- 『행복을 전하는 편지 | 안소니 프랑크 글, 티파니 비키 그림, 최순희 옮김 | 시공주니어 | 2006』
  이 그림책을 읽은 뒤에는 친구들에게 장점을 칭찬하는 내용을 담은 편지 쓰기를 실습해 볼 수 있을 것이다.

- 『우체부 아저씨와 비밀 편지 | 앨런 앨버그 글, 자넷 앨버그 그림, 김상욱 옮김 | 미래아이 | 2016』
  이 그림책을 읽은 뒤에는 편지를 쓰고 싶은 대상을 선택해, 그에 알맞은 편지 쓰기를 실습해 볼 수 있을 것이다.

- 『코딱지가 보낸 편지 | 상상인 지음 | 길벗어린이 | 2018』
  이 그림책을 읽은 뒤에는 내 신체의 어느 부분, 혹은 반려동물이나 반려식물, 혹은 내가 사용하고 있는 사물이 내게 보내는 형식의 편지 쓰기를 체험해 볼 수 있을 것이다.

- 『산타에게 편지가 왔어요 | 엠마 야렛 글·그림, 이순영 옮김 | 북극곰 | 2020』

이 그림책을 읽은 뒤에는 산타할아버지에게 크리스마스 때 받고 싶은 선물에 대한 내용을 담은 편지 쓰기를 해볼 수 있을 것이다.

3 감상문 쓰기

'감상'은 문학, 음악, 미술 등 예술 작품의 아름다움을 느끼고, 이해하며, 즐기는 일련의 과정이다. 작품을 이해하고, 그 속에 담긴 의미를 해석하며, 주관적인 평가를 내리고, 그러한 과정을 거쳐 발견한 결과를 내면화하는 과정을 거쳐서 감상이 완성되므로, 감상은 복합적으로 진행되는 과정이다. 그래서인지 감상을 표현하는 것에 대한 부담을 느끼는 사람들이 많다. 그런데 이는 다른 사람들의 평가를 받는 것에 대한 두려움과 정답을 말해야 한다는 강박관념의 결과일 수 있다. 따라서 상대적으로 자유롭게 느끼고 거침없이 표현할 수 있는 유아들에게 감상이 더욱 잘 일어날 수 있다.

'감상문'은 이와 같은 감상을 적은 글로, 책을 읽은 뒤 그 느낌을 적은 독서 감상문이 대표적이다. 따라서 유아들의 교육 현장에서도 그림책 등의 문학 활용이 많으므로 독서 감상문 쓰기부터 시작할 수 있지만, 다양한 감각 자극을 위해서라도 음악과 미술 등 여러 예술 분야를 두루 체험할 수 있는 기회를 주면 좋겠다. 또한 감상에는 많고 적음이나 다양함과 단조로움은 있지만 옳고 그름은 없다. 따라서 감상을 가로막는 가장 큰 장애물은 '부정적 평가'라는 점을 기억하고, 어떤 표현이든 칭찬과 함께 그것을 확장시킬 수 있도록 독려해주면 좋겠다.

다음은 독서 감상문을 쓰기 위한 단계와 세부 내용을 정리한 것으로, 음악이나 미술 등 다른 활동의 감상문을 쓸 때에는 내용을 수정할 필요가 있다.

1) 독서한 책에 대한 분석

- **주제** : 책에서 말하고자 하는 핵심 내용, 저자가 강조하고 싶어 한 것
- **이야기의 배경** : 이야기가 펼쳐지는 곳, 주제나 인물과의 관련성
- **등장인물** : 각 인물의 성격, 주제와 관련해서 어떤 변화를 거쳤는가의 여부
- **이야기 전개 과정** : 어떤 이야기가 어떻게 흘러가고 있는가의 여부

독서한 책에 대한 분석은 '그래픽 조직자(Graphic Organizer)'를 활용하면, 특히 정리한 내용을 시각적 측면에서 확인하기 좋다는 장점을 활용할 수 있다. 왜냐하면 '그래픽 조직자'는 글의 구조에 따라 주요 개념들 간의 관계를 이해하기 쉽게 선이나 화살표, 도형, 상징적 이미지, 정보의 공간적 배열 등을 활용해 시각적으로 표현하기 때문이다. 따라서 그래픽 조직자를 활용한다는 것은 글에서 핵심이 되는 내용을 뽑아 그 관계를 나타내며 정리하기 위함이므로, 읽기 전략이나 글의 구조에 따라 적정한 것을 골라 사용하거나 직접 개발할 수도 있다. 전 세계인들이 가장 많이 사용하는 포털 사이트인 'Google'에서 'Graphic Organizer'라고 검색을 하면, 확인할 수 있는 무료 이미지만도 엄청나게 많다.

다음은 '그래픽 조직자' 사용의 상점을 정리한 내용이다.

- 두 개 이상 구성 요소 간의 관계(유사점 또는 차이점)를 더 간단한 방식으로 쉽게 그릴 수 있다.
- 그리드와 차트의 도움으로 데이터를 복잡하게 두는 대신 정리할 수도 있다. 결과적으로, 데이터는 이런 방식으로 의미 있는 정보로 형성될 수 있다.
- 그래픽 조직자 대부분은 설명이 필요 없으며 발표하는 동안 많은 시간을 절약해 준다.

- 자기 학습을 장려하고 스스로 문제를 해결하도록 도와줄 것이다.
- 스토리보드와 같은 다이어그램을 사용하면 교육을 매우 흥미롭게 만들 수 있으며, 학습 장애가 있는 학생들에게도 도움을 줄 수 있다.

이어서 다음의 '닿소리표 채우기'는 읽은 책에서 핵심 내용을 파악하는 과정에서 활용하기 좋은 '그래픽 조직자'의 한 유형으로, 유아들에게는 각각의 자음으로 시작하는 단어를 찾아 정리해보게 하면 된다.

닿소리표 채우기

책의 내용을 읽고 중요하다고 생각한 단어를 찾아, 해당 칸에 정리해 보세요.

ㄱ/ㄲ	ㄴ	ㄷ/ㄸ	ㄹ	ㅁ
ㅂ/ㅃ	ㅅ/ㅆ	책 제목	ㅇ	ㅈ/ㅉ
ㅊ	ㅋ	ㅌ	ㅍ	ㅎ

또한 다음에 소개하는 '열개의 중요 단어'도 핵심 문장을 만드는데 도움을 줄 '그래픽 조직자'의 한 유형이다.

열 개의 중요 단어

선정 도서 서지 정보

제목	저자	출판사	출판년도

책을 읽으며 고른 열 개의 중요 단어를 적으세요.

중요 단어	쪽수	중요 단어	쪽수

중요 단어를 활용해 요약문을 한 문장으로 작성하세요.

| |
| |
| |

마지막으로 다음에 소개할 '이야기별 그리기'는 이야기를 구성하는 핵심 요소인 인물, 배경, 사건, 갈등, 해결 과정을 중심으로 글의 구조를 파악하고 자신의 생각을 정리해 볼 수 있는 활동이다.

이야기별 그리기

선정 도서 서지 정보

제목	저자	출판사	출판년도

이야기별 그리기

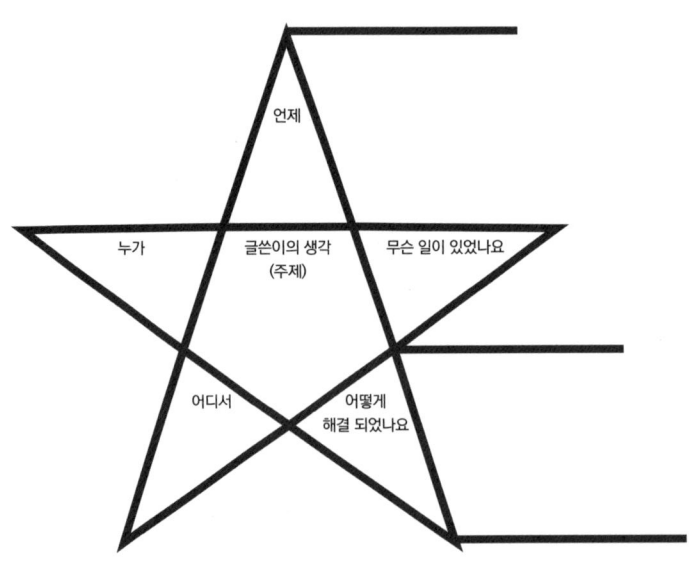

이상의 내용을 바탕으로 본인의 생각을 정리해봅시다.

2) 독서 감상문의 구조

- **서론**: 이 책을 선택해서 읽게 된 이유, 저자에 대한 소개 등
- **본론**: 줄거리, 주요 인물, 인상 깊었던 장면과 독서 후 깨달은 점 등
- **결론**: 나에게 적용할 점, 타인에게 추천하고 싶은 이유 등

3) 독서 감상문 쓰기

- **제목 정하기**: 내가 쓴 감상문을 대표할 수 있는 제목
- **감상문 쓰기**: 전체 분량의 70% 이상을 감상으로, 나머지 30% 미만은 가장 마음에 와 닿은 장면을 인용하기

4 아동시 쓰기

'동시'는 어른이 어린이를 위하여 어린이다운 심리와 정서로 표현한 시를 뜻하고, '아동시'는 아동 본인이 쓴 시를 의미한다. 동시는 유아교육 현장에서 동화와 더불어 가장 많이 활용되는 장르 중 하나이다. 현대의 언어학자와 유아교육자들은 어렸을 때의 적절한 시적 경험은 모국어에 대한 아름다움을 경험시켜 주는 좋은 방법이 되며, 그들이 느끼고 품고 있는 생각과 감정을 자연스럽게 표현할 수 있는 능력을 길러 준다고 보았다. 즉, 정선된 시어를 통하여 언어 기능을 체험하고 사물에 대한 직관력을 기를 수 있으며, 나아가 자신의 감정을 자연스럽게 표현할 수 있는 능력을 길러준다고 보았다.[11]

---

11) 임성관. 2008. 『책 좋아하는 아이 만들기』. 파주: 시간의물레.

동시 교육은 감상과 창작으로 나눌 수 있는데, 이들은 서로 보완적이며 역동적인 관계이다. 즉, 창작을 하려면 감상이 필수인데, 또 창작 과정에서의 내적 경험은 추후 동시 감상의 수준을 높이는 계기가 된다. 어쨌든 동시 교육도 결국 유아 본인이 자신의 쓰를 쓰는 것으로 귀결될 필요가 있는데, '연극 놀이'를 활용해 동시가 재미있다는 인식을 심어주는 것으로부터 시작해보자.

1) 동시를 활용한 연극 놀이

다음에 소개하는 동시를 몸짓(동작)으로 표현해 보게 하자.

기린
- 손동연 -

기린은
하루에
한 끼만 먹어도 될 거야

목
이
길
어
서

뱃속까지
가는 데도
하루가 다 걸릴 테니까

『참 좋은 짝』| 손동연 지음 | 푸른책들 | 2004』

신발장에서
– 문삼석 –

아빠 신발 위에
작은 내 신발

좁디 좁은
신발장 안에서도

내 신발 업어주는
아빠 큰 신발

『우산 속 | 문삼석 동시·그림 | 아동문예사 | 1993』

2) 말놀이

'말놀이'는 문자나 말을 소재로 하여 노는 놀이로, 특별한 도구 등의 준비 없이도 쉽게 실행할 수 있으면서 어휘력 증진에 도움을 주는 활동이다. 다음은 그 예가 될 수 있는 동시이다.

왜가리
– 박경종 –

왜가리야!
왝!

어디 가니?
왝!

엄마 찾니?
왝!

아빠 찾니?
왝!

왜 말은 않고 대답만 하니?
왝!
왝!

『왜가리야 어디 가니? | 박경종 글, 유진희 그림 | 다섯수레 | 2009』

이어서 다음에 소개하는 동시집은 의성어, 의태어, 음식 등 다양한 소재를 바탕으로 말놀이를 할 수 있도록 구성한 책이니, 교사들이 먼저 읽은 뒤 활용 방안을 모색해 보자.

『문혜진 시인의 의성어/의태어/음식 말놀이 동시집 | 문혜진 글, 정진희 그림 | 비룡소 | 2018』
『최승호 시인의 말놀이 동시집 1-5 | 최승호 지음 | 비룡소 | 2020』
『엄마랑 아가랑 말놀이 동요 동시 그림책 | 대원출판사 편집부 | 대원 | 2023』

3) 삼행시 쓰기

'삼행시'는 주제가 되는 3음절 단어(사람 또는 사물의 이름)의 각 문자를 각 구의 머리글자에 놓고 문장을 만드는 방법이다. 교사가 본인의 이름으로 예시를 보여주고, 아동의 이름에서부터 부모님 등 가족의 이름, 유치원 친구들의 이름, 나아가 사물의 이름으로 삼행시를 지어볼 수 있게 하자. 활동 결과에 따라 이행시 혹은 사행시로 범위를 좁히거나 늘리는 방법을 택하면 되겠다.

4) 모방 시 쓰기

'모방 시'는 시인이 써서 발표한 작품을 보고, 그 내용 중 몇몇 곳을 자신의 말로 바꾸어 써보는 방법으로, 아직 시를 쓰는 것에 대한 자신감이 없는 사람들이 실천해 보면 좋을 활동이다. 따라서 다음에 소개하는 동시 그림책을 유아들과 함께 읽고 모방 시 쓰기 작업을 해봐도 좋겠다.

> 『끄떡없는 소나무 | 아기돼지 지음 | 계승 | 2019』
> 『안도현 시인의 돌맞이 동시 그림책 세트 | 안도현 지음 | 대원 | 2020』
> 『공광규 시인 동시 그림책 세트 | 공광규 지음, 김재홍 외 그림 | 바우솔 | 2024』

5) 가나다 시 쓰기(ㄱㄴㄷ 시 쓰기)

'가나다 시 쓰기' 혹은 'ㄱㄴㄷ 시 쓰기'는 한글 자음 19개 가운데 된소리 5개(ㄲ, ㄸ, ㅃ, ㅆ, ㅉ)를 제외한 나머지를 순서대로 나열한 뒤, 그 자음으로 시작하는 문장을 연결해 시를 쓰는 방법이다. 사실 이 방법은 성인들에게도 어렵기 때문에, 유아들에게는 자음의 순서를 익히면서 동시에 생각이 나서 채울 수 있는 곳에만 내용을 적어 이야기를 이어볼 수 있게 하는 전략으로 활용하면 충분하겠다.

다음은 가나나 시 쓰기의 양식이다.

가나다 시 쓰기

'가'로 시작하여 '하'로 끝나는 시를 써보세요. 만약 생각이 떠오르지 않는 자음이 있다면 그냥 통과해도 됩니다. 시를 다 썼으면 제목도 지어보세요.

가
나
다
라
마
바
사
아
자
차
카
타
파
하
시의 제목 :

6) 유아시 쓰기

자, 이제 유아들이 자신의 시를 써볼 차례이다. 현대의 시는 자유시 형태이기 때문에, 어떤 내용을 어떻게 썼든 '시'라고 하면 모두 '시'가 될 수 있다. 따라서 앞서 여러 활동들을 통해 시의 감각이 길러졌을 테니, 유아들에게 시를 쓸 기회를 주자. 또한 쓴 시를 낭송하고 액자에 넣어 전시하여 서로의 작품을 감상할 수 있는 기회도 제공하자. 만약 이 활동이 잘 이루어진다면 유아들은 모두 시인으로 거듭날 것이다.

5 논리적인 글쓰기

'논리'는 사물의 이치나 법칙성에 바탕을 둔 사고방식으로, 이제 막 '전조작기'를 넘어 '구체적 조작기(the concrete operational period)'에 접어든 유아들에게는 여전히 어려운 측면이다. 물론 이 시기의 어린이들은 점차 어떤 사물이 일어난 물리적 기계적 연관성을 찾고, 사물을 합리적인 인과관계 속에서 분석하며 재구성하려고 한다. 따라서 '전조작기'에 비해 훨씬 논리적이면서도 일관성 있는 사고가 가능하다. 그러나 구체적인 조작의 한계는 조작을 구체적이고 특정한 사상에만 적용시킨다는 점이다. 대신 구체적인 사상 하나하나에 영역별 조작이 통합된 전체로써 체계화하는 것은 '형식적 조작기'에 가능하다. 그럼에도 모든 능력은 교육에 따라 생성 및 유지, 나아가 향상될 수 있기 때문에, 한계를 두기보다는 기회가 있을 때마다 실천해야 한다.

다음은 논리적 글쓰기를 위한 핵심 습관으로, 유아기 때부터 갖추어야 할 덕목이라 생각되어 인용을 했다.

논리적 글쓰기를 위한 5가지 핵심 습관[12]

논리적인 글쓰기는 정보를 명확하고 정확하게 전달하는 것이 필수이다. 따라서 다음과 같은 5가지 습관을 기르는 것이 중요하다.

① **명확한 목표 설정**: 글을 쓰기 전에 무엇을 전달하고 싶은지 명확한 목표를 설정해야 한다. 목표가 명확하면 글의 방향을 잡고 논리적으로 구성하는데 도움이 된다.

② **논리적 구성**: 글의 내용을 논리적으로 구성해야 한다. 주제와 관련된 정보만을 선택하고, 중요한 정보는 강조해야 한다. 또한 글의 흐름이 자연스럽고 일관되도록 구성해야 한다.

③ **명확하고 간결한 표현**: 글의 내용을 명확하면서도 간결하게 표현해야 한다. 어렵거나 모호한 표현은 피하고, 구체적이면서도 이해하기 쉬운 예를 사용해야 한다. 또한 문장의 길이가 적당하고, 맞춤법과 문법을 꼼꼼하게 확인해야 한다.

④ **자료 활용**: 글의 내용을 뒷받침하기 위해 신뢰할 수 있는 자료를 활용해야 한다. 자료를 인용할 때에는 출처를 명확하게 표기해야 한다.

⑤ **꾸준한 연습**: 논리적인 글쓰기 실력은 꾸준한 연습을 통해 향상된다. 그러므로 틈틈이 글을 쓰고, 다른 사람들의 글도 읽으면서 능력을 발전시켜 나가야 한다.

이어서 다음의 내용은 논리적인 글쓰기의 과정을 단계별로 설명한 것이다.

■ **첫 번째 단계: 목표 지향적으로 계획하기**

이 단계에서 가장 중요한 질문은 '무엇을 쓸까?'이다. 주변을 둘러보고 적정 주제가 떠오르면 목표 지향적으로 글을 쓸 계획을 시작해야 한다.

---

12) 티스토리 'upgradesave'. 출처: https://upgradesave.tistory.com/42

■ **두 번째 단계: 자료 수집과 내용 구상하기**

이 단계에서 가장 중요한 질문은 '무엇을 준비하지?'이다. 같은 주제라 하더라도 사람들마다의 입장은 다를 것이다. 따라서 풀어가는 방향 또한 다를 것이므로, 나는 어떤 입장에서 무엇을 준비해야 할 것인가 구상하여 그에 알맞은 자료를 수집해야 한다.

■ **세 번째 단계: 전략적인 메모하기**

이 단계에서 가장 중요한 활동은 '약도부터 그려보는 것'이다. 약도를 그려보는 것은 마치 글쓰기를 위해 개요를 짜는 것과 비슷하다. 즉, 탄탄한 글을 쓰기 위해 설계를 해야 하듯이 논리를 위한 전략적 메모가 필요한 것이다. 이 때에는 여러 설명의 방법 가운데 논리를 뒷받침하는데 가장 적저한 것을 고를 필요도 있다. 다음은 설명의 방법들과 그 의미를 정리한 내용이다.

- **정의**: 어떤 말이나 사물의 뜻을 명백하게 밝혀주는 방법
- **분석**: 대상을 이루는 구성 요소별로 나누어 설명하는 방법
- **비교**: 둘 이상의 대상을 공통점을 중심으로 설명하는 방법
- **대조**: 둘 이상의 대상을 차이점을 중심으로 설명하는 방법
- **분류**: 대상을 공통되는 성질에 따라 종류별로 나누어 설명하는 방법
- **구분**: 개념의 외연을 다시 나누거나 유개념을 거기에 속하는 종개념으로 나누어 설명하는 방식
- **예시**: 구체적이고 친근한 예를 들어 설명하는 방법
- **서사**: 어떤 사건이나 상황을 시간의 연쇄에 따라 있는 그대로 적어 설명하는 방법
- **묘사**: 어떤 대상이나 현상 따위를 있는 그대로 언어로 서술하거나 그림으로 그려서 설명하는 방법
- **논증**: 옳고 그름에 대하여 그 이유나 근거를 들어 밝히며 설명하는 방법
- **열거**: 여러 가지 대상, 또는 예나 사실을 낱낱이 나열하여 설명하는 방법
- **인과**: 어떤 일의 원인과 결과를 중심으로 설명하는 방법

■ **네 번째 단계 : 초고 쓰기**

이 단계에서 가장 중요한 마음가짐은 '가벼움'이다. 즉, 부담을 갖지 말고 가볍게 일단 초고를 써보는 것이다.

■ **다섯 번째 단계 : 시작과 끝 부분 가다듬기**

이 단계에서 가장 중요한 덕목은 '사람들이 내 글을 읽고 논리적으로 설득을 당하게 만드는 것'이다. 즉, 읽고 싶게 만들어야 하는데, 그러려면 글의 도입 부분이 인상적이어야 하고 마무리 역시 깔끔해야 한다.

■ **여섯 번째 단계 : 교정하기**

이 단계에서 가장 중요한 일은 '군더더기를 없애는 것'이다. 즉, 글을 마무리 짓는 단계이기 때문에 더 이상 초고의 단계에 머물러 있으면 안 된다. 대신 자신감 있게 사람들 앞에 내놓을 수 있는 글로 완성이 되어야 한다.

논리적인 글쓰기에는 '서론-본론-결론'의 3단 구성과, '기-승-전-결'로 이어지는 4단 구성, '발단-전개-위기-절정-결말'의 5단 구성이 있다. 이는 어떤 주제의 글을 쓸 것인가에 따라 선택할 수 있는데, 여기서는 가장 기본이 되는 3단 구성에 대해서만 설명을 하고자 한다.

- **서론** : 논리적인 글쓰기의 시작 단계로, 문제 제기, 나의 주장, 방향, 범위가 포함되며, 전체 분량의 1/5을 차지한다.
- **본론** : 나의 주장을 뒷받침하는 논리적이면서도 객관적인 근거를 담는 곳으로, 전체 분량의 3/5을 차지한다.
- **결론** : 논리적인 글쓰기를 마무리 짓는 단계로, 요약, 제언, 전망, 평가가 포함되며, 전체 분량의 1/5을 차지한다.

이상의 내용을 그림으로 표현하면 다음과 같다.

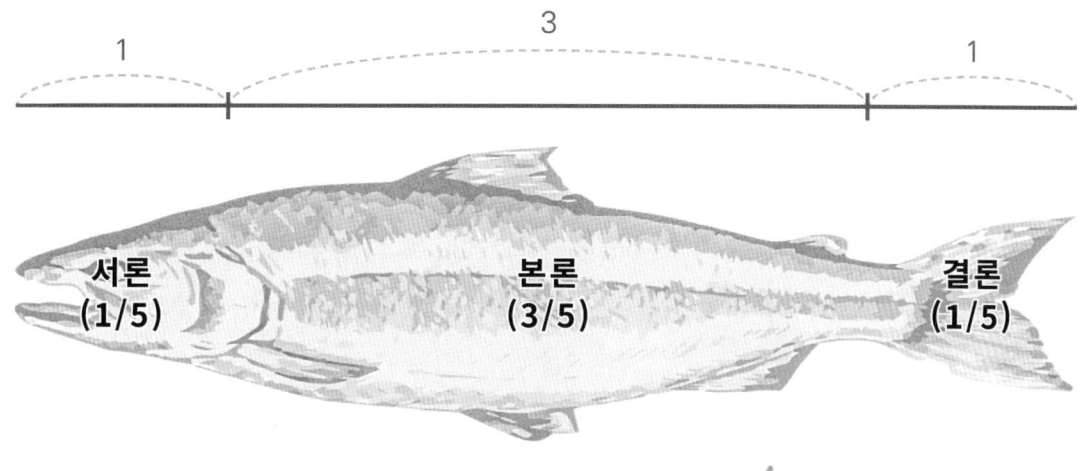

서론-본론-결론의 위치와 분량을 물고기에 대입한 그림은 유아들이 쉽게 기억할 수 있도록 도울 것이다. 따라서 해당 내용을 다음과 같이 설명해주고, 논리적인 글쓰기를 실천할 때마다 그 장면을 떠올릴 수 있도록 하면 좋겠다.

- 교사: 여러분, 여기 물고기 한 마리가 보이지요?
- 유아: 네!
- 교사: 물고기의 몸은 머리, 몸통, 꼬리까지 세 개의 부분으로 나눌 수 있어요. 물고기의 몸은 몇 등분을 할 수 있다고요?
- 유아: 3등분요!
- 교사: 맞아요, 그럼 이제 우리가 말을 하거나 글을 쓰는 순서와 연결을 해볼게요. 물고기의 머리는 헤엄을 칠 때 어느 방향으로 갈 것인가 생각하는 곳이지요? 또한 가장 먼저 움직이는 부분이랍니다. 그러니까 머리를 1번이라고 해봐요.

- 유아: 네!
- 교사: 이어서 몸통은 머리가 이끄는 대로 따라가는 곳이에요. 그럼 몸통을 2번이라고 해볼까요?
- 유아: 네!
- 교사: 마지막으로 꼬리는 앞으로 헤엄치기 위해 힘을 더해주는 곳이에요. 하지만 제일 뒤에서 움직이니까 3번이라고 할게요.
- 유아: 네!
- 교사: 자 그럼 1, 2, 3번을 다 기억했는지 물어볼게요. 1번은 물고기의 어디였죠?
- 유아: 머리요!
- 교사: 그럼 2번은요?
- 유아: 몸통요!
- 교사: 그럼 3번은요?
- 유아: 꼬리요!
- 교사: 맞아요. 그럼 이번에는 여러분들이 어떤 이야기를 하고 싶을 때 머리-몸통-꼬리에서는 어떻게 해야 하는지 알려줄게요.
- 유아: 네!
- 교사: 우선 머리에서는 어떤 이야기를 할 것인지 정해야 해요. 그런 다음에 그 이야기만 짧게 해야 합니다. 예를 들어서 "선생님, 저 오리기 그만하고 싶어요!"라고 말할 수 있어요. 그 다음 몸통에서는 그 이유를 말해야 하는데, 예를 들어 "왜냐하면 손가락이 아프기 때문이에요."라고 할 수 있어요. 마지막으로 꼬리에서는 해결 방법을 말해야 하는데, 예를 들어 "친구들이 다 오릴 때까지 저는 그림을 그리고 있을게요."라고 할 수 있어요. 그럼 여러분들이 차례대로 말해볼까요?
- 유아: 선생님, 저 오리기 그만하고 싶어요. 왜냐하면 손가락이 아프기 때문이에요. 그러니까 저는 친구들이 다 오릴 때까지 그림을 그리고 있을게요.
- 교사: 잘했어요. 앞으로 선생님이 여러분들에게 "논리적으로 말하세요", "논리적으로 글을 써보세요"라고 하면, 지금 배운 것처럼 해야 합니다.

부록

유아 논리·논술
교육과정 기록 참고자료

부록 유아 논리·논술 교육과정 기록 참고자료

■ **첨부자료 1: 연간 행사 계획안** (출처: 아이소소 어린이집)

♥2024 연간 행사 계획안♥

월	행사	월	행사
3월	• 운영위원회 (1분기) • 퍼포먼스수업 • 축구 • 키즈카페 • 신체검사 (보건소 견학)	9월	• 체육대회 (한마음가족체육대회) • 민속놀이 (지역사회-인근대학) • 소방서견학 • 농장체험 (포도농장) • 축구, 숲체험
4월	• 식목일행사 (부모참여) • 농장체험 (버섯따기 체험) • 노리들노리샘 (미술놀이터) • 1학기 학부모상담 • 요리활동 • 숲체험	10월	• 2학기 부모상담 • 부모교육 (긍정훈육) • 반하루 (인디언 놀이) • 농장체험 (고구마, 사과) • 기차여행 • 축구, 숲체험
5월	• 어린이날 행사 (미니체육대회-인근대학연계) • 어버이날행사 (지역사회연계-독거노인 꽃 달아주기) • 인절미 만들기 체험 • 시장놀이 (부모참여 및 지역사회연계) • 숲체험, 축구 • 부모님 재능기부 (열린어린이집)	11월	• 운영위원회 (3분기) • 농장체험 (무, 배추) • 모산목장 (부모참여) • 김장 • 졸업사진촬영 • 축구, 숲체험 • 부모님 재능기부 (열린어린이집)
6월	• 생일잔치 • 계란줍기 체험 • 퍼포먼스수업 • 노리들노리샘 • 농장체험 (체리따기) • 부모교육 (올바른 감정조절을 위한 감정코칭) • 숲체험, 축구	12월	• 생일잔치 • 항공박물관 • 영화관람 • 농장체험 (레드향) • 산타잔치 • 축구
7월	• 농장체험 • 성교육 (딸콩달콩) • 퍼포먼스수업 (여름) • 물놀이 • 아동학대예방 캠페인 (부모참여 및 지역사회연계) • 숲체험, 축구	1월	• 운영위원회 (4분기) • 도자기 체험 (부모참여) • 퍼포먼스수업 (겨울) • 농장 (다육이심기) • 고추장만들기체험 • 축구
8월	• 운영위원회 (2분기) • 퍼포먼스수업 (여름) • 미술관 체험 (자란다) • 수족관 (아쿠아 플라넷) • 뮤지컬관람, 축구 • 부모님 재능기부 (열린어린이집)	2월	• 농장체험 (딸기) • 퍼포먼스수업 (겨울) • 방송국 (KBS)체험 • 신입원아 오리엔테이션 • 수료 및 졸업식 • 부모님 재능기부 (열린어린이집)

* 월 사정에 의해 다소 변경 될 수 있습니다

아 이 소 소 어 린 이 집

■ 첨부자료 2: 5월 행사안내 (출처: 아이소소 어린이집)

5월 행사 안내

1. 5월 어린이집 운영 안내

- 봄은 짧아서 아쉽지만 5월은 알록달록 예쁜 꽃과 파릇파릇 잎도 있는 다채롭고 화려한 계절인 것 같습니다.
5월은 가족의 소중한 사랑을 느낄 수 있는 달입니다. 가족과 함께 하는 행복한 시간과 서로에게 소중함을 느끼고, 감사를 표현할 수 있는 시간을 가져보시기 바랍니다.
평소에 쑥스러워 전하지 못한 말이 있다면 5월을 핑계 삼아 전해보는 건 어떨까요~ 소소하지만 언제든 실천할 수 있는 일들을 시작해보세요.
가족의 사랑과 행복을 듬뿍 느끼는 한 달이 되시길 바랍니다.

- 매주 금요일은 체육이 있는 날 입니다.
원복 입혀 등원시켜주세요.

- 5월 "애들아 뒷산에서 놀자" 플리마켓 준비 안내
- 집에서 사용하지 않는 물품(유아용품, 생활용품, 부모님 물품, 입지않는 옷 등)모두 보내주세요
4/29~5/3일까지 원으로 보내주시요.
* 재사용 할 수 있는 깨끗한 물건으로 보내주세요~
아이들과 나눔과 재활용할 수 있는 순환과정에 대해서 실천하는 소중한 시간을 가져보도록 하겠습니다. 또한 수익금은 기부 예정 입니다.
(많은 관심과 참여 부탁드립니다)

2. 어린이날 소풍
- 일 시 : 5월 3 일(금)
- 대 상 : 전체원아
- 준비물 : 원복, 편한운동화

3. 마트를 가요~ (지역사회연계)
- 일 시 : 5월 7일(금)
- 대 상 : 온유반
- 준비물 : 원복, 편한운동화

4. 어버이날 행사(부모님참여)
- 일 시 : 5월 8일(수)
- 대 상 : 전체부모님
- 내 용 : 어린이집 앞 포토존에서 사진촬영도 하시고 시원한 커피 드시러 오세요^^

5. 생일잔치
- 일시 : 5월 10일(금)
- 기쁨반 – 김○○(05/07)
           – 오○○(05/15)
해당 반 친구들은 선물을 미리 하나씩 준비해서 보내 주세요. (2,000원 상당)

6. 숲체험
- 5/13일(월)~금촌숲 (소망,기쁨,사랑,온유–정기)
- 5/22일(수)~율곡숲 (소망,기쁨,사랑,온유–정기)
- 5/27일(월)–탄현숲 (온유–정기)
- 준비물 : 원복, 편한 운동화, 모자

7. "애들아 뒷산에서 놀자" & 플리마켓
- 일 시 : 5월 16 일(목)
- 대 상 : 전체원아 ,전체부모님
- 준비물 : 원복, 편한운동화
- 내 용 : 놀이한마당 및 플리마켓

8. 반하루 (나비가 된다면~)
- 일 시 : 5월 20 일(월)
- 대 상 : 전체원아
- 준비물 : 원복, 편한운동화

9. 축구체험
- 일 시 : 5월 30일(목)
- 대 상 : 온유반, 소망반, 기쁨반
- 준비물 : 원복, 편한운동화

♥위 내용은 어린이집 상황에 따라 변동 될 수 있으며 변경 시 공지해 드립니다.

☺ 4월 식목일 화분심기 활동해주신 지안이어머님, 태오, 보유, 세나, 수아, 우재 어머니감사드립니다.
1학기 부모상담에도 모든부모님 참여해주셔서 감사드립니다. 5월 활동에도 많은 참여 부탁 드립니다.

■ **첨부자료 3: 5월 가정의 달 행사** (출처: 아이소소 어린이집)

★ 24년 5월 가정의 달 행사
"얘들아 문산에서 놀자 & 플리마켓" ★

안녕하세요^^
따뜻해진 햇볕, 아이들의 행복한 웃음소리로 4월을 맞이하였습니다.
문산지역 민간어린이집들이 함께 5월 행사를 준비하여 안내 드립니다.
5월은 특별히 사랑할 것, 감사할 것이 많아 평소보다 더 행복해지는 달입니다.
어린이날이 있어 아이 모두 설레는 마음으로 손꼽아 기다리고 있는 행복한 5월
문산에서는 "얘들아 문산에서 놀자"를 통해 아이들과 가족 모두 행복하고 즐거운
시간을 보낼 수 있도록 준비했습니다.

▶ 행사제목: "얘들아 문산에서 놀자"
▶ 행사내용: 아이들이 신나게 놀 수 있는 놀이한마당과 플리마켓
▶ 행사취지: 가정의달 5월 아이들이 즐겁게 놀 수 있는 놀이 한마당 공간 제공과 가정에서 쓰지 않는 육아용품, 생활용품을 나눠 쓰는 플리마켓을 통해 환경을 아끼고 경제의 재순환을 배우며 이를 통해 얻게 되는 수익금 기부를 통해 나눔을 배울 수 있는 경험을 제공함에 있습니다.
▶ 행사일정
  ♥ 일 시: 24년 5월 16일(목요일) 10시 00분 ~ 13시 00분 (부모님과 함께)
  ♥ 장 소: 문산국민체육센터(임진리 문산체육공원) 율곡로 402
  ♥ 준 비: 집에서 사용하지 않는 유아용품, 생활용품등 5/3일 까지 각 원으로 보내주세요.

☐ 아래 수요조사서를 작성하시어 4월 19일까지 원으로 보내주세요

──────────── 수요조사 ────────────

*아동이름:	
*참석 ( )	*미참석 ( )

2024년 4월 5일 아이소소어린이집

■ 첨부자료 4: 상담 안내문 (출처: 아이소소 어린이집)

1학기 상담 안내문

학부모님, 안녕하십니까?
새 학기를 시작한 지도 벌써 한 달이 지났습니다.
그동안 우리 아이들은 새로운 환경과 선생님, 친구들 사이에서 적응하느라 무척 바쁘게 지냈습니다. 이제 제법 어린이집 생활에 적응하며 친구들과 어울려 노는 모습을 보니 무척 대견하고 자랑스럽게 느껴집니다.
인생생활에서 가장 중요한 영·유아기 시기의 보육과 교육을 책임지고 있는 저희들은 항상 긴장하고 노력하고 있습니다. 그리고 가정과의 연계를 통해 가정에서 지내는 모습이나 주변 환경을 앎으로써 아이들을 보다 정확히 이해하고 더 나은 발달이 이루어지도록 부모님과의 1학기 상담을 진행 합니다. 부모님들의 많은 관심과 참여 부탁드립니다.

---

1. **상담일자** : 2024년 4월 15일(월) ~ 2022년 4월 26일(금)
2. **상담시간** : 오후 1시 30분 ~ 7시 00분
3. **상담주제** : 자녀의 생활습관, 성격, 또래관계, 영아의 발달상태, 어린이집에 바라는 지도방향 등
4. **신청방법** : 신청서를 작성하시어 4월 5일 금요일까지 담임선생님께 제출하시면 담임선생님께 상담시간을 조정하여 상담일 전에 미리 알려드립니다.

* 상담은 약20~30분정도 소요되며, 약속된 시간에 상담할 수 있도록 협조해주시면 감사하겠습니다.
* 상담은 대면 또는 전화상담으로 진행됩니다 (원하시는 곳에 표시해주세요)

-- 절취선 ------

학부모 개별상담 신청서

* 담임교사와의 면담시간은 20~30분 동안 진행됩니다.

반 명			원아명		
신청자성명		원아와의 관계		연락처	
상담 일자	2024년 ( )월 ( )일 ( )요일				
상담 시간			면담	전화	
상담내용					

아이소소어린이집

■ **첨부자료 5: 상담 안내문** (출처: 아이소소 어린이집)

부모교육 안내 및 신청서

안녕하세요^^
　아이소소에서는 2학기 부모교육을 아빠교육으로 한 달 앞당겨 계획하였습니다. 작년 아빠교육 후 만족도 조사를 한 결과 아버님들의 관심과 참여가 높았으며 많은 아버님들이 교육을 원하시고 있어 올해도 아버님들을 위한 교육을 진행합니다. 올 한 해도 우리 아이들과 즐겁게 잘 놀아줄 수 있는 아버님들을 상상하니 교육을 준비하는 저희들도 즐겁습니다.
우리 아이들을 위한 아버님들의 특별한 시간이니 아버님들의 많은 관심과 참여 부탁드립니다.

♥제목: "우리아이와 베프되기"

♥교육일정 및 시간
　-교육일시 : 24년 8월 28일 수요일
　-시　간 : 오후 6:00~7:30
　-장　소 : 아이소소어린이집

♥교육내용
　-안정적인 애착형성 방법
　-생생 육아 정보
　-영아 놀이 법 배우기

♥교육을 통해 우리 아이들을 이해하고 즐겁게 아이들과 상호작용하며 놀이할 수 있는 교육입니다. 부모님들의 많은 관심과 참여 부탁드립니다^^

-------------------- 신 청 서 --------------------

*동그라미 표시해 주세요

원아명	참여	미참여	부모님 확인
	(　)	(　)	성함:　　　(싸인)

아 이 소 소 어 린 이 집

■ **첨부자료 6: 부모 만족도 조사** (출처: 아이소소 어린이집)

부모 만족도 조사

안녕하세요~ 부모상담에 참석해 주셔서 감사드립니다. 우리 아이들이 어린이집에서 재미있게 지내고, 가정과의 소통을 통해 바르게 성장 하도록 도움을 주려 노력하는 어린이집이 되겠습니다. 그리고 어린이집 환경, 보육과정, 건강, 안전, 어린이집 운영에 대한 만족도 조사입니다.

＊본 설문지는 부모님의 의견을 듣고 어린이집 운영에 반영하기 위한 자료로 사용 하겠습니다.

1. 해당란에 O표 해주세요

어린이집 환경	1. 우리 어린이집 시설은 깨끗하고 안전하다. ①그렇다 ②보통 ③그렇지 않다 ④잘 모르겠다 2. 어린이집에는 다양하고 충분한 양의 놀잇감(동화책, 교구등)이 있다. ①그렇다 ②보통 ③그렇지 않다 ④잘 모르겠다 ＊'그렇지 않다' 면 이유를 간단히 적어 주세요^^( )
건강 안전	1. 우리 아이에게 제공되는 급간식에 만족한다. ①그렇다 ②보통 ③그렇지 않다 ④잘 모르겠다 2. 아이가 아프거나 다쳤을 때 어린이집에서는 적절한 조치(부모연락 및 응급처치등)를 취한다. ①그렇다 ②보통 ③그렇지 않다 ④잘 모르겠다 3. 어린이집에서의 등하원(차량운행)이 안전하게 이루어진다 ①그렇다 ②보통 ③그렇지 않다 ④잘 모르겠다 ＊'그렇지 않다' 면 이유를 간단히 적어 주세요^^( )
보육 과정	1. 어린이집 보육프로그램 및 행사계획을 잘 안내받고 있다. ①그렇다 ②보통 ③그렇지 않다 ④잘 모르겠다 2. 어린이집에서 아이들에게 제공하는 활동에 대해 만족한다. ①그렇다 ②보통 ③그렇지 않다 ④잘 모르겠다 3. 우리 아이는 어린이집에서 편안하게 생활한다. ①그렇다 ②보통 ③그렇지 않다 ④잘 모르겠다 ＊'그렇지 않다' 면 이유를 간단히 적어 주세요^^( )
상호 작용	1. 어린이집 선생님들은 아이를 존중하고, 적절한 언어를 사용하며 따뜻하게 대한다. ①그렇다 ②보통 ③그렇지 않다 ④잘 모르겠다 2. 우리 아이는 담임교사를 좋아하고 따른다. ①그렇다 ②보통 ③그렇지 않다 ④잘 모르겠다 3. 어린이집에서 우리 아이는 갈등 문제가 없다. ①그렇다 ②보통 ③그렇지 않다 ④잘 모르겠다 ＊'그렇지 않다' 면 이유를 간단히 적어 주세요^^( )
운영의 개방성 및 가정 연계	1. 어린이집은 부모가 언제든 방문할 수 있도록 개방되어 있으며, 필요시 의견을 제안할 수 있다. ①그렇다 ②보통 ③그렇지 않다 ④잘 모르겠다 2. 어린이집에서는 우리 아이의 생활 및 발달에 대한 정보를 충분히 알려 준다. ①그렇다 ②보통 ③그렇지 않다 ④잘 모르겠다 3. 어린이집에서는 부모가 어린이집 활동에 참여할 수 있도록 다양한 기회를 제공한다. ①그렇다 ②보통 ③그렇지 않다 ④잘 모르겠다 4. 어린이집에 아이를 보내는 것이 나의 직장생활이나 가정생활에 도움이 된다. ①그렇다 ②보통 ③그렇지 않다 ④잘 모르겠다 ＊'그렇지 않다' 면 이유를 간단히 적어 주세요^^( )

아이소소어린이집

■ 첨부자료 7: 부모 만족도 조사 결과 (출처: 아이소소 어린이집)

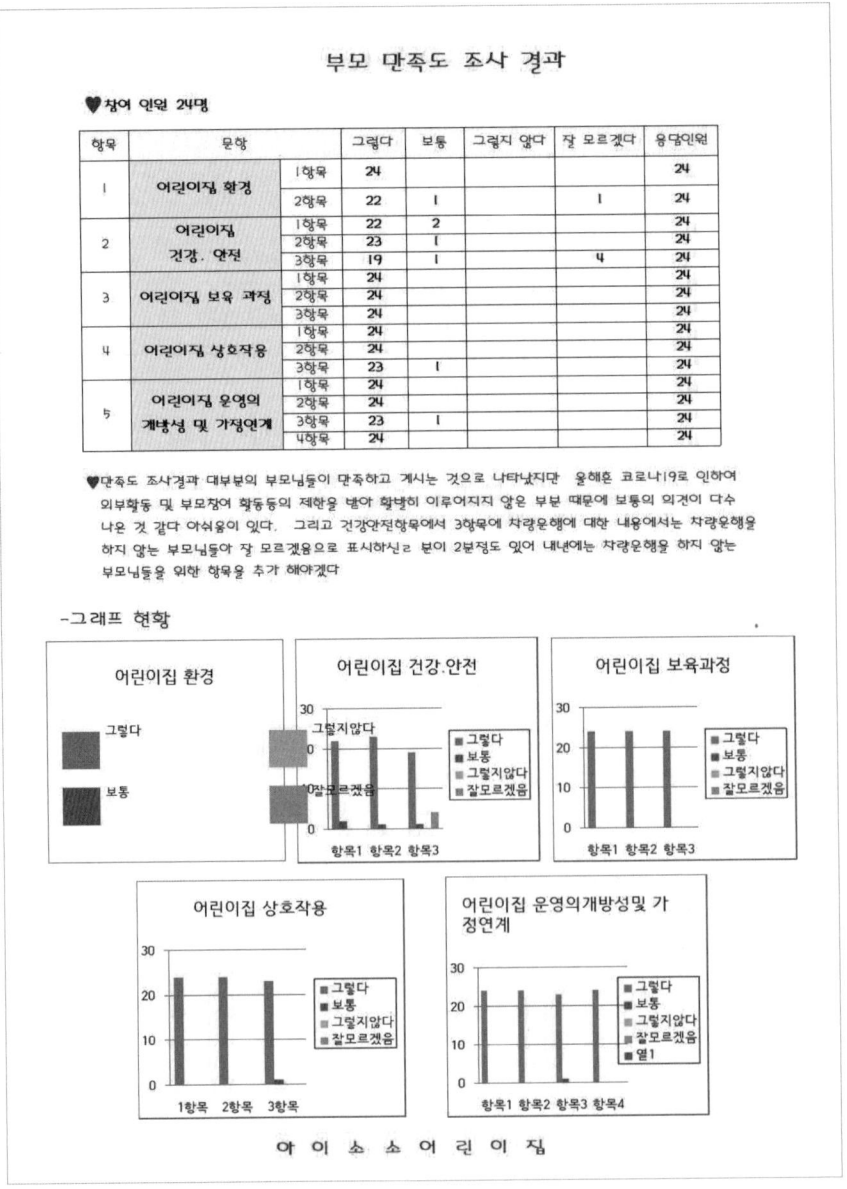

창의로 키우는 유아 논리·논술

초판인쇄 2024년 07월 19일
초판발행 2024년 07월 26일
저　　자 임성관·곽소현
발 행 인 권호순
발 행 처 시간의물레
등　　록 2004년 6월 5일
주　　소 경기도 파주시 숲속노을로 150, 708-701
전　　화 031-945-3867
팩　　스 031-945-3868
전자우편 timeofr@naver.com
블 로 그 http://blog.naver.com/mulretime
홈페이지 http://www.mulretime.com
I S B N 978-89-6511-463-5 (93170)
정　　가 23,000원

* 이 책의 저작권은 저자에게 출판권은 시간의물레에 있습니다.
* 잘못된 책은 바꿔드립니다.